近代中国的阅读史

复旦大学历史学系
复旦大学中外现代化进程研究中心

／编

近代中国研究集刊　●　第十一辑

上海古籍出版社

《近代中国研究集刊》

11

复旦大学历史学系
复旦大学中外现代化进程研究中心 编

编委会
（按姓氏笔画排列）

王立诚　朱荫贵　吴景平　张济顺　张晖明
陈思和　林尚立　金光耀　金冲及　姜义华
顾云深　章　清　熊月之　戴鞍钢

执行编辑　张仲民　石希峤

目　录

编者的话 …………………………………………………… 1

·专题论文·

书写平民的历史：《田家读者自传》的写作与
　　编辑 ………………………………… 黄江军　1
从杂字读物研究明清识字问题 ……………… 温海波　51
清末民初的"西学在地化"
　　——以《泰西学案》为中心 …………… 孙　煜　74
"以旧学持身，以新学致用"：贺涛的阅读与
　　思想 ………………………………… 王思雨　102
基督教青年会与五四新文化运动 …………… 张仲民　130
"先锋的先锋"：新文化运动中的中华基督教青年会
　　全国协会的出版事业 …………………… 潘恩源　154
"五四"白话文运动的地方化
　　——以无锡教育界为视域 ……………… 徐佳贵　193
"卖国贼"的生意："五四"时期上海《新世界》和
　　新民图书馆的经营策略 ………………… 王　琳　233
胡绳早期的史学创作
　　——以《二千年间》为例 ……………… 唐益丹　271

· 史实钩沉 ·

同善社与无锡国专 ················· 刘　昶　294

· 会议综述 ·

"制度、实践与表象：近代中国的政治文化及其形塑"
　　学术讨论会综述 ················ 石希峤　304
"第一届复旦大学近现代史研究生论坛"综述 ······ 吴世平　324

编 者 的 话

　　本刊为《近代中国研究集刊》的第十一辑,主题为近代中国的书籍史/阅读史。书籍史和阅读史已经成为近代中国史研究中的热门议题,这一方面是受到欧美早期相关研究的启发和稍后明清书籍史研究的示范作用,另一方面也与近代中国书籍、报刊的出版与消费热潮,以及相关史料的大量存在关系密切。从研究趋势来看,书籍史和阅读史相辅相成,二者的结合愈趋紧密。阅读史研究较为强调文本被接受和使用的面向,而书籍史研究更关注文本制作、出版与发行等层面的问题。具体在近代中国研究中,研究者大多兼顾出版物的生产制作、发行传播和阅读接受诸层面,立足于近代知识观念变迁的历史背景,探讨诸如革命、种族、阶级、性别和民族主义等关键概念的容受史;其研究对象也不局限于传统历史叙述中的"经典"书籍和报刊,而是尝试回归实际的历史脉络,梳理各种文本之间的相互关系,并且比较注意在当时拥有较大读者群却不为后人所重视的各类出版物的情况。惟此潮流之中,不少研究也存在选题相对缺少新意,主题和表达同质化、模式化等问题,并且其研究意义与价值也稍显不足,在延伸相关讨论、修正既有观点乃至提出新的解释路径等方面,仍然存在非常大的扩展空间。本刊收录的九篇专论,作者大多比较年轻,所收论文或为他们的硕士学位论文,或为本科学位论文或学年论文,各文或不乏稚嫩之处,但选题的创新性、开拓性却不因此稍减,这也反映了书籍史、阅读史研究深受中国大陆年轻学人欢迎这个现实。正是因为他们不断加入这个新兴的研究领域，才使得有关话题在近年越来越受到学界重视，或许这就是书籍史、阅读史研究的魅力所在。

近代中国的阅读史、书籍史研究，大多数仍然立足于精英层面。由于反映下层民众阅读状况的资料相对零散和稀缺，重构其阅读状况难度很大。毋庸讳言，这一现状不利于全面认识近代中国包括各个社会阶层在内的阅读史的整体面貌，也限制了学界对于诸如大众文化和集体心态等重要议题的探讨深度。有鉴于此，近年来越来越多的研究者呼吁加强相关史料的发掘、爬梳和整理，同时提倡研究视角和研究方法的转换，努力从精英人士的论述中捕捉和挖掘下层民众的阅读史、心态史。本刊收录的两篇文章，就体现了作者在此方面的努力。识字问题是研究民众阅读无法绕开的基础性课题，然而长期以来，由于识字标准的界定存在巨大争议，这一问题并未取得实质性推进。温海波《从杂字读物研究明清识字问题》一文另辟蹊径，提出近年来日常习见的民间杂字的发掘，为探讨明清以迄近代民众识字问题提供了弥足珍贵的契机。与考取功名所用的儒家经典不同，杂字读物直接满足了下层民众日用读写的迫切需要，从书籍史、阅读史的角度详细考察其生产流通和接受使用情况，能够更加直观地把握文字下乡的历史过程。更进一步，从日常生活的实态，将杂字与民众书写实践产生的民间文献关联建立语料库，对民众日常认读和实际生产的文类计量语言学分析，可以直接有效回应学界对民众识字基准的长期争论，也为日后微观识字率研究奠定基础。黄江军的《书写平民的历史：〈田家读者自传〉的写作与编辑》一文围绕之前学界不甚关注的《田家读者自传》这个农民自传的汇集文本，来探讨民国时期农民的阅读乃至自我书写自己历史的情况。《田家读者自传》由影响较大的基督教刊物《田家半月报》向其读者征求而来，共收录百余篇自传,其作者皆出身农家且籍籍无名。这本书之所以能被出版,系当时书写平民历史诉求和"自传热"影响下的结果,同时也与近代乡村读书人群体的教育、阅历尤其是其阅读与写作的经验能力息息相关。因此,《田家读者自传》这类文本一定程度上展示了中国近代民众自我书写的真实一面,其史料价值重大。而作者将其置于当时具体的历史脉络中,细致分析其建构过程和主要内容,同时结合有关语境,揭示出《田家读者自传》一书的编辑情况、所收自传的作者情况、作者地域分布、自传的大致内容、自传的书写策略和特性,进而在方法论上提出书写农民史、下层史的可能性和局限性,其研究具有很强烈的方法论意义和典范价值。对于一直雷声大雨点小的中国下层民众史研究来说,这篇文章当是一个有益的刺激和示范,值得后来者效法和追随。

近代中国人对于西学阅读和接受的历史,是近代中国思想和知识观念变迁的关键内容,毫无疑问也是阅读史最为重大的课题之一。不过,中国传统的文化资源在这一过程中究竟扮演了怎样的角色,具体发挥了何种作用,仍然具有很大的探讨空间。也许正如陈寅恪所言,在西学东传的潮流之中,能够产生重要影响的并非"忠实输入北美或东欧之思想"之辈,相反真正有所创获者,往往"一方面吸收输入外来之学说,一方面不忘本来民族之地位"。[①]本刊收录的孙煜的《清末民初的"西学在地化"——以〈泰西学案〉为中心》和王思雨的《"以旧学持身,以新学致用":贺涛的阅读与思想》两文,都详细论述了这一主题。孙煜的论文主要考察了《泰西学案》等西学读本的编辑方式、出版销售及读者情况,指出此类读物将传统学术编纂体裁——学案体——应用于引介西学,充分

[①] 陈寅恪:《冯友兰〈中国哲学史〉下册审查报告》,《金明馆丛稿二编》,生活·读书·新知三联书店 2009 年版,第 284 页。

体现了清末学人一方面崇拜、追摹西方文化,一方面也不自觉地立足自身知识传统对其进行重构和再生产。此外,这一"西学在地化"的过程,也离不开上海商业资本的推动和近代阅读文化的支撑。王思雨的论文聚焦于晚清官员、学者贺涛的阅读史和教育事业。身为桐城古文大家的贺涛,在甲午战后时局的触动之下,转而阅读各类西学书籍,进而提出了通过古文广泛吸纳新、旧学问,从而达到"致用"的功效,最终实现以"文事"造"新机"的主张。与此同时,其执掌的冀州信都书院不仅讲授古文义法,也开始订购新式报刊,贺涛试图借此引导学生接触西学知识,可以说开新式学堂风气之先。贺涛的学术和事功,可谓一部分晚清士人在价值取向上"以旧学持身,以新学致用",在知识观念上接榫中西,并在客观上通过中学推动"西学在地化"的缩影。

阅读史和书籍史的研究视角更新,对于五四新文化运动这样的学界传统热点问题,同样具有重要的延展意义。本刊收录的专论中,有四篇可以归入此类。张仲民《基督教青年会和五四新文化运动》和潘恩源《"先锋的先锋":新文化运动中的中华基督教青年会全国协会的出版事业》重新关注新文化运动的起源问题,集中论述了基督教青年会与新文化运动的关联。张仲民认为,基督教青年会在民初的一系列出版活动,以及其在地化、世俗化的扩张战略,使其在当时具有很大的影响力。尤其是以《青年》杂志为代表的刊物,其倡导的道德教育和进步论述,对于当时青年读书人极具吸引力,曾率先影响到了很多"五四"时期的趋新青年,对于陈独秀等创办《新青年》也曾起到先导和示范作用。就此而论,新文化运动之所以能够蔚为大观,跟基督教青年会此前打下的读者基础和其率先开辟的议题有密切关系。然而,受制于基督教青年会的政治关系和宗教立场,在新文化运动勃兴以后,其扮演的角色迅速被在地中国知识分子所取代,并且湮没于日后的历史论述之中。

潘恩源的论文重点关注基督教青年会主办刊物的出版史和接受史。通过具体考察《青年》《进步》《青年进步》等出版物的编辑、主笔、销售量、订阅范围、收支盈亏、读者阅读和投稿阅读各个方面的情况，作者指出基督教青年会的出版事业实际上经历了一系列重要改革，最终才得以造就、进入民初新文化语境，并且取得了全国性的影响力，其中包括刊物主持者由外籍干事转变为中国籍干事，期刊定位有意识地从面向基督教徒和留学生转变为面向社会各界，以及利用青年会组织和相关活动扩展出版物的销售方式与渠道，设法促进读者的积极阅读、主动推广和参与投稿等等。青年会全国协会系列期刊由此成为后来者的榜样，被民国时期的基督教史家誉为"先锋的先锋"。

除了对基督教青年会的集中讨论，本刊收录的另外两篇文章，还考察了五四新文化运动的其他面向。徐佳贵《"五四"白话文运动的地方化——以无锡教育界为视域》从白话文在地方教育中推广的"制度"和"界别"问题出发，重访了新文化运动在地方的传播与接受史。1920年初北京政府的教育部令要求国民学校改授语体文，开启了白话文运动在全国教育中的"落地"进程。这一改革对于地方教育的实际影响则非常复杂。例如，无锡教育界对于国文教学操作与白话文价值的一般认识，并不与教育部的理念一致，结果导致其对于此番革新的理解歧异迭出、争议不断。而北京政府未能也无意以国家强力保证细致、准确的施行，由此促成了地方内部各行其是的实践。经由地方能动性与制度的综合作用，趋新者设想的文白"过渡"期，却成为"五四"后长期延续的一种"常态"。作者由此指出，从书籍史和阅读史的视角研究五四新文化运动，大多局限在当时书报言论本身的内容与传播，然而在此基础上，还需更进一步将"言"与"行"相结合，在制度化实践的层面评估新文化运动所能达到的影响限度。由此，书籍史和阅读史也就跨越了文化史的范围,转而关注文本之外的政治进程、教育体制和地方社会网络的诸多层面。王琳《"卖国贼"的生意:"五四"时期上海〈新世界〉和新民图书馆的经营策略》一文则注意到了"五四"时期民族主义话语背后商业塑造的一面。"外争主权,内除国贼"是五四运动时期最具有代表性和影响力的口号之一。而上海等地的出版市场,也紧跟此一"爱国"热潮,生产了大量声讨"卖国贼"的文本。尤其是身兼《新世界》报刊编辑和新民图书馆经营者两重身份的郑正秋、周剑云等人,一方面大量撰文评论时局,借此收获好评,从而改造自身原本不佳的"鸳鸯蝴蝶派"文人形象;另一方面靠大量生产和销售《章宗祥》《曹汝霖》等批判"卖国贼"的通俗读物,获利颇丰。这些时评和通俗读物,经过高效的商业运作和推广宣传,成为时人新的知识资源与文化政治操作资本,对当时国家意识、民族观念等的普及方面产生了不小的影响。

现代马克思主义历史学家及其论著,一直是思想史、史学史等领域的研究重点。近年来,阅读史和书籍史研究也开始逐渐关注这一课题,尝试从受众的层面分析马克思主义传播史。唐益丹的论文《胡绳早期的史学创作——以〈二千年间〉为例》以胡绳撰写的《二千年间》一书作个案研究,论述了胡绳在1944—1945年的战时背景下,为了宣传中共的抗战主张,以及出于与钱穆等学者展开论战的需要,在学生刊物上发表了一系列文章,最终于战后以《二千年间》为题结集出版。该书以纵剖的视角,选择中国历史上几个重要问题进行讨论,以简洁明快的语言和创新性的写作体例在当时取得了热烈的反响,前后再版二十余次,影响了一代青年人的历史观念。实际上,相比于备受研究者重视的"马克思主义史学五老"的大型历史著作,《二千年间》一类的篇幅较短的普及性读物对于宣传马克思主义和唯物史观所发挥的效用,也许更加值得重视。不过,这类书籍因其"时效性"强烈,在持续数年的热潮结束后,逐渐被学术史遗忘。

在本辑集刊的编辑过程中,大部分工作都是由博士生石希峤完成的,特此说明和感谢。

编者
2022 年 3 月 15 日

· 专题论文 ·

书写平民的历史：
《田家读者自传》的写作与编辑*

黄江军

摘要：书写平民历史是新史学在新中国诞生之初便提出的诉求，《田家读者自传》即是其中的一个产物。这本自传集出版于1942年，由影响较大的基督教刊物《田家半月报》向其读者征求而来，共收录百余篇自传，其作者皆出身农家且籍籍无名。其征集形式与体现的自传观念，均表明《田家读者自传》受到当时自传热的影响。编辑者对此书的定位与期待，呈现史学外部对平民史书写的一种努力；不过，此种努力不完全出于学术观念的影响，亦形成于具体的人事交流中。此书作者群体多属乡村读书人，他们写作自传的背景，并非仅与其教育、阅历有关，还基于其阅读与写作的经验能力。这本自传

---

* 本文由笔者硕士学位论文修改而来。删去此前版本中涉及平民史的学术史、民国时期的自传书写等内容，补充若干新近研究，校核部分史料，并纠正一些谬误表述。拙文聚焦于《田家读者自传》的文本形成过程与编者、作者的书写策略，尝试为阅读史（及书写史）的研究提供一个研究案例。多位老师曾对拙文提出中肯批评，张仲民教授更直接促成此次修改。谨此致谢！拙文疏漏之处尚多，敬请读者赐教。

集,不仅提供了解20世纪上半期中国平民(尤其基督教徒)的部分生命实况的材料,亦呈现传主写作行为的策略与特征。

关键词:《田家半月报》,自传,平民史,写作史

黄江军,北京大学历史学系博雅博士后

我们认为今后历史的动向,至少民众应与英雄豪杰平分天下。

——张雪岩《征集农民自传的原因及目的》(1942年)

一

中国史学向称发达,更有以人物为中心的史传书写传统。梁启超即谓:"畴昔史家,往往视历史如人物传者然。"① 不过,此种史传传统基本与那些没能"创造历史"的平民无关。新史学在中国诞生之初,即立下书写不限于帝王将相的"平民史"的目标。② 此目标的落实乃是一个漫长的过程。梁启超虽曾批评中国古史"实不过一人一家之谱牒",然稍加注意可知,其下笔立传者皆中外豪杰,入民国讲历史研究法,复谓"伟大人物是作专史的主要对象"。③

平民史书写有不少限制,史料不足是最大障碍。④ 此种窘境

---

① 梁启超:《新史学》,《饮冰室合集》文集之九,中华书局1989年影印本,第9页。汪荣祖谓此为"史传合一"。参见汪荣祖《史传通说:中西史学之比较》,中华书局2003年版,第78页。
② 王汎森:《晚晴的政治概念与"新史学"》,《中国近代思想与学术的系谱》,吉林出版集团有限责任公司2010年版,第197—222页。
③ 梁启超:《中国史叙论》,《饮冰室合集》文集之九,第1页;《中国历史研究法补编》,《饮冰室合集》专集之九十九,第41—42页。
④ 梁启超就认为,虽屈原这类"伟大奇特"之人,因"资料太缺乏"亦不当作传。梁启超:《中国历史研究法补编》,《饮冰室合集》专集之九十九,第50页。

于其后"史料的尽量扩充"的史学认识中得到一定突破。① 史学之外,同时期相关诸学科亦有此关照,一面表达出"建设全民众的历史"的诉求,一面搜集整理大量有助于重建此种历史的史料。② 顾颉刚就曾表示要"打破以圣贤为中心的历史,建设全民众的历史",而歌谣、谚语、戏曲这类"平民文学"正是了解民众生活的"钥匙"。③ 最近数十年,基于现代史料整理与数据化的迅速推进,公众史学与口述史的兴起,辅以庶民研究(subaltern studies)等相关理论的影响,平民史的书写取得一定进展。④ 日常生活史、新文化史等研究领域的深入,更为平民史书写提供史料解读的方法论思考。通过史料的批判解读,研究者已自觉注意"史料生产的权力关系",进而通过知识精英参与生产的文本去捕捉失语的平民的声音。⑤

本文要讨论的《田家读者自传》,即是民国时期书写平民史诉求的一个产物。这本自传集出版于1942年,汇集了一百余篇"农家子"书写的自传。⑥ 此书长期淹没于历史中,仅偶被研究现代基

---

① 罗志田:《史料的尽量扩充与不看二十四史——民国新史学的一个诡论现象》,《近代中国史学十论》,复旦大学出版社2003年版,第83—125页。
② 参见洪长泰著、董晓萍译《到民间去:1918—1937年的中国知识分子与民间文学运动》,上海文艺出版社1993年版。
③ 顾颉刚:《〈民俗〉发刊辞》,《民俗周刊》第1期,1928年3月21日,第2页;《关于〈谜史〉》,《民俗周刊》第23、24期合刊,1928年9月5日,第20页。
④ 相关的学术史回顾与理论检讨,参见徐健芝、许兆麟选编,林德山等译《庶民研究:印度另类历史术学》,中央编译出版社2005年版;钱茂伟:《平民传记史学价值的多视野观察》,《人文杂志》2015年第8期,第73—79页;焦润明:《论20世纪上半期的民史研究》,《郑州大学学报》(哲学社会科学版)2018年第6期,第119—124页。
⑤ 相关议题的理论反思,可参考连玲玲《典范抑或危机?"日常生活"在中国近代史研究的应用及其问题》,(台北)《新史学》第17卷第4期,2006年12月。研究实例则可见沈松桥《中国的一日、一日的中国:1930年代的日常生活叙事与国族想象》,《新史学》(台北)第20卷第1期,2009年3月;黄江军:《"觉悟"女性的自我书写:以1930年代的〈女子月刊〉为中心》,(香港)《二十一世纪》2017年2月号;及以《近代中国妇女史研究》为代表的性别史研究论著。
⑥ 张雪岩、刘龄九编辑:《田家读者自传》,田家社(成都)1942年版。

督教文字事工的论者顺带提及。① 本文讨论的重点,不在于通过自传文本重建这些平民的生命史,而尝试从阅读史角度考述此书写作与编辑的过程,重建这些自传作者的阅读与写作世界。

二

《田家读者自传》由当时面向乡村发行的《田家半月报》向其读者征集而来,征集广告首次刊登在1940年11月1日的《田家半月报》上。② 几乎同时,一场由上海各界贤达发起的"现代人自传运动",则面向都市读书人征集自传。③ 两者是否存有直接关联尚不得而知,但明显都受到彼时自传热潮的影响。值得注意的是,有精英站台、读者知识素养占优的"现代人自传运动"无果而终,《田家读者自传》则得以正式出版。两者命运反差的原因颇值玩味,而《田家半月报》的运作策略及其培植的读者的亲近感无疑是其自传征集成功的重要基础。因此,论述《田家读者自传》的生产过程,即有必要先就《田家半月报》的出版史作一勾勒。④

---

① 九三学社潍坊市委员会、政协潍坊市寒亭区委员会编,陈建明主编:《张雪岩传》,学苑出版社2010年版,第126—127页;陈建明:《近代基督教在华西地区文字事工研究》,巴蜀书社2013年版,第516页。另有论者著录此书,却误将其编入1912年。参见俞樟华、俞扬编撰《民国元年日志:1912年1月—12月》,黑龙江人民出版社2017年版,第415页。

② 《本报启事:征求读者自传》,《田家半月报》第7卷第22期,1940年11月16日,第18页。

③ 《现代人自传运动缘起》,《青年文会》第2卷第10期,1940年11月,第691页;《现代人自传运动简章》,第694页。关于《青年文会》办刊的简短介绍,参见吴俊等主编《中国现代文学期刊目录新编》,上海人民出版社2010年版,第1486页。

④ 此前对《田家半月报》的研究,参见陈建明、刘路《中国基督教传媒领袖张雪岩与〈田家半月报〉》,《四川师范大学学报》(社会科学版)2007年第6期;陈建明:《基督教信仰与乡村教育理念的融合:〈田家半月报〉评析》,《世界宗教研究》2008年第4期;王京强:《20世纪30年代中期的〈田家半月报〉与乡村建设》,《宗教学研究》2009年第3期。

《田家半月报》由华北基督教农村事业促进会文字部编辑发行,于1934年8月1日在济南齐鲁大学创刊,主编者先后有孙恩三、张雪岩、刘龄九等人。1931年10月,华北基督教农村事业促进会召开组织会,农村文字事业即是其讨论重点之一。会议决定设立文字部,出版刊物,孙恩三任该部主任,"文字部办公地点请孙恩三先生于最近五个月内亲往各地观察报告本委员会再行决定"。① 孙恩三与张雪岩于1934年4月最终选定在齐鲁大学成立田家社。张雪岩回忆,此一选址基于如下考虑:

> (一)负责出版的机关"华北基督教农村事业促进会"既属华北,刊物出版,当然应在华北;(二)华北语言,大体一致,以通俗国语为文字标准,在华北易于进行;(三)齐鲁大学有规模可观的图书馆,可供利用,有龙山农村服务部可供考查并取材,有农场可以介绍农业科学知识并解答农业实际问题,有驰名全国的医学院,能获得卫生医药方面的帮助,……最重要的是校内有神学院,对宗教材料,自然可以有贡献;(四)与齐大农场合作的华洋义赈会可贷款建造房舍;(五)济南交通方便,寄递不感困难;(六)济南印刷校内校外都有。②

孙恩三等人定位十分清楚,充分利用齐鲁大学解决农民问题的丰富资源以及华北地区开展多年乡村建设运动的有利局面。

这份杂志的英文名为 *The Christian Farmer*,试刊号的栏目包括天下大事、言论、常识、文艺、宗教、生计副刊、卫生副刊、家事副刊、儿童副刊等,每期约20页。此后虽历经战乱,篇幅时有削减,格局

---

① 《华北基督教农村事业促进组织会会议记录与简章》(1931年10月17日—18日),上海市档案馆藏,U123-0-29,第1—4页。
② 张雪岩:《田家瞻望》,田家社(成都)1942年版,第9—10页。

却基本没有变化。这些内容涉及事件消息、现代知识、乡村建设以及基督福音。从试刊号的《田家半月报的希望》也可看到，编者试图在如上方面改造农民，而"田家就是种田的人家，田家半月报就是种田人家看的报"。① 当时，定位面向平民的期刊并不少见。例如1933年《女子月刊》创办人黄心勉就试图另办一个"专给一般女工农妇和娘姨看"的妇女刊物。② 占据人口多数的农民，自然是基督教会的潜在信徒，教会也早已意识到通过文字影响他们归主的可能性。1925年，上海广学会就创办过供平民阅读的通俗读物《平民月刊》，其结构与《田家半月报》类似，但并不专注农村。不过，此类尝试不是没有实现，就是影响远不及《田家半月报》。

上海市档案馆藏《田家半月报》试刊号第3、4页间，夹带有用英文打印的《田家半月报》计划书。这份文献或出自孙恩三之手，提供了《田家半月报》最直接的创刊背景。文中提到，数年来教会领导人深感有必要发行针对乡村地区的基督教刊物，据估计，当时至少有十万新的识字或半识字的农村教友。因此，该报将以下三类群体视为"预期读者"：

（1）阅读福音书没有太大困难的教会中人；

（2）参加过为成人开设的识字班或类似学校的人；

（3）广大的乡村知识人（the general rural literate public）。

为能让"种田的人"读懂这份报纸，文中提到，《田家半月报》尽量选用中华平民教育促进会编《农民千字课》的基本字，超出的字也全部从福音书中选，所有的文章都用最通俗的白话（vernacular）写或译。③ 同时，报纸要求图文并茂，并在每页对较难

---

① 《田家半月报的希望》，《田家半月报》第1卷第1期，1934年8月1日，第1页。

② 黄心勉：《我们的希望》，《女子月刊》第1卷第8期，1933年10月15日，第8页。

③ Prospectus of The Christian Farmer，上海市档案馆藏，U123-0-99，第1页。

的字注音,与《千字课》教材极为相似。① 《田家半月报》还专门登载注音字母表,讲授拼字方法,"望会的读者教教不会的"。②

《田家半月报》虽是基督教刊物,"以文字布道,是本报的中心目的",但宗教内容不到五分之一的篇幅,且强调宗教生活化的一面,这使得该报也能赢得非教徒读者的关注。③ 编者亦颇能根据农时适时在各期登文指导当月农业生产,及有针对性解决农村的医疗卫生问题等。④ 诸如《播种的法子》《多大年纪能生聪明孩子》一类的文章,因其浅显易懂而颇能引起读者兴趣。⑤

编辑者尤其注重培养读者对报纸的亲近感,几乎每期都会登载读者的来信,其中多数是押韵的白话诗。随举一条"河南正阳农民陈希圣"的《读报感言》:

田家报,称至宝,利我农民真不少;
谈治家,讲真道,真是农民传家宝;
真奇妙,真正好,天下大事详指导;
劝同胞,莫忘掉,节省点钱订此报。⑥

类似诗歌多不胜数,基本意思大同小异(赞扬报纸内容,邀请读者订阅),不追求高明的文学效果,却颇为押韵而易于理解,也比较能

---

① 张雪岩曾谓《田家半月报》的畅销原因之一,是"乡村小学教员学生多以此为课外读物,并向亲友自动介绍"。张雪岩:《田家瞻望》,第14页。
② 《注音字母表》,《田家半月报》第1卷第9期,1934年12月1日,第23页。
③ 张雪岩:《田家瞻望》,第30—31页。
④ 从1935年第2卷第1期开始,该报封面即是当月二十四节气的预告。该报登载的医疗卫生文章,则汇集于张雪岩、刘龄九编辑《田家医药指南》,田家社(成都)1942年版。
⑤ 参见《田家半月报》第2卷第1期,1935年1月1日,第18页;第2卷第7期,1935年4月1日,第10—11页。
⑥ 陈希圣:《读报感言》,《田家半月报》第7卷第15、16期合刊,1940年8月16日,第6页。

体现读者的喜爱之情与知识水平。

《田家半月报》的发行主要借助基督教会的网络。与此同时,该报也在其他刊物登载各种形式的广告。① 张雪岩回忆,该报初期"印了一万份,然后按照全国基督教协进会的乡村教会通讯簿邮寄数份"。② 据《田家半月报》统计,发行 5 个月时,正式订报的读者来自 20 个省,"数目将近五千";又经过两个月,订户已过 6 000。③ 这仅仅是订户,实际阅读者势必超过这一数字。一位河北的读者就来信说,"我们村里虽然定了不过四份,但真正看报的,却有二十多人"。④ 有读者不识字,自己出钱订,而请人念来听。⑤ 到发行三周年时,《田家半月报》已拥有"三万以上的(定)〔订〕户,几十万以上的读者",当时的编者孙恩三甚至表示到四周年时,要使订户达到 10 万(即前揭最初估算的预期读者数),而"根据最近调查,本报每一定户,至少代表十个读者,那么十万定户,就是一百万读者"。⑥

这里的数字未必确实,但孙恩三的乐观估计可从中华基督教会全国总会的评价中得到印证。1937 年 7 月,中华基督教会全国总会第四届总会在青岛召开,会议注意到基督教文字事工"最大的弱点就是销数"。报刊销量上不去,读者自然就少,也谈不上吸纳信徒。据分析,教会刊物在销量上失败的原因包括以下几个:

---

① 例如《大家节望多年的基督教农民刊物田家半月报出版》,《中华归主》第 148 期,1934 年 9 月 1 日,第 7 页;《公报》第 7 卷第 2 期,1935 年 3 月 10 日,第 4—6 页;邹伯咏:《田家半月刊》,《消息》第 8 卷第 9 期,1935 年,第 30—31 页;《介绍:田家半月刊》,《平民月刊》第 12 卷第 3 期,1936 年 3 月,第 28 页。
② 张雪岩:《田家瞻望》,第 11 页。
③ 《恭喜新年》,《田家半月报》第 2 卷第 1 期,第 2 页;《和读者谈谈本报的家常》,《田家半月报》第 2 卷第 5 期,1935 年 3 月 1 日,第 9 页。
④ 《两封读者的来信》,《田家半月报》第 2 卷第 7 期,第 7 页。
⑤ 《和读者谈谈本报的家常》,《田家半月报》第 2 卷第 5 期,第 8—9 页。
⑥ 孙恩三:《从本报三周纪念说到本报十万运动》,《田家半月报》第 4 卷第 15 期,1937 年 8 月 1 日,第 2 页。又见同期《本报启示》,第 32 页。

（一）定价过高，超出人民经济能力之上。（二）教会人数太少，能力薄弱，不能有多量的购订。（三）文字内容不甚合宜，与一般读者的生活上不能有好大关系。（四）刊物的形式不美观。（五）关于推销方面，无训练，无组织。（六）许多人对于宗教方面的著述不甚留意。①

《田家半月报》当然也面对同样的困境，但通过前述努力已经克服不少。该会统计，"教会发行的书平均每百页售价一角六分，教外发行的书平均每百页售价仅六分"，同时乡村读者订阅教会刊物，每人每年平均花费三角四分，城市读者则平均七角四分。② 而反观当时的《田家半月报》，全年 24 期超过 480 页，定价仅为四角，每百页售价仅为八分三厘，几乎是教会刊物平均水平的一半，这意味着乡村读者的平均购买力大致可以定购全年的《田家半月报》。因之，《田家半月报》借助以上"地利人和"的发行技术，异军突起成为教会刊物乃至平民期刊界的"后起之秀"，受到文字事工委员会的肯定。③

不过，孙恩三的乐观不久就因抗日战争的全面爆发而破灭。

---

① 《中华基督教会全国总会第四届总议会议录》（1937 年 7 月 15—29 日），上海市档案馆藏，U102 - 0 - 12，第 178 页。
② 同上。
③ 张雪岩亦曾总结过该报销行迅速的原因："（一）文字浅显，人人能懂。（二）材料丰富，切合农友需要。（三）出版迅速，发行敏捷。（四）定价低廉，不论穷富，都可订阅。（五）乡村布道同工，多自动代为推销介绍。（六）乡村小学教员学生多以此为课外读物，并向亲友自动介绍。（七）同情乡村文字运动的知识阶级及外国宣教士常为别人代定，藉事提倡。"（张雪岩：《田家瞻望》，第 14 页）张雪岩进一步于同书专章讲述田家的运作"技术"，包括通俗、插图、征文、问答、实际服务、宣传与奖学金等项。（同上书，第 40—52 页）《公报》曾评价："《田家》为教报后起之秀，销行颇广，如能继续展进，大有不胫而走之风。"（《张孙两君分途出国留学》，《公报》第 7 卷第 4 期，1935 年 7 月 10 日，第 20 页）中华基督教会全国总会文字事工委员会对该报的肯定，参见《中华基督教会全国总会第四届总议会议录》（1937 年 7 月 15—29 日），第 179 页。

《田家半月报》的篇幅随即因战时纸张紧缺而压缩成12页,"只把重要的消息和最要紧的常识等登载出来"。① 稍后,田家社副总编辑张雪岩赴美留学。1937年9月底,日军攻入山东,编辑刘龄九乃与15岁的小工友一起将田家社南迁长沙(文昌阁六十六号)。为节省纸张,"言论"栏登在了封面,篇幅再度减为8页。② 1938年10月,刘龄九只身入川,将田家社迁到成都(四圣祠北街二十号),同时会合来蓉的齐鲁大学,决定在"人力财力多样困难"中"恢复原来的形式"。③ 刘龄九后来称,在长沙的一年,"是本报生命中最平淡的一年,但却是田家工作中最艰苦的一年",订户由4万锐减至3 000。④

抗战内迁后的成都,聚集了齐鲁大学、金陵大学、燕京大学等知名教会学校,中华基督教全国总会临时委员会亦在该地建立起来。此时期的中华基督教会重点开展了边疆服务的工作,并迎来"基督教本色化"的重要时期。⑤ 一个被忽略的事实是,正是此时,留学归来的张雪岩不仅继续主持《田家半月报》的编辑工作,还主编《公报》,并进入中华基督教会高层,其后成为中国基督教界举足轻重的领袖人物。⑥ 也正是依靠这种聚合的力量,原南京金陵神学院主办的小报《农友》并入《田家半月报》出版。⑦ 田家报华西

---

① 《紧急时期中的本报》,《田家半月报》第4卷第16期,1937年8月15日,第2页。
② 孙恩三:《救国与救灾》,《田家半月报》第4卷第23期,1937年12月1日,封面页。
③ 《本报启示》,《田家半月报》第5卷第23期,1938年12月1日,第20页。
④ 刘龄九:《"七七"事变后的〈田家〉》,《田家半月报》第7卷第15、16期合刊,第11—12页。
⑤ 参见杨天宏《救赎与自救:中华基督教会边疆服务研究》,生活·读书·新知三联书店2010年版。
⑥ 《中华基督教全国总会临时委员会筹备会议记录》《总会临时委员会第一次会议重要决议案》,《公报》第14卷第1、2期合刊,1942年2月,第12—13页。
⑦ 《〈农友〉并入本杂志喜》,《田家半月报》第6卷第6期,1939年3月16日,第2页。

临时理事部更囊括了圣公会、浸礼会、公谊会、美以美会、中华基督教会、长老会、金陵神学会以及四川基督教协进会等基督教会。① 此外,田家社还联合迁蓉的基督教出版机构青年协会书局、华英书局、广学会等,于1943年发行季刊《基督教丛刊》。前述教会网络的组建,无疑提升了《田家半月报》的影响力和传播力。

刚入成都的《田家半月报》销量降到2000,1939年底回升至6 000。② 1940年8月六周年时订户达7 863位,覆盖18个省。③ 其中四川地区的订户约占总数的三分之一,各县均有订户,多者逾百份,少者一二份,陕西、河南、湖南、湖北、广东、贵州、云南等次之,大致与成都距离的远近相关。④ 至1940年底,订户达12 500位。⑤ 一幅统计图显示,1939年1月至1940年12月,每月都新增来自全国各地的一百多至两千多位不等的订户。⑥ 目前可知最后一份田家订户统计的资料来自1941年底,为38 016户。⑦ 虽历经艰难,《田家半月报》的销量还是逐渐恢复到战前水平。局面的好转,促使张雪岩宣示田家社1941年的三大愿望:《田家半月报》达

---

① 张雪岩:《田家瞻望》,第20页。
② 《言论:二十八年在成都》,《田家半月报》第7卷第1期,1940年1月1日,第2页。
③ 《本报分布各省图》,《田家半月报》第7卷第15、16期合刊,1940年8月16日,封面页。
④ 《四川本报读者分布各县图》,《田家半月报》第7卷第17期,1940年9月1日,第7页。
⑤ 《两幅统计图:田家半月报五年定户比较图》,《田家半月报》第8卷第3期,1941年2月1日,第19页。该图显示其他历年订户数为:1936年25 925户、1937年42 043户、1938年3 212户、1939年5 401户。
⑥ 《两幅统计图:田家半月报两年来每月新增定户比较图》,《田家半月报》第8卷第3期,1941年2月1日,第19页。
⑦ 《在四川成都销行分布图》(1941年12月制),《田家瞻望》,第62页。另有估计1946—1947年,全国大约有75万人读过田家,60%为农民。参陈建明《基督教信仰与乡村教育理念的融合:〈田家半月报〉评析》,《世界宗教研究》2008年第4期,第66页。

5万订户、设立田家奖学基金与出版《田家读者自传》。①

三

1940年初,发行量平稳回升中的《田家半月报》宣布恢复抗战以来中止的征文。② 当时通过主题征文加强与读者的互动是报刊的普遍做法,田家亦如是。1940年11月1日,《田家半月报》正式刊发《征求读者履历》的启事。编者言:"本报为求进步,觉得有必要对读者的年龄、职业、性别、教育程度及宗教信仰等都有清楚了解,方能写出大家需要的文章,编选于大家有益的材料。"编者设计了10个项目,希望读者"清楚填答","千别胡说"。③ 应该说这次并不算征求读者自传,而是对读者基本情况所作的调查,目的在于更好地了解读者,以便于为其提供更为合适的报刊内容。

然紧接的一期,"履历"变成"自传",目的在"对读者有更清楚的了解"外,还"使读者彼此间有真切的认识",编者明确称之为"'征求读者自传'运动"。④ 无法确知征稿内容为何出现转变,亦无法断定其与同时的"现代人自传运动"是否有直接关联。不过,正如前所述,两者均孕育于当时的自传风气中,并可能进一步反哺此风气。下面的现象或可印证《田家半月报》与此前的传记热高度相关。

从1936年初开始,《田家半月报》设立传记栏目,介绍当代国内外名人。直至1940年10月,该报在四年半的时间里陆续刊登

---

① 《本年的新希望》,《田家半月报》第8卷第1期,1941年1月1日,第20页。
② 《重要启事:征文》,《田家半月报》第7卷第1期,1940年1月1日,第20页。
③ 《本报启事:征求读者履历》,《田家半月报》第7卷第21期,1940年11月1日,第16页。
④ 同上书,第17页。

了约68位名人传记,其中包括62位中国军政文化界知名人士,6位英、法、德、苏、美国家元首。(见表1)这些材料极可能是从其他刊物或当时各类名人传记转载加工而来,并成为读者喜爱的内容。有读者就道:"田家半月报,编得真正好,上有名人传,还有小医院。"①

表1 《田家半月报》登载名人传记目次

专辑栏目	传记者	卷 期	出版时间	页码
国内名人传略	未知	卷3期1	1936年1月1日	未知
国内名人传略(续)	汪兆铭、蒋中正	卷3期2	1936年1月15日	页10
国内名人传略(续)	冯玉祥、翁文灏	卷3期3	1936年2月1日	页10
国内名人传略(续)	张嘉璈、钮永建	卷3期10	1936年5月15日	页10
国内名人传略(续)	邵元冲、丁惟汾	卷3期12	1936年6月15日	页10
国内名人传略(续)	李宗仁、陈济棠	卷3期13	1936年7月1日	页11
国内名人传略(续)	许世英、郭泰祺	卷3期21	1936年11月1日	页10
国内名人传略(续)	阎锡山	卷3期23	1936年12月1日	页11

① 巨艾民:《快订田家半月报》,《田家半月报》第3卷第21期,1936年11月1日,第11页。

（续表）

专辑栏目	传记者	卷　期	出版时间	页码
国内名人传略（续）	商震、冯治安	卷3期24	1936年12月15日	页15
国内名人传略（续）	蒋鼎文、黄绍雄	卷4期1	1937年1月1日	页14
国内名人传略（续）	于学忠、熊式辉	卷4期2	1937年1月15日	页11
国内名人传略（续）	宋子文、杨虎城	卷4期3	1937年2月1日	页10
国内名人传略（续）	刘峙、顾祝同	卷4期4	1937年2月15日	页10
国内名人传略（续）	李烈钧、陈诚	卷4期5	1937年3月1日	页10
国内名人传略（续）	程潜、唐生智	卷4期6	1937年3月15日	页9
国内名人传略（续）	邵力子、吴稚晖	卷4期7	1937年4月1日	页9
国内名人传略（续）	陈调元、钱大钧	卷4期8	1937年4月15日	页9
国内名人传略（续）	蒋方震、张发奎	卷4期9	1937年5月1日	页9
名人传（续）	贺耀祖、马鸿逵	卷4期10	1937年5月15日	页9
名人传（续）	蔡元培、马相伯	卷4期11	1937年6月1日	页9

（续　表）

专辑栏目	传 记 者	卷　期	出版时间	页码
名人传（续）	刘尚清、朱绍良	卷4期12	1937年6月15日	页9
名人传（续）	何键、何成浚	卷4期13	1937年7月1日	页9
名人传（续）	秦德纯、张自忠	卷4期14	1937年7月15日	页9
名人传（续）	李济琛、陈铭枢	卷4期15	1937年8月1日	页13
名人传（续）	俞鸿钧、张治中	卷4期17	1937年9月1日	页9
名人传（续）	黄梅兴、梁鸿云	卷4期19	1937年10月1日	页8
国内名人介绍	孙连仲	卷5期23	1938年12月1日	页7
国内名人介绍	宋庆龄	卷5期24	1938年12月15日	页7
名人传记	何香凝	卷6期4	1939年2月16日	页8
名人传记	庞炳勋	卷6期6	1939年3月16日	页8
名人传记	张伯苓	卷6期7	1939年4月1日	页8
名人传记	张之江	卷6期8	1939年4月16日	页7

（续表）

专辑栏目	传记者	卷期	出版时间	页码
传记	盛世才	卷6期9	1939年5月1日	页7
传记	邓锡侯	卷6期10	1939年5月16日	页7
传记	李汉魂	卷6期11	1939年6月1日	页7
传记	叶恭绰	卷6期12	1939年6月16日	页7
传记	吉星文	卷6期13	1939年7月1日	页7
名人介绍	张伯伦	卷6期23	1939年12月1日	页8
名人传	法总理达拉第	卷7期1	1940年1月1日	页8
名人传	德元首希特拉	卷7期3	1940年2月1日	页8
名人传	斯大林	卷7期7	1940年4月1日	页7
名人介绍	丘吉尔	卷7期11	1940年6月1日	页7
名人传记	罗斯福	卷7期19	1940年10月1日	页7

注：根据《田家半月报》各期整理，共计约68位。由于卷3期1已经遗失，无法得知当期介绍的名人以及设立名人传记栏目的可能动机。从此前各期均无该栏目，且紧接着的第二期为"国内名人传略（续）"，可断定名人传记是从卷3期1开始的。由于此后各期基本介绍两人，此期介绍的名人亦估算为两人。

《田家半月报》征集自传的对象"不论男女",自己不能写的可找人帮忙。张雪岩后来提到:

> 关于本书征集的方法,倒是一个有趣问题,即由本报(田家半月报)刊登征稿启事后,不出十日,即有作品寄来,不过这种速成作品,都不成为传记,因为"自传"对他们是陌生名词,也许不曾正式写过文章,体裁不晓,章法更说不到,同时又热情响应我们的启事,于是本了本报第七卷第二十三期(民国二十九年十一月十六日出版)征稿启事中的自传写法和原则逐条简单填写。①

此处前一个"征稿启事"即指第7卷第21期的《征求读者履历》。读者依样画葫芦,据此投来的均是些"填表式的稿件"。② 张雪岩发现,"自传"对大部分农民而言是"陌生名词",他们多半连一般散文都没有写过,更谈不上写自传。为能让读者写出编者满意的自传,第7卷第22期的启事(张雪岩误作23期)同时提及"自传的写法"。编者谓,自传的写法,"自然不能一样",又按家庭情况与年龄段列出自传的必备要素,如"儿童时代的趣事,特别是影响你处世为人的人物和事件","成人时期的种种,如对事业的兴趣及儿女的感情等"。启事同时提醒自传写作的几条原则,如句句真实、选材生动、表述连贯。③ 启事所列自传基本内容与写作原则,与当时传记写作的一般方法接近。④ 编者心中的理想自传其实遵

---

① 张雪岩:《编者序》(1942年5月10日),《田家读者自传》,第26—27页。
② 同上书,第28页。
③ 《本报启事:征求读者自传》,《田家半月报》第7卷第22期,第17页。
④ 如此前专门论述传记写作的文章就提及,传记写作"要有系统的程序":"传记的叙述程序,至多不过大同小异。大抵首先是关于所传的人的出身,早年的时代社会及其他一切环境,因为这些环境,是必然地在他的生活思想和性格起着极大的(转下页)

循比较通行的一套写法。

前已提及,编辑出版《田家读者自传》是《田家半月报》1941年的三项重点工作之一。因此,《田家半月报》几乎每期都会提到自传征集的进度,据此可大致了解征稿的过程。三个月时编辑部已收到一百余篇自传,①再一月则达二百多篇,编者鼓励"已下笔的快写成寄来,没有写的,放心大胆的写,只要把你个人的生活和家庭状况实实在在的写出来,就是好传记";可能有读者节约纸张,编者提醒不要两面写,"以便粘存"。②

1941年8月1日出版的《田家半月报》首次刊登了《田家读者自传》的预约启事。启事显示当时预计选200篇,强调装订印刷精美,有名人序言,文章可读性强,又暗示投送自传的作者"多买几本",以便读者以及识字的农友"人手一册"。③ 之后各期均有此书预约启事,同时还发布有《田家卫生指南》(两册,后改题为《田家医药指南》出版)、《田家的过去与未来》(后改题为《田家瞻望》出版)两书的广告。编者提示,如果未受空袭影响,自传可在10月底出版。然时事并不顺利,到11月时编者又称12月底可出版,复因"纸价突涨",原预约价一元五角停止,恢复原价二元定购。④ 11月16日《田家半月报》启事谓,前述三书"均在付印中",但"恐不能按

(接上页)作用。……早年的交游,不消说是有影响于人的生活和事业,种种的特殊机会,也同样地必须指明。其次最可令人注意的,是关于他的修养与准备方面。再次是叙述他的严正的工作时代的重要节目。最后是关于他的死亡及写传者因他而抽引出来的结论。而在这些叙述的过程之中,最要注意怎样从所传者的各个时期中摄取真实而且精当的材料,尤其是富有特色和新的趣味的材料,还要注意怎样避免着事实之单纯的罗列,而努力于作者主观的抒发。"(《怎样写传记》,新缘文学社编:《名家传记》,文艺书局1934年版,第7—8页)该文转载自某报附刊,多少说明其有所流行。

① 《本报启事》,《田家半月报》第8卷第6期,1941年3月16日,第20页。
② 《本报启事》,《田家半月报》第8卷第8期,1941年4月16日,第20页。
③ 《预约启事:田家读者自传》,《田家半月报》第8卷第15、16期合刊,1941年8月1日,第24页。
④ 《新书不日出版》,《田家半月报》第8卷第21期,1941年11月1日,第20页。

预订之期出版"。① 出版日期一拖再拖,编辑只能不断向读者致歉。

1941年12月,太平洋战争爆发,国内物价腾贵,期刊无奈上调定价,编辑在细致地解释后,承诺"已预约的书,无论如何困难,不再加价","三书约二月间方能全部出齐"。② 紧接一期公布了新定价格,《田家读者自传》为五元,"至于原定的预约价,本来声明不再加价,但因受了本报印刷费的大影响,实在没法实践约言了。……凡预约书的人,要价均按实价(新订价目)八折优待。……如果有人以为太贵,可以示知,本社即将预约书费如数退回。但能谅解我们的朋友,请即将应补书款算好寄下,二月下旬即可寄书"。③ 按照新定价目,先前预约者须再行支付二元五角。二月下旬实仅出版《田家瞻望》、《田家医药指南》(上册)。

自传一再延期与提价,以及《田家半月报》压缩篇幅,引起一些读者的不满:来自"南阳赊镇长春街"的读者批评田家"不讲信用",一位"绥远临河"的读者指田家为"骗子"。④ 当然,也有读者表示体谅。⑤ 这些批评与回护的声音能够登在《田家半月报》上,自能表明编者忏悔的精神,却也体现其运作刊物的智慧。⑥

《田家读者自传》最终于1942年7月正式出版,《田家医药指南》(下册)亦于8月出版。9月1日的《田家半月报》刊出《田家

---

① 《本报启事》,《田家半月报》第8卷第22期,1941年11月16日,第20页。
② 《重要启事》,《田家半月报》第8卷第24期,1941年12月16日,第19—20页。
③ 《重要启事》,《田家半月报》第9卷第1期,1942年1月1日,第16页。
④ 《不讲信用》,《田家半月报》第9卷第9、10期合刊,1942年5月1日,第19页;《全国读者的骗子们》,《田家半月报》第9卷第16、17期合刊,1942年8月1日,第22页。
⑤ 徐建甫:《寄给责难田家的朋友的一封公开信》,《田家半月报》第9卷第13、14期合刊,1942年7月1日,第18页。
⑥ 编者谓,把临河读者的信注销来,"作为本报八周年中之一点纪念,并作为对全国读者的一点忏悔"。《田家半月报》第9卷第16、17期合刊,1942年8月1日,第22页。

读者自传》首则售书广告:

> 本书系从代表十六省的三百多位读者的自传中选辑而成。本书的作者,几全系农家子,穷苦汉,且有多人曾经作过乞儿,当过奴仆,在这本平淡无奇的书中可以找出人生奋斗成功的秘诀,可以看出中国乡村建设的途径,乡下同胞,人人固该读,关心民众福利的时贤志士尤应购买一册。内有当代学者顾颉刚、李安宅、杨导之诸先生著的长序,及统计图六幅,全书定价十元。①

今日所见前述三书的版权页,都没有标示价格,只有"国币　元"的字样。此时《田家读者自传》的售价,已升至 10 元,乃应付物价腾贵的无奈之举。借助前述教会聚合的机会,同样的广告也出现在《公报》以及一年后的《基督教丛刊》中,前者多了"不但是社会问题的研究,也是个案心理的研究。故社会学界的专家和学生,更应购置而作参考"一句,②后者多了"研究个案、心理,及社会环境的学者,更应购买"一句,并定价为 20 元。③

四

这本《田家读者自传》,算上封皮共 446 页。④ 封面有"田家丛

---

① 《新书出版:田家读者自传》,《田家半月报》第 9 卷第 17、18 期合刊,1942 年 9 月 1 日,第 23 页。
② 《新书介绍:田家读者自传》,《公报》第 14 卷第 7、8、9、10 期合刊,1942 年,第 40 页。
③ 《本社介绍书报广告:田家读者自传》,《基督教丛刊》第 2 期,1943 年 7 月 1 日,无页码。
④ 其中页码 71—80 重出,应是排印错误。以下引第二次页 71—80 的内容时,标记为第 71(2)—80(2)页。

书""田家读者自传""田家出版社"十五字,并有山东著名画家夏省吾绘的一幅图像:包括笔墨纸砚,只是执笔的老者颇显清瘦,表达出绘画人心中的农民形象。扉页印"谨献给:关心乡村问题的朋友们;参加乡建运动的同志们",此紧密呼应《田家半月报》关心的主题。开篇是顾颉刚、杨开道、李安宅三位学者以及张雪岩分别撰写的4篇序言,6幅作者信息统计图,正文是按作者出生地分省编排的104篇自述,最后是刘龄九撰写的"编后的话"。这本书将文人与平民的形象、文字熔为一炉,除了前述作为物质文本的书籍的生产以外,哪些因素又促成了文字文本本身的形成?售书广告中提到的"农家子"甚至"乞儿"又如何创作自传?究竟谁写出了这些文本?而当时编者、作者们自觉的文本意义又如何呢?

因自传原稿未见,无法确知编辑中的改动,以及究竟哪些稿子被筛掉。不过,刘龄九提及,编辑过程中基本只改正错字、标点字句。① 看过部分原稿的李安宅也称"文字只有删减,没有修饰"。② 结合自传文字来看,两人的话应该可信。这些排印出来的自传大体可以反映原稿样貌。

顾颉刚等人并非纯粹的学院派文人,其实均有眼光向下的关怀。抗战内迁,使得这批有着共同关怀的学者聚合起来。顾颉刚自不必论,其1939年9月到成都,就任齐鲁大学国学研究所主任,而田家社正依托于齐鲁大学;杨开道曾留美学习农村社会学,颇为关注农村问题,时任教于燕京大学社会学系;李安宅与杨有类似经历,归国后即在燕大任教,时任教于华西大学社会学系。此时多所教会大学汇聚成都,借当地大学校舍而立,加以学人旧时的交游(三人均曾供职燕大),创造出难得的学术交流空间。钱穆就在

---

① 刘龄九:《编后的话》,《田家读者自传》,第1页。
② 李安宅:《序》(三),《田家读者自传》,第12页。

《师友杂忆》中不止一次提到"光阴悠闲"之类的话,并提及各校学人互动交流的生动片段。① 顾氏日记,更是详尽记录了那时学人在成都的生活场景。

《顾颉刚日记》首次提到张雪岩等人是在1940年10月20日:

> 五时许到四圣祠边疆服务部,留宿,由冠一招待吃饭。
> 与冠一、熊自明、张雪岩、刘龄九等谈。失眠,服药。
> 今晚同席:刘龄九、张雪岩、许纶初、熊自明、边疆服务部及《田家半月刊》同人林冠一。②

此时,田家社与中华基督教会边疆服务部均设址于四圣祠,而热衷于边疆研究的顾颉刚可能在此前已听闻田家社或结识张雪岩等人。③ 正是通过这些关联,顾开始注意田家,四天后,顾在日记中记,晚间"出席史社系迎新会。与伯怀、雪岩同步归"。④ 之后复同田家社诸人屡有接触,顾颉刚还听过张雪岩的演讲。⑤ 顾氏受邀为这本自传集作序于情理可知。顾颉刚所写序言近9页,落款时间是1942年3月9日。⑥ 实际上,顾颉刚在前一天下午就"略草《田家读者自传》序";九日"晨二时即起,为《田家读者自传》作序,至六时天明作讫,约四千言",下午又"修改今晨所作文"。之所以

---

① 钱穆:《八十忆双亲·师友杂忆》,生活·读书·新知三联书店2005年版,第220—246页。
② 《顾颉刚日记》,1940年10月20日,《顾颉刚全集》第47册,中华书局2010年版,第440页。
③ 1940年,顾颉刚应边疆服务部负责人张伯怀邀作《边疆服务团团歌》;1941年2月,顾颉刚参与发起中国边疆学会并撰学会《宣言》。参见顾潮编著《顾颉刚年谱》(增订本),中华书局2011年版,第343—350页。
④ 《顾颉刚日记》,1940年10月24日,《顾颉刚全集》第47册,第442页。
⑤ 《顾颉刚日记》,1940年12月2日,《顾颉刚全集》第47册,第455页。
⑥ 顾颉刚:《序》(一),《田家读者自传》,第9页。

半夜起床作文,乃因顾当天上午需返城,十一日则要去重庆,其谓"深宵静寂,四小时竟抵得到一天工作"。第二天,顾颉刚"写张雪岩信。修改《田家读者自传》序讫",并谓"论文只费三天功夫,自喜精力尚不衰颓也"。[①] 看起来有些赶,却显示其并非随意为之的认真态度。

杨开道、李安宅虽没有日记可供查考,但甚为关注乡村的他们应是在类似场合与田家结识。张雪岩自然知道这些人的眼光,称"这三位都是知名学者,同时都是平民教育和乡村建设运动中的先进",[②]实非溢美之词。因此,除杨开道序言较短,着重讲述其阅读自传的感受外,诸人表述的理念非常集中——给民众表达的机会!不过,在他们彼此相同的关怀外,此种共同的观点尚有较隐秘的形成过程。

张雪岩在序言中交代了三方面的内容:其一是平民写作的困难及征集农民自传的背景,其二是征集农民自传的目的,其三是征集方法与过程。前两者经过缩减,以《征集农民自传的原因及目的》为题发表于另一个期刊。[③] 张雪岩指出,过去"文章被特殊阶级所垄断",因此史书中基本没有平民的地位。[④] 而近年"普罗""大众"的口号虽然很响亮,但所谓"平民文学"平民却看不懂,根本只是"洋八股";此外,出版界唯利是图,不支持"平民写作",都导致平民不能发出自己的声音。[⑤] 在张雪岩的论述中,田家一直"训练读者写作",包括"读者园地""问答"都是一些机会,而征集

[①] 《顾颉刚日记》,1942年3月8日、9日、10日,《顾颉刚全集》第47册,第650—651页。

[②] 张雪岩:《编者序》,《田家读者自传》,第30页。

[③] 张雪岩:《征集农民自传的原因及目的》,《读书通讯》第56期,1942年12月16日,第10—11页。

[④] 张雪岩:《编者序》,《田家读者自传》,第17页。

[⑤] 同上书,第18—20页。

自传也是一种训练。

前揭自传征集启事表述的目的主要是"了解民众",此处则系统化为三个目的:第一,"鼓励读者写作,促进大众写作的自信心";第二,"引起知识阶级对民众之注意及敬信";第三,"为民众争取历史地位"。① 清晰化的过程表明张雪岩等人起初可能并没有刻意去倡导民众写作,但此时附加的这些意义却很能说明"平民"叙事话语在"抗战建国"时期的重要性。张氏在这里陈述的观点,很可能受到顾颉刚序言的影响。张雪岩的《编者序》写于1942年5月10日,基本断定那时他已经看到顾序。

顾序首先批评了城乡、"雅""俗"以及"君子""小人"的阶级陈见。② 张雪岩论述的第二个目的也几乎用到了同样的字眼与观念。接着,顾颉刚认为近来"唤起民众"之所以收效甚微,原因仍旧是精英与民众的距离太大,因此要"循顺了民众的思想和兴趣,给他们以精神食粮"。顾谓其组织成立的通俗读物编刊社就是这种努力的一部分,而张雪岩也用同样的方式提到《田家半月报》。③ 此外,顾颉刚与张雪岩都在紧接着的文字中将《田家读者自传》成功地置于这一谱系中,"这是给民众以表达意思的机会"。④

李安宅的序没有具体日期,但他在文中转引了张雪岩征集自传的三个目的,可见成于最后。⑤ 顾序、张序都提到民众在"抗战救国"中的重要地位,李序也强调:"农村大众是最有这种资格"去占据"抗建"历史地位的。⑥ 针对"民众在历史上的地位只有民众自己去争取"的论点,李安宅论说到,"新史学"应该"替民众留下

---

① 张雪岩:《编者序》,《田家读者自传》,第22—26页。
② 顾颉刚:《序》(一),《田家读者自传》,第1—3页。
③ 同上书,第3—6页。
④ 同上书,第6页。
⑤ 杨序写成最早,序末落款是1月28日。
⑥ 李安宅:《序》(三),《田家读者自传》,第13页。

一些关于历史地位的史料",但不应越俎代庖,而征集田家自传,"为群众争取历史地位,必无疑义"。① 李安宅陈述的另一点,即民众的社会影响小,乃是"民众自信力与知识界对于他们的欣赏"均有限,这也直接循着张雪岩所谓征集自传的第二条目的而发。②

这里说明三篇序言依次形成的影响,与其将之视为抄袭,毋宁解释成一种文本形成的隐含过程以及三人在共同的气氛中对民众历史地位所作的相似思考。张雪岩谓:"今后历史的动向,至少民众应与英雄豪杰平分天下。"③此语不仅是《田家读者自传》作序者的共识,更是来自当时史学界内外又一句民史书写的宣言! 如今没有更多材料能了解《田家读者自传》的销售情况,但从编者的预期来看,在农民读者以外,特别希望该书能够引起精英读书人与研究乡村建设、社会学、心理学者的注意。很可惜,从目前了解的资料看来,前述编者的预期似并未达成。

五

李安宅在序言中提到:

> 我们喊了乡村建设有年,这其间自然不乏明达贞坚之士,然而客观的检讨一番,不免发现一个很大的毛病。这毛病是什么? 即大部分是城市人替乡村人说话,替乡村人办事,求其深入乡村,同着乡村人一起说,一起办,已算凤毛麟角。那里还有多少真正乡村人说了自己的话,办了自己的事,可以被人

---

① 李安宅:《序》(三),《田家读者自传》,第13—14页。
② 同上书,第14页。
③ 张雪岩:《编者序》,《田家读者自传》,第25页。

承认算作乡建运动的主流的呢?①

顾、张、杨的序言都注意到近来乡村建设的效果有限,亦都分析了其中原因。不过,《田家读者自传》是否真的实现了李安宅此处所谓"乡村人说自己的话"的目标呢?

李安宅注意到美国学者托马斯等人于1918年起,根据大量农民信札、自传陆续编写的名著《身处欧美的波兰农民》。② 在李安宅看来,这本书无疑为中国的农民史书写提供了可资借鉴的典范。而《田家读者自传》正是"破除代农村立言者的偏见"的"直接客观的事实",甚至因此可能是"中国农村社会学""贡献给世界农村社会学"的必不可少的一部分。③ 顾颉刚的论述则较为谨慎:

> 不过,能在这里写文章的,我可以断言,决不是下层的民众。他们有享受教育的机会,有看到报纸杂志的幸运,有写文章的能力,有寄与报社发表的勇气,这都不是下层民众所具有的。④

顾的说法颇能道出《田家读者自传》作者们的群体属性,他们能写

---

① 李安宅:《序》(三),《田家读者自传》,第15页。
② William Isaac Thomas and Florian Znaniecki, *The Polish Peasant in Europe and America: Monograph of an Immigrant Group*, Charleston: BiblioBazaar, 2010, Volume 1-5. 中译本参见[美] W. I. 托马斯、[波兰] F. 兹纳涅茨基著,张友云译《身处欧美的波兰农民:一部移民史经典》,译林出版社2000年版。该书实际翻译的是 Eli Zaretsky 从原书选编而成的 *The Polish Peasant in Europe and America: A Classic Work in Immigration History*。当时另一本描写苏俄农村生活的著作(Karl Borders, *Village Life under the Soviets*, New York: Vanguard Press, 1927)也被翻译出版。该书同时有两个中译本,分别是陈泽生译《苏俄农村生活》,联合书店1930年版;易鸿译:《苏维埃的乡村生活》,启智书局1930年版。
③ 李安宅:《序》(三),《田家读者自传》,第15—16页。
④ 顾颉刚:《序》(一),《田家读者自传》,第6—7页。

字读报,受过教育,有投稿的勇气。不过,这批人真的就因此而"决不是下层的民众"?而下层民众真的就不具有这些素质?顾颉刚在序言中讲述了两个故事,可以视为他所理解的真正下层的典型。一是,西部各省许多人"不知道自己居住所在是某省某县,当然更不知道自己的籍贯是属于中国",问其"贵处那里",只会答"我是那座庙子里的"。① 另一个故事与承担塑造未来重任的乡村教师有关。有位教师不明白课本中"自从九一八以后"的"九一八"的意义,而强解为"自从一九一八以后"。② 顾颉刚的观察可谓相当重要,可以说,这些人基本处在近代中国国族建构的话语和大历史变动的直接影响之外。顾颉刚担忧帝国主义在这些地方"做分化的宣传"的恶果,上述观察也提供认知此后长期存在的国家认同问题的一个基因。

刘龄九在《编后的话》里表示,顾颉刚的判断是"实情"。③ 这应基于他们对读者信息所作的细致分析。《田家读者自传》书前有六幅统计图,分别是:(1)"作者基督徒与非基督徒比较图",其中基督徒63人、非基督徒41人;(2)"作者职业比较图",其中小学教师19人、农人17人、宣教事业16人、公务员12人、学生11人、商贩9人、军人6名、工徒5人、医生5人、无职业者4人;(3)"作者籍贯比较图",其中四川21人、河南21人、陕西9人、湖北9人、湖南8人、贵州6人、云南6人、山东5人、甘肃4人、河北3人、山西3人、安徽2人、江西2人、江苏2人、广东2人、广西2人;(4)"作者年龄比较图",其中6—10岁2人、11—15岁3人、16—20岁15人、21—25岁11人、26—30岁19人、31—35岁14人、36—40岁12人、41—45岁5人、46—50岁6人、51—55岁5

---

① 顾颉刚:《序》(一),《田家读者自传》,第4页。
② 同上书,第8页。
③ 刘龄九:《编后的话》,《田家读者自传》,第5页。

人、56—60岁10人、61—65岁3人、66—70岁1人;(5)"作者教育程度比较图",其中曾受中等教育者31人、只受私塾教育者29人、受过小学教育者26人、未进过学校门者9人、受过神学教育者6人、受过高等教育者3人;(6)"作者男女比较图",其中男性占98%,女性占2%。

经过重新统计确认,编者的统计无误。只是女性作者实际为3人,男性101人。104篇文章来自99个家庭,其中张朝宗一家6口人各自有传。所有104篇自传不完全出于作者之手,比较确定的是河南周得恩的《全家略史》。她曾倡议募捐,可是不会写倡议书,于是"和陈鸿昌同心合作"。① 周得恩可以看田家报,但无书写能力,因此她的自述应由人代写;而与她合作募捐的陈鸿昌正是书中紧随其后《一个残废者的自述》的作者。龚重义未上过学,只在教会长老帮助下识得一些字,后给执事家做长工时娶得他家"爱女",其文由人代笔。②

刘龄九在《编后的话》对这组统计有所解释。据他统计,其中"家庭困难者"有75人,"全书作者104人没有一人是富商地主"。他藉以推测,"田家的读者至少百分之七十是贫苦大众,真正乡下人"。③ 此外,"约百分之六十曾受过中小学教育(一二年不等)",中途休学者"百分之七十二系为穷所迫",还有百分之十根本"未进学校之门"。④ 可以认为,这百分之十未进学校之门的人的自传基本由人代写,而他们阅读田家报恐怕亦是听读或者看比较浅显的部分。不要忘了,《田家半月报》的用字取自最常用的千字以及福音书。因此,在刘龄九看来,这部自传集比较能够反映"真正乡

---

① 周得恩:《全家略史》,《田家读者自传》,第112页。
② 龚重义:《从死亡在线挣扎出来的我》,《田家读者自传》,第142—144页。
③ 刘龄九:《编后的话》,《田家读者自传》,第2页。
④ 同上书,第2页。

下人"的声音。

关于这6幅统计,李安宅在序言中无意提到:"作者的年龄与性别,也有很好的分布。"①"很好的分布",不知具体所指,年龄不必论,性别比例则差距甚大。或许与刘龄九一样,李是将自传作者与田家读者情况联系起来下的判断。张雪岩后来看到妇女教育的贫乏,打算出版专门的妇女读物,他提到:"以《田家半月报》的调查论,战前在济南出版时,妇女读者不到全数百分之二,华西情形虽较好,但仍不过百分之八。"②幸运的是,这个数据得到1942年出版的《田家瞻望》提供的"读者男女比较图"证实。③《田家瞻望》提供的另外几个读者数据也值得参照。(1)"读者年龄比较图",10—15岁为10%、16—25岁37%、26—35岁35%、36—45岁24%、46—55岁21%、56—65岁8%、66—75岁5%。张雪岩据此判断,"这个资料很清楚的指明了本报的读者大部分是农村青年"。④(2)"读者职业比较图",农73%、教12%、商10%、政9%、医8%、工7%、传道人员6%、军5%。⑤这一资料根据原图估算而不一定精确,但比重之和远超过百分之百表明,一位医生可能同时也是农民,或一个农民可能同时也是一个小商贩。⑥李景汉与费孝通分别对定县与江村农村人口职业的调查也说明:在职业意识并不清晰的乡村,可能一部分人非农职业者也兼有务农,"并不是互相排斥的",或者因为各种原因随时在更动职业,总以更好谋生

---

① 李安宅:《序》(三),《田家读者自传》,第12页。
② 张雪岩:《战后教会对农村文字事业应有之发展》,《基督教丛刊》第6期,1944年5月1日,第69页。
③ 其中女性读者为7.9%。参见张雪岩《田家瞻望》,第58页之次。
④ 分见张雪岩《田家瞻望》,第58页之次、第59页。
⑤ 同上书,第59页之次。
⑥ 这在自传中有很多例子,比如陈静就"历遍党、政、军、教各界",办过夜校、做过政治教官、党部干事,但依旧身在"乡野"。参见陈静《陈静自传》,《田家读者自传》,第71(2)—75(2)页。

为根本前提。①（3）"读者教育程度",小学57%、中学38%、大学5%。② 民国学制的屡屡变动与新旧杂糅,使得教育层次颇不容易辨识。张雪岩对统计的解释是:"一看便知受过小学教育的,占了百分之五十七。至于受过几年小学教育,则未能再加分析。入过私塾五年以内的,也放在小学的范畴里,五年以上的就放进中学范围内,至于秀才之类的老功名,及现代专门教育,则放进大学阶段中。"③张雪岩把传统功名与私塾同现代教育加以对接说明,这些数据并非来自指定选项式的填写,而必然加入编者的主观认知。前引自传作者教育程度统计亦是如此,虽然相加正好104人,但不少作者都有先入私塾,后转入现代学校的经历。比如四川崇庆的程中立,其祖父是前清举人,因之小时候"坐牢式的读了六年经书",后来进入高小。④又如河南南阳的王伯虔,"九岁入私塾,十一岁转入教会学校"等。⑤

大体而言,编者关于自传作者的各项统计与田家的读者情况接近。不过,这些数据尚不足以呈现自传作者的多元情况,为丰富认知,有必要了解这些自传文本更深层的生产背景。

六

首先是这些自传写作的具体地点与时间。有57篇自传标明写作时间或地点,其中50篇有具体地点,46篇有写作时间。11位

---

① 李景汉编:《定县社会概况调查》,中华平民教育促进会1933年版,第149—167页;费孝通:《江村经济》,上海人民出版社2007年版,第110—115页。
② 张雪岩:《田家瞻望》,第60页之次。
③ 同上书,第60—61页。
④ 程中立:《病中自述》,《田家读者自传》,第9—12页。
⑤ 王伯虔:《蒙恩自述》,《田家读者自传》,第83页。

老师或学生在学校写作,如小学教师林艺圃在学校办公室,杨志成在贵州威宁葛布内地会志华小学。① 14 篇自传完成于福音堂或教会组织,如白廉洁写于河南偃师蔡庄信义会福音堂,在教会工作的王乐民写于陕西澄城福音堂。② 此外 3 人在军政部,苏牣轩在自己的医馆,伍岳梁在"主人店中",杨翠堂在"沙浦村佛堂灯光下"写下他们的自传。③ 教员吴祖泰《一个苦孩子的小史》、15 岁的常鲁呆《我的小史》均完成于河南新安孤儿院,从题目的相似度和河南的大地点来看,另一位在孤儿院写作《王谨小史》的、16 岁的王谨,也可能来自这个孤儿院。④ 三位因抗战内迁到绵阳国立六中的山东籍学生,可以基本断定系相约一起投稿。⑤ 这都体现了此次自传写作公共性的一面。当然,大多数的自传都如张厚皆一样,写于"家中"。⑥ 由于自传按照传主出生地编排,对照落款地点和正文叙述可看到这些作者的辗转经历。例如马重生从河南尉氏逃难到陕西黄龙山,白学诚亦因战争从山西西部迁到四川金堂。⑦ 类似因战争、求学、灾荒而跨省迁移的至少有 15 人。同样,写作时间亦值得注意,显示部分作者对时间与特殊日期的敏感。医生苏牣轩的落款是"中华民国复兴节纪念日"(12 月 25 日),山西的曹新写

---

① 林艺圃:《林艺圃自传》,《田家读者自传》,第 4 页;杨志成:《我的生活片段》,《田家读者自传》,第 321 页。
② 白廉洁:《忧患中的半生》,《田家读者自传》,第 110 页;王乐民:《王乐民自传》,《田家读者自传》,第 175 页。
③ 苏牣轩:《五十自述》,《田家读者自传》,第 201 页;伍岳梁:《我的半生》,《田家读者自传》,第 243 页;杨翠堂:《半生经过》,《田家读者自传》,第 337 页。
④ 《田家读者自传》,第 95、129、134 页。
⑤ 孙芹芙:《我的自传》,《田家读者自传》,第 288 页;杨翼振:《我的自传》,《田家读者自传》,第 291 页;于汉经:《汉经自传》,《田家读者自传》,第 293 页。
⑥ 张厚皆:《半生经历》,《田家读者自传》,第 70 页。
⑦ 马重生:《浪子回头》,《田家读者自传》,第 75—83 页;白学诚:《我的传记》,《田家读者自传》,第 261—267 页。

于"一九四一年元旦节"。① 杨翼振与于汉经相约写作,落款均为"三十年,九一八"。云南的周君友写于"二十九年阴历腊月初八日",这天是他十九岁的生日。② 教徒王佑民则写下"主历一九四一年三月"云云。③

其次是这些自传篇幅与形式的差异。自传题目被分别冠以"自传"(25篇)、"自述"(15篇)、"小史"(4篇)、"小传"(4篇)、"经过"(4篇)、"几十"(7篇)、"半生"(6篇)等传记作品经常使用的题目。大部分自传都以介绍姓名、出生地、年龄开头,典型的表述如:"我姓汪名涛,字怀仁,年五十七岁,世居四川仁寿县清峰场。"④这一模式可视为传统传记的一种延续,直接受到自传征集启事格式的影响。有十余篇自传的表述颇值得留意。常鲁呆一开始描述了他与母亲黄昏时刻等待父亲归来的场景:"一轮红日,已依西山,照着桑榆的树梢,西墙上金碧辉煌,乌鸦一对对的归巢了。这是在河南新安县的一个乡村中的一幕。"如此云云。⑤ 孙芹芙、于汉经、白学诚亦以类似温馨的笔调开场。⑥ 他们此时的身份均是在校学生,此类表述与其平日国文课程的习作惯性不无关系。武清林的自传,分为若干条,每条先引一句福音书,再讲述他个人对应的经历。⑦ 武清林为教会长老,此种形式是基督教传记的典型风格。个别作者在文章中表达了他们对"自传"的看法。张楚仁一开头就提到:"山野村夫,一无所有,亦可以为传记而方世乎?

---

① 曹新:《自我介绍的片段》,《田家读者自传》,第274页。
② 周君友:《我的缩影》,《田家读者自传》,第350—357页。
③ 王佑民:《我如何有今日?》,《田家读者自传》,第141页。
④ 汪怀仁:《汪怀仁自传》,《田家读者自传》,第74页。
⑤ 常鲁呆:《我的小史》,《田家读者自传》,第127页。
⑥ 《田家读者自传》,第253、292、267页。
⑦ 武清林:《武清林自传》,《田家读者自传》,第255—261页。吕朝阳也引福音书开头,参吕朝阳《我的自传》,《田家读者自传》,第361页。

琐碎细故,恐招时讥;不过借此与读田家报的朋友,彼此介绍,一联感情而已。"他还附上一首表达其"人生哲学"的"田家座右铭":

> 田何必多,深耕在勤。地不畏薄,积粪则行。既作农夫,莫苟因循。人力需剥尽,种子宜选更。旱涝及早防,教儿走正径。可以获丰益,养家身。无冻馁之忧虞,有和气之精神。六畜喂肥壮,宅物整洁精。农老云:何穷之有?①

此铭借自刘禹锡的《陋室铭》,张楚仁是短师毕业。初中未毕业的郄郓鄹也在开头提到:

> 在我的阅历,好像这"自传"都是限于古今名人成功的一种经验的自述,以供后世从事伟业者之借镜。而在我这渺小、残弱、零丁孤苦的不上半世的生命历程上,既未留有光荣奇伟的史迹,供人取法,亦无处世经验告人,或影响他人之处,实无足道者,更无刊印供人浏览之价值。不过,六年之久的知交,精神之友——田家半月报,他为欲使他所有的读者朋友彼此认识、了解,藉以互慰互勉,故特发起"读者自传",叫我们各自写出以往生活上的得失,成败的经过,好使我们互相观摩,激励,愤发努力,朝着前面胜利的人生目标迈进,故我也来参加这有意义的动作,坦白直率地写下去,以符编者的殷望。②

他的自传观念与当时自传热潮中的普遍观念相似,而这段独白可以看成自觉呼应张雪岩等人"给民众表达机会"的目的,只是这种

---

① 张楚仁:《张楚仁自传》,《田家读者自传》,第216—217页。
② 郄郓鄹:《孤雁零影》,《田家读者自传》,第13—14页。

自觉在100多位作者中甚为少见。他的自传也是其中篇幅最长的,达36页,两万字,花了"半个月"。他还专门为他的自传《孤雁零影》写了"自序",上引一段即为"自序"的开头。刘登宦、王乐民、苏轫轩、易荣曾的自传也都超过10页。苏轫轩也为自己的《五十自述》写了"绪言",这部自传实际是一部自编年谱,而且颇能将个人经历嵌入大历史的叙事中。① 刘登宦则在自传中分别陈述了自己的"人生观""宗教观""教育观"。②

整体而言,大部分自传平铺直叙,但上述这些作品却比较与众不同。这当然可以从传主有相对高层次的教育背景、更丰富的人生经验找寻原因,然此处尝试追问的是,这些相对成熟的自传的作者的写作经验。正如前引张雪岩的话,许多读者"也许不曾正式写过文章,体裁不晓,章法更说不到",所以他要专门讲述"自传的写法"。作者写作文章的经验,对于写作自传显然会有影响,且不仅影响到自传写作的水平,还能成为其人生值得称道的部分。苏轫轩在年谱式的自传中就有一条:四十九岁,民国二十八年冬,"应田家报社征文,为撰著《我理想中的新中国》及《我怎样帮助抗战》二文,新中国一文蒙录"。③ 作者的写作经历固然无法知道,不过有一个退而求其次的办法,就是看其是否发表过文章。在过去,要博览多如牛毛的书刊简直无法想象。所幸的是,随着近代书刊电子化与数据库的逐渐完善,利用"E-考据"可以大大方便史料的检索。④ 虽然录入信息并不完全且存在错误,但数据库提供的一定范围内的期刊

---

① 苏轫轩:《五十自述》,《田家读者自传》,第175—201页。杨明远的自传也似一部年谱,参杨明远《杨明远自传》,《田家读者自传》,第12—14页。
② 刘登宦:《五十三岁自述》,《田家读者自传》,第53—64页。
③ 苏轫轩:《五十自述》,《田家读者自传》,第196页。郐郓鄸的《我理想的新中国》亦获奖。
④ 参见黄一农《两头蛇:明末清初的第一代天主教徒》,上海古籍出版社2006年版,第64—65页。

数据的基本面貌还是可靠的。通过上海图书馆"全国报刊索引",将这 104 位作者依次输入"全字段"检索,经过比对筛选,可以确知至少有 31 位自传作者或先或后在期刊上发表过文章(见表2)。

表2 《田家读者自传》作者发表文章统计

作者	文章信息	
	《田家半月报》	其他报刊
林艺圃	3	
谢应檄	2	《现代农民》2
熊超凡	1	《国民教育指导月刊》1
杨明远		《希望月刊》1
郯郓鄮	5	
周性全	1	
周维书	8	
王伯虔	1	
吴祖泰	1	《希望月刊》2
徐建甫	7	
孙福基	2	
边殷轩		《通问报》4
李席珍	3	
马管丹	2	
常鲁呆	1	
王 谨	1	

(续　表)

作　者	文　章　信　息	
	《田家半月报》	其　他　报　刊
王佑民	3	
刘子仁	2	
苏轫轩	2	《通问报》3 《麻风季刊》1
易荣曾	33	
吴升阶	1	《通问报》2
傅明斋	1	
王道隆	1	
翁寿春	1	
张汉屏	1	
曹　新		《通问报》1
刘桐山	8	《平民月刊》1 《通问报》1 《布道会刊》1
张绍诚		《合作讯》2 《益世主日报》2
王光湘	1	
白世光	3	
刘长杰	1	

注：此表据上海图书馆"全国报刊索引"数据库，输入作者姓名"全字段"索引筛选，见 https://www.cnbksy.com/。资料截止时间为 2013 年 3 月 18 日。由于部分已入库的报刊残缺不全，且该库渐次充实新的报刊，因此，这份统计不甚完整，本文立说即取最低限度。

其中 27 位传主在《田家半月报》,10 位在其他刊物、7 位在两种或以上刊物发表过文章。李席珍的话可以作为一个缩影:

> 写作的事,我是半路出家,当然拿不出来,可是我对于文字很有兴趣,所以《信义报》《通问报》《田家报》等,我都投过多次稿子,内多关系教会新闻、地方大事,与改良风俗的道理。①

通过该系统未检出李席珍在《通问报》的发文记录,因此该数据库搜罗并不齐全(亦不排除部分传主使用笔名发表文章)。不过,仍可据此一窥这些传主发表文章的情况。第一,发表文章的刊物类型比较一致,基本为乡村报或教会报。《通问报》《益世主日报》《希望月刊》《布道会刊》《信义报》均是清末民国重要的基督教期刊,《现代农民》《平民月刊》均是针对农村或较通俗的刊物。第二,发表内容多浅显易读。正如李席珍所言,投稿多为"教会新闻"、地方消息,而教会刊物为此类文章提供了大量空间。另外即在"问答"栏目咨询问题。第三,发表内容与作者的知识结构密切相关。比如在《田家半月报》发表 7 篇文章的徐建甫,文章议题主要同其政训员的身份相关。② 又如周维书,其在田家发表的文章多半与油桐的种植有关。③ 发文最多的易荣曾,先后在田家发表 33 篇文章。他 14 岁参加田家组织的绘画比赛,获得第一名,这也

---

① 李席珍:《我的生平》,《田家读者自传》,第 117 页。
② 如《赶敌人》《抗战》《轰炸》《读者园地:抗战失败话逃亡》,分别参见《田家半月报》第 7 卷第 6 期、第 8 卷第 11 期、第 8 卷第 11 期、第 16 卷第 6 期。前三者是借助抗战话题的儿童游戏。
③ 如《油桐树的用处和油桐的种法》《谈谈改良打桐油》,分别参见《田家半月报》第 6 卷第 4 期、第 6 卷第 21 期。

成为他自传中"光荣"的一页。① 1945 年他 24 岁时,开始在《田家半月报》"读者园地""法律问答""常识"等栏目撰文,但与其他读者"问答"中提问相反的是,他是答复者。或许他此时已经参与到田家的编辑中,至少也算个专栏作家。

此外,林艺圃、程中立还有编辑期刊的经历,林艺圃、苏轫轩更有撰写专书的经历。② 撇开这些特殊经历,上述现象颇能反映当时乡村地区民众与报刊的特点:一是同构型,这与基督教期刊互相广告与发行运作有关,也与期刊对民众趣味的定位有关;二是民众阅读期刊不必只有一种,如果他们真有条件阅读的话。另外,一些读者凭借自身的见闻与相对专业的知识,在近代期刊中充当了水平并不差的作者。此种由读者而成作者甚至编者的情况,在近代期刊中亦并不鲜见。要而言之,这批自传的作者有相当部分具备独立的写作能力,少数作者更属热心写作之人。

这批自传的传主出身各异,阅读与写作能力亦参差不齐,很难被全部视为农民。美国传教士明恩溥(Arthur Henderson Smith)曾在其《中国乡村生活》中写到:"假如他是一个典型的村民,他就不可能到其他地方去,也不可能了解新鲜事物,因而,其言谈至死都缺少有意义的内容。"③ 关于中国农民的类似表述其实不少,却多是偏见,至少无意中将农民形象视为铁板一块。十余位传主皆以务农为本,而相当部分传主的生活场景皆未脱离农村,实际有着半农民的身份。顾颉刚的看法就颇值得注意,其在断言这些传主"决不是下层的民众"之后,紧接着说:

---

① 易荣曾:《我的小史》,《田家读者自传》,第 208 页。图画参见《图画第一名》,《田家半月报》第 2 卷第 24 期,1935 年 12 月 16 日,第 29 页。

② 分见《田家读者自传》,第 3—4、11、184 页。

③ [美]明恩溥著,午晴、唐军译:《中国乡村生活》,时事出版社 1998 年版,第 308 页。

> 他们正是启发下层民众的最适当的导师,为的是他们最容易和民众接近,最懂得民众所缺乏的是什么。①

读者谷运丰(基本认定其是自传作者郄郓鄪)在《田家半月报》的一篇投稿中也提到:

> 有人说:"田家报是为乡下的农人写的,为甚么农人看的少,反而城市中人看的多呢?"是的,就把我介绍的代订簿存根翻一下,确是如此。直接是农人订阅的不及十分之一。这岂不是失掉了该报的意义吗?②

这种直观感受比前引统计更为贴切。但无论实际阅读的农民有多少,谷运丰在文章中重点提到与他一样的"城市中人"看田家报的意义:联络城乡,发挥启迪引导基层农民的重要作用。顾颉刚用"乡村里的优秀的智识分子"来称呼这些"读到田家报的,能写自传投寄"的人。③ 这与孙恩三在阐述《田家半月报》的读者对象时用词不谋而合,即"乡村知识人"。

在科举制废除前及其后的一段时间里,地方乡绅承担着基层社区管理的主要责任。在下层绅士外,也存在读过书而并没有取得功名的人。这批人及地方乡绅可称为"乡村读书人",他们都与乡村保持非常密切的关联,有些甚至就是农民。④ 科举制度的废除,使得读书人与乡村的关系逐渐疏离,并加剧了乡村的衰落。费

---

① 顾颉刚:《序》(一),《田家读者自传》,第7页。
② 谷运丰:《我们为甚么要看田家报?》,《田家读者自传》第8卷第15、16期合刊,1941年8月1日,第12页。
③ 顾颉刚:《序》(一),《田家读者自传》,第8页。
④ 张仲礼著,李荣昌等译:《中国绅士研究》,上海人民出版社2008年版。上编论述尤多。

孝通就注意到:"在新式教育中一方面不能供给人民一般所需的文字知识,一方面却夺走了一乡的领袖人物。在这种情况下而想复兴农村是在做梦。"①与此同时,伴随乡绅的消逝,过去基层社区的管理职能被越来越深入的现代治理机构所分割。《田家读者自传》显示,40年代初的乡村,仍有部分读过书而没能脱离乡村的人,凭借其教育经历(部分还是自觉地)发挥着过去乡绅的部分作用(尽管其作用已远不及乡绅),或至少还被一些人视为维系乡村秩序的重要力量。

七

对《田家读者自传》作为史料的生命史作出考察后,此处就史料内容再稍作申说。由于104篇自传出自不同人的手笔,其呈现的个体生命历程及可供讨论的内容颇为繁杂。研究者若无明确的问题意识,则很难对传记内容作统摄性的叙述。这本自传可供回应或挖掘的议题较为丰富,本文则特别关注如下问题,即自传作为一种写作行为,在平铺直叙传主人生经历的同时,作者如何塑造和认知自我形象?超过半数的基督徒作者,如何表述自己归主的历程与信仰?

罗伯特·达恩顿(Robert Darnton)曾提示大众文化的研究要关注"那些目不识丁、半文盲或粗通文墨的人群,看他们怎样用自己熟知的文化形式得心应手地表达自己"。② 达恩顿的告诫,基本是人类学"他者的眼光"。借此,论者不必以某种前设的农民形象

---

① 费孝通:《江村通讯:格格不入的学校教育制度》(1936年7月10日),《江村经济》,第238页。
② 罗伯特·达恩顿著,萧知纬译:《拉莫莱特之吻:有关文化史的思考》,华东师范大学出版社2011年版,第191页。

从中抽取材料加以说明。这本自传,恰是一份历史学家考察"他者"自我意识的重要材料。

除前述对"自传"本身的理解外,不少读者对自传写作行为都有比较明确的自觉意识。一些读者都会在结束前如白廉洁一样写道:"现在我的生活,仍然和困苦争战,这就是我的自传吧!"①吴祖泰在文末说:"话拉拉杂杂的说了不少,可是没意思,没价值,不通顺,不再说了。"②曹新与李官春都对自己写作的文章是否为自传,表达了不自信:"这篇东西,不能算是传记吧。""我少读书,字不知如何写,言不知高低,请不要见笑!"③从前述《田家读者自传》作者发表文章的统计推想,这次自传写作大致应是他们几人难得的正式写作经历。与之形成对比的是,苏轫轩明确表达自己借助自传"欲存我清白不朽之精神于万世,实我垂留不灭之永生"之立言的"微意"。④

不少作者都在自传中讲述了自己阅读《田家半月报》的经历,并不约而同表示"获益"很多,内中一些还是田家报的介绍人。刘俊立表示"田家报是确确实实替农民说话"。⑤王道隆亦说田家报"编辑日臻完善,增人知识不少",他因此呼吁读者响应当年田家报的"五万运动"。⑥赵瑄在文末称赞田家"诚国内最佳最廉之农友读物也",并"敬献数语"。⑦无论这些作者是否有意在文中安排这些赞词,但可以确定的是,这为田家报提供了最直接的广告。边

---

① 白廉洁:《忧患中的半生》,《田家读者自传》,第109—110页。
② 吴祖泰:《一个苦孩子的小史》,《田家读者自传》,第95页。
③ 曹新:《自我介绍的片段》,《田家读者自传》,第271页;李官春:《五十自述》,《田家读者自传》,第316页。
④ 苏轫轩:《五十自述》,《田家读者自传》,第176页。
⑤ 刘俊立:《为善最乐》,《田家读者自传》,第120页。
⑥ 王道隆:《王道隆自传》,《田家读者自传》,第228页。
⑦ 赵瑄:《三十自述》,《田家读者自传》,第301页。

殷轩在自传中提到,他"努力介绍田家报,已介绍数十份,我已读田家报三年,因而将我经过的一切写成了自传"。① 这种将田家报与自传写作联系起来的表述,很可以看成自传作者自觉的写作策略,即以此获得入选出版的更大可能性。而编者选入迎合刊物需求的自传,何乐不为?

不少作者也借自传写作的机会,表达"私意"。陈鸿昌是残疾人,选择自学中医,替人"义务治病"。由于"看的书不多,又不会动,不能和高明的医师接谈聆教",所以"深感学不敷用",所以他希望同道们能惠其医书或者妙方。② 家贫的李松林在文中表达了升学的愿望,以自叹"妄想"结束自传。③ 王光湘也有同样的困境,不过他却比较直接地在自传中写到:"余今已二十一岁矣,对读书一事,还希向上,不过碍于金钱耳。若田家半月报奖学金募成,决要求该报助我上进,这是我目前的一个大愿望。"④前述田家社在1941年的三项新希望无一实现(读者自传未按期出版,五万运动目标亦未达到),因此并不清楚王光湘是否如愿获得田家奖学金。不过,作者借助自传表达愿望不失为一种聪明做法。

同样,将读者自传"介绍全国民众"的可能,使得有意识的作者当然不愿意放弃自我形象塑造的机会。林艺圃在自传中特别表现自己努力做"乡村运动者"的形象;堪称才思敏捷的郄郓鄢,引到了梁启超的话;⑤程中立发表了对时局的议论,并称四年中"国内外局势的演变,大都不出我的意料;出人意料的,要算是汪精卫的出走。此外我最忧虑的,莫过于国内军政的不统一,和地方恶劣

---

① 边殷轩:《我是主的肢体》,《田家读者自传》,第 111 页。
② 陈鸿昌:《一个残废者的自述》,《田家读者自传》,第 114 页。
③ 李松林:《我的生活的片段》,《田家读者自传》,第 313 页。
④ 王光湘:《王光湘自传》,《田家读者自传》,第 323 页。
⑤ 郄郓鄢:《孤雁零影》,《田家读者自传》,第 48 页。

风气顽固潜势力的阻碍新政的推行"。①

前述现象在在表明,在部分乡村读书人笔下,自传已不是单纯的自传,除带有一般自传的自我表现的特征外,②也体现了此次通过征文书写自传的另一种公众性与更加丰富的写作策略。

《田家读者自传》104篇自传中,有63人为基督教徒,他们的自传是了解教徒生命史与基督教在华传播史的一份难得史料。《征求读者履历》的启事中,第七条为"信什么宗教?(如果你信基督教请写明属哪一公会)"。在编者眼中,了解教徒所属教派当然非常必要,因为不同公会的传教策略与定位存在差别,甚至影响到教义的解释。不过,63位教徒并非每人都表明了自己的教派,明确提到的仅有8位:张启新、吴升阶属路德会;王佑民、王乐民属瑞华会,他们写作时同在陕西澄城;李荫棣、聂光汉属循道公会;杨志成、吕朝阳属内地会。通过落款可知白廉洁属信义会,刘桐山属神召会,刘长杰属圣公会。③ 这间接反映出多数教徒教派意识淡薄。

奥古斯丁(Saint Augustine)的《忏悔录》(Confessions)被公认为现代自传的起源。有论者指出,自传与基督徒通过反省以求忏悔的行为密切相关,自传写作也因此成为追问自我的行为。④ 这种精神也见于《田家读者自传》,吕朝阳即谓:

> 看到《田家半月报》的征求读者自传的启事,有些时候想

---

① 程中立:《病中自述》,《田家读者自传》,第11—12页。
② 参见王明珂《谁的历史:自传、传记与口述历史的社会记忆本质》,《思与言》第34卷第3期,1996年9月,第152—153页。
③ 通过梳理各教派传教史料,或许可以厘清其他作者所属的教派。比如,杨志成所在的志华小学就是当时内地会的主要传播地,而另一位自传作者朱德新,他来自距此不远的石门坎光华小学,应属循道公会。
④ Linda Anderson, *Autobiography*, London, New York: Routledge, 2001, pp. 18 - 19.

写点关于自己的事,心里很想把自己说得很体面,但是又觉得自己吹自己,无奈太可笑了。但现在我忽然又写自传了,其动机完全在传前的两节圣经。①

他所引述两节分别是:《加拉太书》第 6 章 14 节:"但我断不以别的夸口,只夸我主耶稣基督的十字架。"《歌林多后书》第 11 章 30 节:"我若必须自夸,就夸那关于我软弱的事便了。"可谓相当敏锐地捕捉到基督信仰的自传精神。作为宣教策略的一种,类似的自传也被不断登载于近代书刊中。大量自传被冠以"见证"的题目,讲述教徒被救赎的历程。② 从题目也可以看到《田家读者自传》的基督徒们受此类写作或日常基督精神的熏染,如王伯虔《蒙恩自述》、边殷轩《我是主的肢体》、张灵生《我怎样信教的?》等等。③ 不惟如此,几乎每位教徒都在自传中讲述了归主历程,这为了解他们信仰的转变提供了非常难得的材料。

郄郅酆用"走上人生新阶段"一节讲述自己归主的经历。④ 否定过去的自己,是基督徒自传的特征。川合康三就注意到,奥古斯丁的《忏悔录》描写"从埋首俗尘的我,到信仰上帝的我,这一自我转换,是他写作自传的动机,也是他自传的内容"。⑤ 自传作者张灵生也意识到这一特征,其言:"阅报得知征求读者自传,特将我的旧时生活,与怎样信教,都说明了,惟愿神,作我时常的领导者,使

---

① 吕朝阳:《我的自传》,《田家读者自传》,第 361 页。
② 例如康淑廉《一个女孩的见证》,《田家半月报》第 8 卷第 1 期,1941 年 1 月 1 日,第 10 页。
③ 他如刘俊立《为善最乐》、成悟生《我的自省》、王佑民《我如何有今日?》、翁寿春《证恩小传》、高易名《我怎样作了基督徒?》、王志昌《我是个牧羊人》。
④ 郄郅酆:《孤雁零影》,《田家读者自传》,第 25—26 页。
⑤ [日]川合康三著,蔡毅译:《中国的自传文学》,中央编译出版社 1998 年版,第 201 页。

我能为他多作见证,引人归向主,荣耀神。"①其他作者虽不如张自觉,所言却不出此意。刘桐山即表示,"自从得真道以后,才知过去错误"。② 丁在行亦谓:"幸遇良机得信从前所反对之耶稣,方知自己所犯罪恶,并不次于他人,从此弃商,献身为主。"③不过,自传中的忏悔是在成为教徒一定时间后的事,并不必然表示当初就诚心或带着忏悔之心入教。马重生即是一例,他曾参加过民间宗教金丹道,视基督信仰为"异端洋教",但后来走投无路,"人穷呼天,就不顾一切了,便勉强走进栏下听道",由此成了基督教徒。④ 白廉洁自陈"信主之原始",是祈祷基督"保护我家无事"而"应验"。⑤ 刘子清因违禁偷吸鸦片,"无处藏躲,闻听耶稣能救人",在教会的戒烟厅戒烟并成为信徒。⑥ 这种现象充分证明,信教民众很容易用固有的信仰观念来对待基督宗教这样的制度性宗教(institutional religion)。⑦ 而这恰也为基督宗教的传教事业提供一种机会,而不必出现强有力的宗教间的冲突。朱永恒、傅明斋就讲述了在传道员的影响下自己或家庭从观音崇拜转为基督信仰的过程,蔡启光也从小和尚成为基督徒。⑧

　　苏轫轩、伍岳梁也从佛教信仰转为基督信仰,他们的表述非常值得注意。伍岳梁的父母系佛教徒,故谓"迷信难免",并对家庭

---

① 张灵生:《我怎样信的教?》,《田家读者自传》,第236页。
② 刘桐山:《刘桐山自传》,《田家读者自传》,第277页。
③ 丁在行:《丁在行小传》,《田家读者自传》,第365页。
④ 马重生:《浪子回头》,《田家读者自传》,第77(2)—79(2)页。
⑤ 白廉洁:《忧患中的半生》,《田家读者自传》,第109页。
⑥ 刘子清:《一生的历史》,《田家读者自传》,第148页。
⑦ 这方面的系统论述参见杨庆堃著、范丽珠等译《中国社会中的宗教:宗教的现代社会功能与其历史因素之研究》,上海人民出版社2007年版。
⑧ 朱永恒:《我的自传》《田家读者自传》,第155页;傅明斋:《傅明斋自传》,第225页;蔡启光:《一个贫苦的孩子》,第376页。

产生抵触情绪。① 正如伍岳梁所谓,中国旧有信仰的偶像崇拜,在基督教看来是迷信的表现。不过,从自传作者的陈述可见,基督信仰本身也可能被贴上"迷信"的标签。刘龄九在《编后的话》中就提到:"这种福音,这种精神,是否迷信?是否为我们中华民族今日所必需?愿国内明达之士肯虚心的想一想。"②言语之中,正传达一种无奈。这在普通的基督徒身上,表现得更为直接。梁魁三因为妻子信基督教,自己"有机会听道理学唱诗,一般朋友讥诮我随了迷信"。③ 刘永生则因为当地"信主者无一人,以畏人毁谤,抵抗力薄弱,不敢认主,今则坚决的打倒迷信,悔罪认主"。④ 张汉屏表示:"有信仰基督的心愿,但因种种关系,未能正式加入教会,这是极可惜的。"而他所谓的种种关系,无非"世代相传的宗教,是烧香敬神,崇拜偶像,而目下此种旧俗,各村仍然盛行"。⑤ 朱明春信主后,"时受逼迫,屡遭凌辱,族党双亲皆未信主,多方与我为难",双亲过世后,族亲依旧称其"迷信"而阻拦。⑥

除旧有信仰,现代政治与科学也可能视基督信仰为"迷信"。苏韧轩以国民党员的身份加入基督教。据他称:

> 在党人方面,视我是"迷信"为"腐化",是不合科学精神,应除党籍。在教友方面,视我是"重世",为"肉徒",是不顾灵魂得救,应革教名。双方逼迫,不表同情,亲友疏离,社会轻

---

① 伍岳梁:《我的半生》,《田家读者自传》,第237页。
② 刘龄九:《编后的话》,《田家读者自传》,第4页。
③ 梁魁三:《一生思想转变的经过》,《田家读者自传》,第309页。
④ 刘永生:《我的自传》,《田家读者自传》,第280页。
⑤ 张汉屏:《我的小传》,《田家读者自传》,第251页。
⑥ 朱明春:《我的一点感想》,《田家读者自传》,第254页。

视,更兼恶魔施虐,陷我败亡。领洗月余,长女暴亡,以及全家染疫,长子罹残,街市遽变,财产尽倾,社会人士,冷笑热嘲,有谓放佛遭谴,应受横祸,总总讪谤,不一而足。①

基督教信仰已经深度影响其社交与生命状态。与之相反的是,一些作者对基督信仰与其他信仰的"兼容"。程中立即谓:"家庭的人虽已破除迷信,但仍设有牌位,纪念祖先。对孔孟、总理、委座和耶稣的精神,都很信仰。"②虽然政治理念与宗教信仰并不矛盾,但苏轫轩的例子表明两者很容易成为互相攻击的对象。另一些作者也用"信仰"指称儒、释、道、耶以及三民主义。汪怀仁即表示:"信仰儒释道耶,知儒教要尽性知命,释教要不染世累,道教要静养此身,耶教要守一无二。"③日新子也自陈:"信仰孔孟圣贤之学,及三民主义。"④不过,仔细辨认便发现,他们所谓的"信仰"并不能与基督信仰并论,因为他们都不是基督教徒,或许只是表达一种认同之意。这里提示着,如果程中立等人所谓的"信仰"还显得比较传统的话,那么作为制度性宗教的基督宗教对中国教徒的信仰世界及"信仰"本身含义的改变可能并不小,尽管部分教徒可能出于功利目的入教。

如果从基督信仰的角度再看《田家读者自传》,会发现另一有趣的现象。每篇自传结束后还有空白,编者会插入一段语录。这些语录来自儒家经典、学者名言、俗谚以及基督经典。⑤ 这种语录经常出现在书报或日记本的角落,用以补白或修身,本不足为奇。

---

① 苏轫轩:《五十自述》,《田家读者自传》,第185—186页。
② 程中立:《病中自述》,《田家读者自传》,第9页。
③ 汪怀仁:《汪怀仁自传》,《田家读者自传》,第74页。
④ 日新子:《杨日新子自传》,《田家读者自传》,第75页。
⑤ 分见《田家读者自传》,第78、274、304、314、318、332、349、360、373、378页。

儒耶混杂,则表明与《田家半月报》类似,编辑试图呈现田家的包容性。这种包容绝非放弃宣教,也不表明信仰的多元,而应视为"基督教本色化"的策略之一。

  自传往往被视作个人的历史。但《田家读者自传》的作者们超出当时"自传写法"及自传理论的一般认识,借此或许是其一生唯一正式写作或留名的机会,表达了个人的希望或志愿。这些志愿并不限于私意,亦多涉家国天下。59岁的马重生盼望"田家的青年读者","在学校中努力求学,尽心用功,习成了建国治世的身手,以备出身使用"。① 13岁的张万庶与19岁的张万仁兄弟表达了"服务人群""抗战杀敌"的愿望。② 梁静轩表示:"立定志愿在抗战建国之时,尽力服务社会,兴办地方公益,以尽国民天职。"③这些志愿看起来比较空洞,却体现"抗战建国"的口号对民众意识的形塑,是对大历史的一种呼应。而这些作者基本是教徒。陈静的话颇能作为这种基督精神的诠释:

> 栖栖遑遑,奔走半生,历遍党、政、军、教各界,深知人心险恶,社会之争夺盗窃迄无净土,乡村中抢劫暗杀无虚夜。使乡村民众终岁不得安居乐业,实系人心无所归宿所致。从此看来,欲改正风俗,必须挽救人心;欲挽救人心,必须令人心有所归宿;欲令人心有所归宿,非由基督建设其心理别无二法。故予不辞牺牲一切,甘愿置身教育,以便宣传法美意良的基督

---

  ① 马重生:《浪子回头》,《田家读者自传》,第77(2)页。
  ② 张万庶:《我的愿望》、张万仁:《我愿快长大去打敌人》,《田家读者自传》,第68页。
  ③ 梁静轩:《梁静轩自传》,《田家读者自传》,第115页。

教,恪尽基督信徒之天职。①

时过境迁,这些愿望又是否达成?

结　　语

视野所及,104 位自传作者,只有杨志成在中国基督教史上留下名字。② 连这些作者接触过的人,亦鲜有出现于既有的现代史书写中者。比如聂光灵在成都结识林则(A. W. Lindsay),后者为中国现代牙科医学之父。③《田家读者自传》问世后,似并未受到多少关注。当时最小的作者,即便健在,也年逾九旬。否则可以通过口述了解更有意思的问题。

虽然存在诸多遗憾,《田家读者自传》却在一定程度上反映了中国近代史书写的真实一面。民史书写虽然早已成为史学界内外的共同期许,然却很难说已走向深入,甚或不时沦为达到民史以外的目的的奴隶。正是在此意义上,《田家读者自传》额外值得珍视。

本文最后申说两点:第一,与其他民俗材料、大众生活史材料类似,这个文本尽管合而为一集,却更多地表现出琐碎的特征。读者对此一文本特征应有高度自觉,不必由此推知当时整个中国农民(乡村读书人)的境况;第二,这批作者大多属于文中提到的乡村读书人,他们或多或少接受过一些正规教育,却不能因此否认其

---

① 陈静:《陈静自传》,《田家读者自传》,第 75(2) 页。
② 杨写作自传时是贵州葛布内地教会志华小学校董,后成为基督教葛布教会首任牧师。可参见《基督教葛布教会百年史》编写组《基督教葛布教会(1904—2004)》(内部发行),http://shimenkan.org.cn/info/gb/#20,2021 年 3 月 13 日。
③ 聂光灵:《我的自传》,《田家读者自传》,第 331—332 页。

与农村存在的密切联系。通过自传,可以看到他们写作中的主动与智慧,也可以看到这批乡村读书人在农村社会中扮演着重要角色。时至今日,这种乡村读书人依然数量庞大,他们处在乡村与城市之间,是维系未来社会趋向良善的重要分子。

从杂字读物研究明清识字问题①

温海波

摘要：明清杂字以日常生活的常用字汇编而成，主要满足乡民基本读写需要，是讨论民众识字的直接材料。对杂字涉及的识字史，可从两个相互关联的维度解读：其一，通过成规模数量的杂字，系统处理书籍史、阅读史信息，重构杂字的生产流传与认读使用，审视明清文字下乡的历史进程；其二，从日常生活的实态，将杂字与民众书写实践产生的民间文献关联建立语料库，对民众日常认读和实际生产的文类作计量语言学分析，此方法直接有效地回应了学界关于传统中国民众识字基准的长期争论，也为日后微观识字率研究奠定基础。

关键词：杂字，文字下乡，民众识字，书籍史/阅读史，明清

温海波，江西师范大学历史系讲师

识字问题是探讨中国社会文化史的重要线索。近年来，不论是政治史对文书行政、信息沟通的讨论，抑或文化史对阅读史、书籍史的研究，乃至建立民间历史文献学或古文书学的倡议，都无法

---

① 本文首发于《安徽史学》2021年第4期，此次对原文进行了增订和修改。研究得到江西省社科规划项目"明清江西地区童蒙书籍整理研究"（18WT57）资助。

绕开识字问题。罗伯特·达恩顿（Robert Darnton）曾满怀期待地认为，识字领域作为基础课题，总体趋势是研究的人会越来越多。① 诚然，有关西方识字史的论著早已汗牛充栋，②但在中国史领域却是极富挑战的课题。自 1979 年罗友枝（Evelyn S. Rawski）的著作问世以来，对传统中国识字问题的专门探讨，并无实质性的推进。③ 其实，早在 20 世纪 70 年代至 80 年代初，欧美汉学界曾先后发生两场围绕识字研究的争论，其中第二场的导火索就是由罗氏触发，伊懋可（Mark Elvin）、柯文（Paul A. Cohen）、伊维德（W. L. Idema）等不同领域的学者，在《通报》《亚洲研究学报》等刊物发表评论。他们论辩的焦点并非传统中国民众识字率的多少，而是"识字"的标准该如何界定。直到目前，中国史识字研究面临的主要障碍，仍是如何定义识字基准，标准不同则识字率结论殊异。④

纵观近 40 年来中国史的识字研究，学界对不同时段的识字问题有过深浅不一的讨论。王子今、邢义田等探讨了秦汉平民、吏卒的识字能力，⑤包伟民、程民生则对宋代识字率提高及当时各群体文

---

① 罗伯特·达恩顿著，萧知纬译：《拉莫莱特之吻：有关文化史的思考》，华东师范大学出版社 2011 年版，第 110 页。
② 在西方古典研究中，仅一份讨论地中海世界识字的论著书目就约有 600 种。Shirley Werner, Literacy Studies in Classics: The Last Twenty Years, William A. Johnson and Holt N. Parker, *Ancient Literacies: The Culture of Reading in Greece and Rome*, Oxford: Oxford University Press, 2009, pp. 333 – 382. 此外，还有大量社会史学者对识字问题的研究。
③ Evelyn Sakakida Rawski, *Education and Popular Literacy in Ch'ing China*, Ann Arbor: University of Michigan Press, 1979.
④ 两场辩论的梳理，参见刘永华《清代民众识字问题的再认识》，《中国社会科学评价》2017 年第 2 期。
⑤ 王子今：《汉代社会识字率推想》，收入氏著《秦汉文化风景》，中国人民大学出版社 2012 年版，第 175—178 页；邢义田：《秦汉平民的读写能力：史料解读篇之一》，邢义田、刘增贵主编：《古代庶民社会》，台湾"中研院"2013 年版，第 241—288 页；邢义田：《汉代边塞隧长的文书能力与教育：对中国古代基层社会读写能力的反思》，（台北）《"中研院"历史语言研究所集刊》2017 年第八十八本第一分。近年秦汉识字研究最为深入，代表性论文集如 Li Feng and David Branner eds., *Writing and Literacy in Early China*. Seattle: University of Washington Press, 2011.

化水平持肯定性评价,①明清史有科大卫(David Faure)、李伯重对香港新界和江南识字率的重估,徐毅、范礼文(Bas Van Leeuwen)对19世纪中国大众识字率的新估算。② 这些讨论挑战了早期费孝通、萧公权等认为传统中国的乡民无需文字的认知。③ 但遗憾的是,尽管材料有所扩充,宋以后的研究却很少直接利用民众读写材料讨论识字问题,大多数仍然依靠间接证据列举式说明民众识字水平,对充满争议的识字基准并无回应,且各自对"识字"界定不一。仅以上文提到的明清史学者对识字的界定:罗友枝的标准是数百字到两千字,而科大卫的标准是认得名字,李伯重则以能记账为基准,而徐毅、范礼文则是与生员相关的读书人。反倒是秦汉领域通过解读各种读写材质,并吸取古典研究成果,对识字进行了不同类型的区分。

因此,对宋以后识字研究的突破,关键在于定位民众识字材料,并寻求界定识字能力的有效方法。所幸,明清日常习见的民间杂字近年来被大量发掘,④为探讨民众识字提供了弥足珍贵的契

---

① 包伟民:《中国九到十三世纪社会识字率提高的几个问题》,《杭州大学学报》(哲学社会科学版)1992年第4期。程民生在2018、2019年发表多篇识字研究论文,如《宋代工匠的文化水平》,《厦门大学学报》(哲学社会科学版)2018年第5期;《宋代商人的文化水平》,《中国经济史研究》2019年第4期;《宋代女子的文化水平》,《史学月刊》2019年第6期;《论宋代宦官的文化水平》,《史学集刊》2019年第5期。

② 科大卫:《论一九一〇年代新界区的识字率》,(香港)《明报月刊》1983年2月;李伯重:《八股之外:明清江南的教育及其对经济的影响》,《清史研究》2004年第1期;徐毅、范礼文:《19世纪中国大众识字率的再估算》,中国社会科学院历史研究所清史研究室编:《清史论丛》,中国广播电视大学出版社2013年版,第240—247页。

③ 费孝通:《乡土中国》,生活·读书·新知三联书店1985年版,第14—15页;萧公权著,张皓、张升译:《中国乡村——论19世纪的帝国控制》,(台北)联经出版有限公司2014年版,第8页。

④ 李国庆编:《杂字类函》,学苑出版社2009年版;李国庆、韩宝林编:《杂字类函(续)》,学苑出版社2018年版;王建军主编:《清至民国岭南杂字文献集刊》,广西师范大学出版社2018年版;戴元枝主编:《清至民国徽州杂字文献集刊》,广西师范大学出版社2020年版;王建军等主编:《清至民国山西杂字文献集刊》,广西师范大学出版社版2021年版。这些集刊中粗略统计有600余册杂字,除此之外,仅笔者从国内外各图书馆、民间收藏家等整理的杂字还有1 000余种。

机。这种识字读物采辑日常生活的常用字汇编而成,民众通过识读不同的杂字,习得日用所需的多元读写能力。① 然而,面对这类珍稀的一手文献所蕴含的丰富难得的民众识字信息,如何提出有新意的问题,设计切实可行的研究路径,是一大棘手问题。

本文拟在回顾以往杂字搜集研究及其问题出路的基础上,汲取书籍史、阅读史、语言学的养分,倡导以杂字书为中心,探讨明清民众识字的渠道方法,进而对杂字生产、流通背后孕育和催生的"文字下乡"这一重要社会文化进程进行反思;②在共时性层面主张将民众读写实践生产的民间文献(簿记、文约等)和杂字建立起关联性,从而在日常生活的实态中,通过语料库计量方法探查民众多元复杂的识字状况,由此对明清民众识字能力进行再认识。需指出的是,本文仅是在资料利用和方法上为明清识字研究提供新思路,并非对这一研究的实证。彼得·伯克(Peter Burke)在梳理年鉴学人对识字的研究时,就意识到识字史是一个适宜集体研究与统计分析的文化史领域,③笔者期盼本文提倡的史料、方法将是深入探讨明清中国识字问题的新开端。

一、杂字的搜集研究与问题出路

20世纪30、40年代,学者大致从语言学、俗文学、教育学和文

---

① 温海波:《识字津梁:明清以来的杂字流传与民众读写》,厦门大学历史系博士学位论文,2017年。简介见于《中国经济史研究》2019年第3期。
② "文字下乡"是20世纪40年代费孝通批评平民教育运动提出的概念,近年来学者将其作为一个社会文化史议题进行了阐述。刘永华:《〈乡土中国〉:一个基于社会文化史的评论》,收入氏著《时间与主义》,北京师范大学出版社2018年版,第232—233页。Li RenYuan, *Making Texts in Villages: Textual Production in Rural China During the Ming—Qing Period*. PhD Dissertation, Harvard University, 2014.
③ 彼得·伯克著,刘永华译:《法国史学革命:年鉴学派,1929—2014》,北京大学出版社2016年版,第126页。

献学等方面开启了对杂字的关注和研究。刘半农在淘得道光删补本《元龙杂字》后，认为倘能获得更古的完本，对语言名物的研究尤为有用。① 郑振铎在《中国儿童读物的分析》中，认为杂字是童蒙所用的基本书。② 常镜海在分析传统蒙学时亦提及十余种杂字。③ 王重民则在版本目录研究中考辨《新编对相四言杂字》的版本，还引介抗战时向达先生在四川购得的《人生必读随身宝》(又称《礼仪杂字》)。④ 胡怀琛著有《蒙书考》，其中也有介绍杂字数种。⑤

欧美学界在20世纪40年代也开始留意杂字，恒慕义(Arthur Hummel)在1946年写的购书报告中，谈及一本首刻于1436年的图文杂字，并指出书中包括一幅算盘图。1959年，李约瑟在《中国科技史》第三册中指出，最早的算盘图列见于该杂字，进而将算盘的历史推前几百年。⑥ 日本学者仁井田陞、酒井忠夫、田仲一成等，也利用杂字分别对中国法制史、教育史和戏剧史进行了开创性研究。⑦

---

① 中国人民大学图书馆古籍整理研究所编：《中国人民大学图书馆古籍善本书目》，中国人民大学出版社1991年版，第144页。
② 郑振铎：《中国儿童读物的分析》(上篇)，《文学》1936年第7卷第1期，第48—60页。
③ 常镜海：《中国私塾蒙童所用课本之研究》(上)，《新东方杂志》1940年第1卷第8期，第103—114页；《中国私塾童蒙所用课本之研究》(续)，《新东方杂志》1940年第1卷第9期，第74—89页。
④ 王重民：《中国善本书提要》，上海古籍出版社1983年版，第372页。
⑤ 据称该书归震旦(复旦)大学图书馆藏，惜未获见。郑逸梅：《逸梅杂札》，齐鲁书社1985年版，第23页。
⑥ 商伟：《一本书的故事与传奇》，美国哥伦比亚大学史带东亚图书馆编：《新编对相四言》，上海书店出版社2015年版，第1—20页。
⑦ 仁井田陞：《中国法制史研究：奴隷农奴法・家族村落法》，东京大学出版会1962年版，散见第一部第九章和第三部第十三、十四章讨论；酒井忠夫：《明代の日用类书と庶民教育》，林友春编：《近世中国教育史研究：その文教政策と庶民教育》，国土社1958年版，第126—131页；田仲一成著，布和、吴真校译：《中国戏剧史》，北京大学出版社2011年版，第171—176页等。

20世纪60年代,谢国桢注意到杂字作为社会经济史料的价值。[①] 瞿菊农亦利用数种杂字探讨蒙养教材。[②] 张志公则对杂字的渊源、性质、分类及大致发展过程作了初步探索,[③]他最早对杂字的文献脉络有所交代,开创了杂字专门研究的先例。

20世纪80年代起,杂字研究大体围绕语言文字、教育和史学领域展开。在语言文字方面,主要是对各民族曾流通的杂字进行相关的语言、文字、语音研究。[④] 在教育领域,主要是利用杂字讨论蒙学、日常生活变迁中的教育,希冀对当下教材改革、职业教育提供借鉴。[⑤] 在史学领域,山东地区杂字首先被注意,并用于探讨当地民俗生活。[⑥] 各地杂字也相继得到不同面向的研究,[⑦]近年以

---

① 谢国桢:《明清笔记谈丛》,上海书店出版社2004年版,第256页。
② 瞿菊农:《中国古代蒙养教材》,《北京师范大学学报》1961年第4期。
③ 张志公:《传统语文教育教材论》,中华书局2013年版,第157—167页。此书1962年初版。
④ 限于篇幅,举其要者,高昌馆杂字语言学研究有:胡振华、黄润华:《明代汉文回鹘文分类字词汇集〈高昌馆杂字〉》,《民族语文》1983年第3期;胡振华、黄润华整理:《高昌馆杂字——明代汉文回鹘文分类词汇》,民族出版社1984年版。回回馆杂字研究有刘迎胜《〈回回馆杂字〉与〈回回馆译语〉研究》,《元史及北方民族史研究集刊》1989—1990年,第12—13期等。女真馆杂字研究有汪玉明《〈女真馆杂字〉研究新探》,《民族语文》1994年第5期。杂字语音研究有双福《察哈尔八旗方言资料〈蒙古杂字〉语音学初探》,《蒙古学信息》1997年第3期。语系的语言性质有王宏治《〈永乐本〈西番馆杂字〉中所见汉藏语言的性质》,《民族语文》2010年第2期。西夏文杂字研究有:史金波:《西夏汉文本〈杂字〉初探》,《中国民族史研究》第2辑,中央民族学院出版社1989年版,第167—185页;聂鸿音、史金波:《西夏文〈三才杂字〉考》,《中央民族大学学报》1995年第6期等。
⑤ 徐梓:《中华蒙学读物通论》,中华书局2014年版,第197—201页;朱凤玉:《朱凤玉敦煌俗文学与俗文化研究》,上海古籍出版社2011年版,第283—341页;顾月琴:《日常生活变迁中的教育:明清时期杂字研究》,光明日报出版社2013年版。
⑥ 西敬亭、于桂英:《从〈庄农日用杂字〉看鲁中的农作和民俗》,《民俗研究》1991年第2期;王尔敏:《〈庄农杂字〉所反映的农民生活生业生活实况》,(台北)《近代中国史研究通讯》2002年第33期;谭景玉:《清前期鲁中农村的日常饮食习俗》,《民俗研究》2005年第1期;王加华、赵春阳:《清中叶鲁中乡村民俗生活——以〈庄农日用杂字〉为中心的探讨》,《民俗研究》2009年第3期。
⑦ 杨国桢:《明清土地契约文书研究》,人民出版社1988年版,第23、58、62页;刘大可:《〈一年使用杂字〉所反映的闽西乡村社会》,《福建论坛》(文史哲版)1999年第1期。

来,在山西、山东、四川、广西、安徽等地又发现了大量新杂字。①学者还将之与系统的地域资料相结合,探讨区域社会日常生活史。②

　　以上成果为杂字研究累积了资料基础,也丰富了杂字讨论的面向。历经80余年的努力,杂字的性质、种类、意义已为更多的学者所知。但若审视个中成果,我们发现学者主要着力于史料的开掘和考述,更多的是将杂字作为一种发现民众的稀奇史料,在学术论证中不经意间拿来当"调料"。如此便难逃以下三种境况:在教育学领域,杂字主要作为"经典"之外的蒙学读物;在语言学领域,则作为某一地区的方言、音韵、文字史料;而在史学领域,又主要是下层民众史料的"新发现",并将之运用于某一课题(教育史、社会史、文化史等)的论证。

　　大致而言,以往研究主要集中在两个层面:杂字的发掘整理与杂字中史实的利用。除此以外,与本文密切相关的是罗友枝、吴蕙芳和包筠雅(Cynthia J. Brokaw)三位学者的研究。罗友枝对清代识字率的估计,既被学者广泛征引,又遭到不少质疑。原因是传统中国民众识字的标准,学者们没有相应共识,那些批评见解本身也并没有直接、正面的证据。值得注意的是,罗氏对几种绘图杂字与"三百千"的单字进行比较,强调杂字教授的文字与日常生活所需的用字更具关联性。惜因罗氏从教育机会聚焦识字率的整体估

---

　　① 除了上文提到近年李国庆、王建军、戴元枝等整理出版了大套杂字外,早期还有喻岳衡主编《捷径杂字·包举杂字》,岳麓书社1989年版;来新夏主编,高维国编校:《中华幼学文库·杂字》,南开大学出版社1995年版;王春瑜:《老牛堂藏珍本文化史料丛书》,九州出版社2016年版。相关情况可参见王建军《传统社会民间蒙学读物——杂字文献研究述评》,《广西师范大学学报》(哲学社会科学版)2016年第10期。
　　② 王振忠:《徽州社会文化史探微——新发现的16—20世纪民间档案文书研究》,上海社会科学院出版社2002年版;戴元枝:《明清徽州杂字研究》,上海教育出版社2017年版。

算,而对杂字没有更多着墨。①

吴蕙芳在对万宝全书研究的基础上,通过将民间日用类书与杂字的渊源、发展及其内容、功能的对比,说明原属不同性质的书籍,因大众需要而彼此调整、互相汇合,最终发展成民间所需知识的便利管道。但她立论的主要方向是杂字的生活知识,尤其是与日用类书的联系,而对杂字所触及的民众识字,只略作说明。此外,研究只涉及不到 100 种杂字,这限制了讨论的深度。②

包筠雅的研究旨在论述"大众文本文化"中的书籍交易,进而关注到杂字出版,她从文本生产流通考察帝国晚期乡村底层的出版销售活动,注意到四堡地区流通的几种杂字促进了民众功能性识字能力的扩散,但研究对象囿于客家方言编辑的几种杂字。③

总体而言,由于视角不同,以往触及杂字与识字的讨论,无论在史料收集广度,抑或讨论深度上均显不足:罗氏重点讨论的是教育机会,包氏侧重的是文本制造,而吴氏则强调与日用类书的关联。值得注意的是,她们的讨论都突出从日常生活的语境理解识字的功用和意义。当前各地发掘出丰富多元的杂字,不但要求对这种文类在明清井喷式涌现给出历史解释,而且大量杂字的生产流通及其丰富的识字史信息,也为探讨识字问题至少提供了两个相当独特的视角:从历时性层面,以杂字的书籍史、阅读史为起点,重构杂字的生产流传和认读使用,把握明清文字下乡的基本历

---

① Rawski, *Education and Popular Literacy in Ch'ing China*, pp. 129 – 139.
② 吴蕙芳:《万宝全书:明清时期的民间生活实录》,(台北)"国立"政治大学历史系 2001 年版;吴蕙芳:《明清以来民间生活知识的建构与传递》,台湾学生书局 2007 年版。
③ [美]包筠雅著,刘永华、饶佳荣等译:《文化贸易:清代至民国时期四堡的书籍交易》,北京大学出版社 2015 年版,第 238—242 页。

史过程;①从共时性角度分析杂字对民众识字能力的影响,这既为争论不休的民众识字标准界定提供直接、有效的证据,也为重新认识明清社会识字率提供了基础。

二、杂字读物流传与"文字下乡"

费孝通基于"乡土性"的熟人社会,从功能角度论述乡民生活中的文字既有缺陷又无必要,连语言本身都是不得已而采取的工具,②这在一个有文字文明的社会复制了无文字部落社会的形象。③"文字下乡"的用意本是批评当时推行平民教育的工作者,但因其后世影响深远以致于其他声音都湮没无闻。如今回顾当时的各种言论,或需重新考虑乡土中国的"无文字性"。同在江苏,与费孝通调查时间也相近的教育研究者傅葆琛就认为,文字是民众生活必需的工具,不识字将处处受苦:"在我们现时所处的社会里,几乎处处离不了文字。就我们日常生活说,看报、写信、记账、签名,以及处理一切应用文件,如收条、发票、请帖、对联、合同、契约等,哪一样不需要文字?"④除了经验事实的张力,在学理上也有不同学者进行反思。社会学学者批评《乡土中国》全然不看历史

---

① 张仲民:《从书籍史到阅读史——关于晚清书籍史/阅读史研究的若干思考》,《史林》2007年第5期。该文修订版《导论:从书籍史到阅读史》,收入氏著《出版与文化政治——晚清的"卫生"书籍研究》,上海人民出版社2021年版,第1—86页。李仁渊:《阅读史的课题与观念:实践、过程与效应》,复旦大学历史学系、复旦大学中外现代化进程研究中心编:《新文化史与中国近代史研究》,上海古籍出版社2009年版,第213—254页。两文对定位中国史研究中的书籍史、阅读史问题,搭建研究框架具有奠基意义,本文从中启发受益颇多。
② 费孝通:《乡土中国》,第8—20页。
③ 王铭铭:《文字的魔力:关于书写的人类学》,《社会学研究》2010年第2期。
④ 傅葆琛:《为什么我们要在训政时期努力文字教育》,《教育与民众》1931年第2卷第5期。

演化，仅以一个时点上的文字难下乡，定格无年代区分的乡土中国，此前不是如此，此后的情况亦有所不同。① 历史学者认为有无文字关涉两个截然不同的"中国"，诸多民间历史文献的书写、使用和传承就是"文字下乡"的历史过程，应该重新解释文字下乡。② 其实，《乡土中国》后记中特别交代许多概念都是不成熟的，算不得定稿，更不是完稿，费氏在晚年自我学术反思时，也一再提到《乡土中国》只讲了特点、没有过程的缺陷，并呼吁要有"文化自觉"去补历史的课。③

明初，杨士奇就批判乡间塾师教授童子诵读李贺的《梦天诗》，理由是既为田舍学童，"读此汝无所用，曷如读杂字书得用也"。④ 万历时，何士晋亦将子弟教授划分层次："上者，教之作文，取科第功名。……次者，教之杂字柬笺，以便商贾书计。"⑤清末民初，刘愚生更提示富厚子弟先教"三百千"，再授四书，而贫穷儿童"所教为千字文及四言杂字之类，父兄所求者，不过能识日用字，写柴米油盐帐而已"。⑥ 以上虽略举数例，但足以表明传统民众并非不需识字，只不过对他们而言，获取日用读写比科举取士更紧要，为达致这一诉求，由来已久的读写实践是认读杂字。

---

① 郑也夫：《隔代一书谈，回首百年身》，陈心想：《走出乡土：对话费孝通〈乡土中国〉》，生活·读书·新知三联书店 2017 年版，第 2—7 页。
② 郑振满主编，饶伟新本辑主编：《民间历史文献论丛第 1 辑·族谱研究》，社会科文献出版社 2013 年版，第 1 页；黄向春：《民间文献、数据库与作为方法的总体史》，《光明日报》2020 年 2 月 17 日，第 14 版。
③ 张冠生记录整理：《费孝通晚年谈话录（1981—2000）》，生活·读书·新知三联书店 2019 年版；温海波：《费孝通"文字下乡"再省思》，《中国社会科学报》2021 年 3 月 17 日，第 9 版。
④ 杨士奇：《东里续集》卷一九《李长吉诗》，《景印文渊阁四库全书·集部》第 1238 册，台湾商务印书馆 1986 年版，第 616 页。
⑤ 张文嘉：《重定齐家宝要·宗规·蒙养当豫》，《四库全书存目丛书·经部》第 115 册，齐鲁书社 1997 年版，第 669 页。
⑥ 刘愚生：《世载堂杂忆》，中华书局 1960 年版，第 2 页。

进言之,日用所识的字与参加科举所应识的字未必吻合。雍乾时广西灵川县黄兰坪村的私塾先生全宁轩在《捷径杂字》叙中明确表示:

> 读书之道明理识字而已,明理之功非数十年不能,而识字则一二年固已足。然往往见乡塾蒙童读书十年而不能举笔记一账者,何也?无他,缺其书,且不得其法也。所读者,皆明理之书,非识字之务。其在富家大族,用以取其功名则可;其在平常之家,毫无益于实用,虚延岁月而已,故读书多年,而不能记一账也。①

从上文可以看出,认读考取功名的明理之书,并不适用于乡村记账识字所需。无独有偶,广东塾师邵彬儒亦称子弟分两等,一为取功名,二为习生理、工艺或务农,但"在经书字为作文章用,未必尽合时宜,世上当行之字,至粗至俗为至紧要,不尽载于四书五经,所以别有杂字相传也"。② 这虽是杂字编者立场的看法,却也揭示了识字的脉动,与上文士人看法相互印证:乡民子弟读经书无所助益,反而收录生活常用字的杂字更切适用。杂字流传之广,以致时人虽批评其用途有限,但亦不得不承认"今之欲识字者,率习四、七言对句杂字诸本"。③ 然而,杂字书籍被视为粗陋低俗,甚至连杂字编者也感慨:"夫杂字者,不敢称书,无非集其所用之字,以备无力多学者取其捷径耳。"④何况国内传统的书史研究,在对象上

---

① 全宁轩辑:《捷径杂字·叙》,王建军主编:《清至民国岭南杂字文献集刊》第1册,第191页。
② 邵彬儒:《新增一串珠杂字·序》,第七甫崇德堂。除特别说明外,杂字均为笔者收藏。
③ 《识字易明录·序》,清刻本。
④ 《群玉杂字·序》,同治戊辰萃文堂梓。

迷恋具有知名度的刊刻或罕见珍稀的出版品，而忽略底层社会廉价的次要出版物；在视野上往往集中在版本目录，而少将目光投向书籍的制作生产、流通传播和阅读接受。

明清大量杂字的刊本、抄本，既是用以交换和流通的文本，也是传递文化的载体，具有社会经济史和文化史两个面向。换言之，笔者倡导将物质形态的杂字与精神层次的识字联系起来，探究杂字的生命历程（文本特征、物质形态、认读实践）和社会环境如何生成识字意义。① 然而，这种读物在书籍秩序中，为儒者所不齿，一般人亦嗤之以鼻，故而带有颇多局限，大都只是杂字内容，序跋罕见，编者佚名，刊印不标属地等，这种情况导致杂字往往是孤立的文本，罕有线索知晓详尽的书史信息。鉴于上述缺憾，在具体讨论时需借助其他史料如地方志、社会调查、回忆资料等相关的只言片语，以使杂字流动起来，通过各种寻踪探迹以勾画书籍传播循环圈，由此呈现杂字生产流传影响下的社会文化后果。

对杂字的生产而言，要充分利用留下的序跋，这些有限信息直接呈现文本的编者简介、成立过程（其字汇如何选择、参照用书）和创作意图（预期受众、读法教法和编纂目的等）。此外，一些有出版信息的杂字，一般标识刊刻堂号却不具地方，就要利用版刻工具书确定地点，但也需要注意发现其谬误，因不同地域的机构使用相同名号或存在跨地域分号等。因此，要返回杂字本身找寻相关的地方性知识，综合两种信息确认其地点，进而形成杂字刊行的分布图景。

对于杂字的流通而言，难以寻觅直接的书商材料，只能采取间接的办法。首先定位受众的构成，这在不同杂字的书名、序跋或相关人物的回忆性叙述中有所呈现。其次追问传播途径和流通数

---

① 戴联斌：《从书籍史到阅读史》，新星出版社2017年版，第15页。

量,通过部分杂字所附经销广告,辅之以历代出版史材料发现其销售途径和模式。至于流通量,主要考虑印次情况、手抄流通情形,由此可反映杂字流通的地域特征和普遍性状况。再次考虑的是受众购买能力,既要利用杂字的形态——大小、字体、用纸、篇幅等,从侧面讨论价格问题,又要利用直接的书单和其他类型的书价(特别是区分定价与实际售价),乃至与相关的米价、物价进行比较。

通过这些讨论,可以对收集到的成规模数量的杂字进行流传时空的分析:探讨杂字的编写纂述、受众群体和流通情形,重点是呈现不同地域杂字的刊印传抄状况、市场流通层级、价格区间和销售方式,以期揭示杂字主要受众面貌。这些杂字的扩展,尤其是数量、种类大增和出版地点的变动情形,在一定程度上反映了明清下层民众文字知识的图景。它可能导引我们回答如下问题:这种书籍新文类的受众在社会构成、地域分布上,与之前相比有哪些新类型的读者,在地域分布层级上又有何新特征;原有以士大夫为阅读对象的读者群格局是否松动或打破,进而扩展到了更中下层的"各业之民",乃至"无知村氓"。

不过,书史研究最棘手的是如何检验最具关键性的提问——书籍对社会的文化作用与影响。为了回应这个核心议题,罗杰·夏蒂埃(Roger Chartier)探求如何在缺乏阅读的直接资料的限制下从事阅读研究。最终,他从目录学家麦肯锡(Donald F. McKenzie)的"文本社会学"中找到交集并从中汲取养分:书籍印刷形式本身就是直接的、有意义的——不同的版本、字体和排版都会导致不同的阅读感受,也会带来互异的意义诠释。[①] 在这种脉络下,夏蒂埃将文本和图像的再现分析、文化实践理论和文本社会学结合起来,

---

① [法]夏蒂埃:《文本、印刷、阅读》,[美]林·亨特编,姜进译:《新文化史》,华东师范大学出版社 2011 年版,第 146—164 页;Donald F. McKenzie, *Bibliography and the Sociology of Texts*, Cambridge: Cambridge University Press, 1999, pp. 120.

构成他主要的理论资源,进而倡导考察文本内容和编排的物质形式,以获致读者挪用的阅读条件。① 杂字受众往往是历史中的"失语"群体,他们不会留下认读的描述,最多只在杂字的封面用稚嫩笔法写下名字,抑或"名字+号"(置、书、备)等以示对书籍的拥有,或"名字+买"(记、抄)表达书籍之获取,或"名字+习字"(读书、习读、诵读、诵记、念)等表示阅读使用方式。这些条目虽短得可怜,却表明书籍被真正使用过。当然,要是足够幸运,社会调查或民族志偶有蛛丝马迹。杨懋春对山东台头村的观察就指出,孩童除了明白杂字外,几乎不能理解其他读物;张履谦在开封相国寺对流动民众的随机调查也发现,民众乐意读杂字,而不愿使用民众教科书。② 要想获得详尽的识读笔记,恐怕就难以遂愿了。

因此,还原杂字接受史的尝试,虽有无奈之处,但绝不因史料构成的屏障而搁浅。我们可以迂回前进,采用上文梳理的路径,依靠书籍的物质形态,也可参照序跋中生产者预设的理想读法。不过,这种根据"副文本"(paratext)和物质形态推断阅读和读者对文本阐释的进路,是读者反应批评家的擅长并有理论体系作为支撑,但背离了历史研究立足实证史料的基本规矩。③ 因此,要真正在历史框架内展开讨论,就应特别注意杂字中留下的真实读者,尤其是留有名字组合内页的认读字迹、时间标记或其他涂鸦。这些在认读过程中直接随手、即时产生的零碎信息,虽不如有一定识字水准受众所产生的边批(marginalia)或阅读札记,但却是真实读者的

---

① 秦曼仪:《书籍史方法论的反省与实践——马尔坦和夏提埃对于书籍、阅读及书写文化史的研究》,(台北)《台大历史学报》2008年第41期。

② 原译文是《日用杂志》与《实演杂志》,应该为《日用杂字》《四言杂字》。杨懋春著,张雄等译:《一个中国村庄:山东台头》,江苏人民出版社2001年版,第140—142页;张履谦:《民众读物调查》,李文海、夏明方等编:《民国时期社会调查丛编:文教事业卷》,福建教育出版社2004年版,第463页。

③ 戴联斌:《从书籍史到阅读史》,第16页。

认读记录。①

跳出将杂字视为承载史实的取向,切换到新近书籍史、阅读史视角解析杂字的生产刊行、认读利用,进而关注杂字的生产传播与文本流通的文化影响。这些地方性识字读物的流通,背后折射出文字与民众打交道的历史进程:无论是杂字的生产编纂,还是乡民获取文字的能力,明清乡村都和文字密切关联,甚至发展出多样化的文本生产能力。可以预见,杂字在生产流传上的"量"和"质"的历时性改变以及对杂字认读实践的勾勒,不仅呈现了明清乡民识字的时空序列,还能追溯获取读写能力的方法。正因如此,从书籍生产流通的视角,通过规模数量的杂字在时间维度、空间层次的变动和社会层面的拓展研究,可以把握明清文字下乡的发展动向,从而对这一重要的社会文化史议题进行再思考。这是其他史料无法企及的,也是以往杂字研究未曾思考的方向。

三、杂字读写与民众识字能力

循着杂字的发展线索,不仅可历时性地呈现明清时期文化发展的某些基本过程,而且在共时性层面为日常生活情境下的识字提供了诠释的直接证据。杂字触及的民众读写实践,尤其是结合明清日常生活反思民众识字能力,是以往研究中最为薄弱的一环。更紧要的是,目前明清识字研究面临的主要挑战和争议就是如何理解民众识字的门槛。职此之由,对识字的讨论不能仅停留于定性描述,还需借助定量分析,而援用语料库的计量方法,可望为民众识字界定提供有效的解释。与其在主观经验认定的(罗友枝受社会经济史影响,而文学史是伊维德的关怀)识字数量上争论不

---

① 韦胤宗:《阅读史:材料与方法》,《史学理论研究》2018年第3期。

休,不如计量确定明清民众日常认读和实际使用的字汇,从静态上探测识字教材里的文字,在动态中统计日常生活中的实际用字。

20世纪中叶,计量语言学出现,其以语料为基础,用计量方法研究语言的结构和发展规律。早在平教运动中,为追求民众所学的每个字都是有用的字,陈鹤琴、敖弘德等人凭借手工操作,将民众日常接触的各类材料汇集,从中筛选求出高频字,以此选定平教运动的基本字。① 晏阳初认为,当时"读了四书、五经、古文,而不能写一封通顺的买卖信的,十居八九。……所以我们如要为他们求教育普及,非制造一种特别的工具,使他们于最少的时间,识得最多的文字不可。……由此数千字中,复选出最通用的一千字,作为'基础字',这样使所学即是所用,所用即是所学"。② 傅葆琛也总结:"识字教育最为重要、最难解决、也是全部的中心问题是,不识字的人要识多少字和这些字是什么字。"③平教工作者的教育实践虽对明清民众常用字的基本面貌并不关心,但却为识字研究提供了重要启迪,即识字的质(什么字)与量(多少字)是问题的核心。

近年来,语料库成为语言文字研究的潮流,而"识字"被认定为多重(multiplicity)甚至是多层次(hierarchy)的。④ 著名语言学者詹姆斯·保罗·吉(James Paul Gee)阐发了复数识字(multiliteracies)理念:识字是一种社会文化模型,其种类千差万别,人们是用不同的方式读或写着不同的"文本"(texts),而这些往往是由不同的社

---

① 陈鹤琴:《语体文应用字汇》,商务印书馆1928年版;敖弘德:《语体文应用字汇研究报告》,《教育杂志》1929年21卷第2、3号。
② 晏阳初:《平民教育新运动》,《新教育》1922年第5卷第5期。
③ 陈侠、傅启群编:《傅葆琛教育论著选》,人民教育出版社1994年版,第255页。
④ Kenneth Levine, *The Social Context of Literacy*, London: Routledge and Kegan Paul, 1986, p. 43.

会和文化群体的价值和日常实践决定。① 语言学家还运用民族志的方法,发现地方语境影响着识字在日常生活中的获取和意义,在此基础上,他们提出了"地方识字能力"(local literacies)的概念。② 在这种识字研究理路下,语言学家强调不同的微观社会语境,还提出了"乡村识字能力"(rural literacies)概念,指出城乡间识字类型的差别。③ 因之,语言学家倡导将多元复数识字应用于实际教学,发展出读写能力的多模态培养。④

平教工作者的识字教育实践和语言学家的语料方法及其对识字内涵的丰富阐释,不仅将文字的所学与所用联贯,同时强调识字能力的多元复杂过程。这些成果与人类学和欧洲史对识字研究揭示的道理相通:读写实践是不同社会情境下的多元识字(literacies)。⑤ 回到明清时期日常生活的语境,一册徽州杂字的寥寥数语就反映出写据、立约、记账、誊簿、算账、写对联、写牌匾、书信、写帖、号冥袋、写条等十余种读写活动。⑥ 西南地区的《礼仪杂字》在内容中教示:"为官人,有了字,提笔能定天下事;士子们,有

---

① James Paul Gee, *Social Linguistics and Literacies: Ideology in Discourses*, 2nd edition, London: Taylor and Francis, 1996, pp. 143-144.
② David Barton and Mary Hamilton, *Local Literacies: Reading and Writing in One Community*, London: Routledge, 1998.
③ Kim Donehower, Charlotte Hogg, and Eileen E. Schell, *Rural Literacies*, Carbondale: Southern Illinois University Press, 2007; Bill Green and Michael Corbett eds., *Rethinking Rural Literacies: Transnational Perspectives*, New York: Palgrave Macmillan, 2013.
④ The New London Group, A Pedagogy of Multiliteracies: Designing Social Futures, *Harvard Educational Review*, Vol. 66, No. 1 (Spring., 1996), pp. 60-92. Bill Cope and Mary Kalantzis eds., *Multi—literacies: Literacy Learning and the Design of Social Futures*, London and New York: Routledge, 2000; Colin Lankshear and Michele Knobel, *New Literacies: Everyday Practices and Classroom Learning*, 2nd edition, Maidenhead: Open University Press, 2006.
⑤ 刘永华:《清代民众识字问题的再认识》,第 101—105 页。
⑥ 戴元枝:《明清时期徽州杂字盛行原因探析》,《蚌埠学院学报》2016 年第 6 期。

了字,吟诗做赋通名利;商贾人,有了字,挂写账目不(虽)[随]记;工匠人,有了字,号东号西免心记;务农人,有了字,借钱借米立约据。"①可见,针对不同群体,识字的功用和意义不尽相同,明清民众接触的文书类型颇为繁复,杂字种类中亦有培养记账、文约、礼仪等诸多不同类型的读写能力。② 由此,借鉴语言学的理路,探查明清乡村识字"学"与"用"的关联是妥帖的。

在定量之外,也不能搁置定性材料的助力作用,尤其是"他者"的眼光颇堪重视。明恩溥(Arthur H. Smith)在华北传教时探访当地乡村,留下了相当部分对乡村识字的观感见闻。他记载学堂的读写教材首先是"三百千",接下来练习的是唐诗上的字。这种教学体制的影响:

> 对于一个已经呆在学堂里若干年的人来说,要写那些指称日常生活中的事物的汉字,不可避免地超出了他的能力范围,因为他从来没有见过这些字,无论是印刷的形式还是书法的形式。这样,如果列举一份家务用品的清单,能写对的字达不到十分之一,因为这些字既不在经书中也不在唐诗中出现。③

作为外来者更能体察国人习焉不察之事。明恩溥描述了不少读书人只学习经书中的字而不管其他,一旦远离科举的场域,面对居家生活,他们掌握的字汇就无法适用,似乎又变成了一个地道的

---

① 《礼仪杂字》(又名《人生必读随身宝》),清刻本,陇西堂考校,第3页b。
② 笔者经眼记账用的杂字有近300种,包含礼仪的杂字至少627种。温海波:《杂字习读与记账登簿——兼论明清乡民的识字率问题》(待刊稿)、《识字习礼:明清杂字中的礼仪传授与礼下庶人》(待刊稿)。
③ [美]明恩溥著,午晴、唐军译:《中国乡村生活》,第85页。

文盲。① 19世纪晚期,卫三畏(Samuel Wells Williams)也有相似见解:"在中国语文中,不同的主题需要用不同的字眼。尽管一个人精通经典或小说,要他解释医药或数学的简单文章时他可能轻易被考倒,因为每一页都有许多新的或是不熟知的字。"②这些传教士的洞察证实了杂字编者论述的日常用字不载于四书五经,还揭示了不同教材读写培养下的识字效果。综而言之,以上诸多材料,既提供了定性评判传统中国所学与所用的读写关联,还从静态和动态对杂字语料库的计量提供了认识框架。

从静态来看,杂字字库的形成是知识筛选、取舍权衡和过滤组织的结果。清初以来流传的《南北通晓开蒙杂字》称:"所载全属居家日用贴近之物与夫口中常谈之语,虽妇人、稚子皆所知所晓者,而一切奇异罕见之物,及骚词妙文等事,概不收录。"③乾隆以来流传的《包举杂字》曰:"今从天地、人物及日所常用,约二千三百余字。要以《康熙字典》为宗,悖此者概不敢录。"④又《童蒙杂字》编者自白:"素以庄农为业,子姪又甚愚顽,不能读书,止可耕种,故于诸杂字中,选择切近锅灶耕种者,暂记二十四条以备目前使用。至若人世所用之字尚多,以及飞潜动植之类,实是不能遍及。"⑤可以说,每本杂字都由不同主体审慎选择,加以取舍过滤并重新组织,经历了彼得·伯克所称的"知识社会史"过程。⑥

杂字呈现的虽是一个有规限的字库,但其传授的字量,却是编

---

① [美]明恩溥著,午晴、唐军译:《中国乡村生活》,第94、102页。
② [美]卫三畏著,陈俣译:《中国总论》,上海古籍出版社2005年版,第378页。
③ 《南北通晓开蒙杂字·凡例》,佛山福文堂藏板,法国国家图书藏。
④ 《订正包举杂字·序》,清刻三让堂藏板。
⑤ 贺汝田:《童蒙杂字·序》,清刻本。
⑥ 当然杂字字库选择背后的机制值得进一步探讨。[英]彼得·伯克著,贾士蘅译:《知识社会史:从古腾堡到狄德罗》,(台北)麦田出版社2003年版。

者预设乡民所需掌握的关乎日常生活的字。在当时是用于应对民众生活世界的——用舒茨的术语来说——基本"知识储存"之一部分。① 如明代杂字结尾处就提到："日用急需字样，不在质诸六经。"② 清代杂字亦曰："凡四民应用等字，大约未有出乎此者。"③ 在这个意义上，端赖将诸多杂字做成相应的语料库，统计每本的字种和字量，这种做法虽不能简单化约为杂字的识字效果，但却可以从历史行动者角度投射出日常所需的识字量和基本字。笔者曾处理100种不同杂字（覆盖876种版本）的字量，剔除重复字后绝大部分在2 000字以下，如《耕田杂字》（488字）、《礼仪杂字》（1 073字）、《松轩杂字》（1 610字）、《文约杂字》（1 758字）等，它们分别被用于务农、礼仪、诉讼和文约等不同的功能性识字诉求。④ 宫崎市定曾估算要掌握科举课程必读的四书五经，共有超过40万个生字需要记诵，以一天内学200个生字计，这就需要整整六年时间。还不包括卷帙浩繁的朝代史书，这也是考生理应要掌握的。⑤ 由此观之，科举考试用字与乡民日用所需文字，绝不可等量齐观。

从动态上来说，每种在地的杂字关联编织了各种民间文献，近年各地各类民间文献的发掘，为确定各种文类使用的字汇及数量提供了可能。对各种民间文献（账簿、契约、书信等）的识字能力

---

① Alfred Schutz and Thomas Luckmann Translated by R. M. Zarner and H. T. Engelhardt, Jr. *The Structures of the life-world*. Heinemann, 1974, p. 99.
② 谢荣登:《六言叶韵联珠杂字》，崇祯庚辰建阳熊安本梓，第18页a面，内阁文库藏。
③ 《敦朴堂萃编杂字·叙》，道光十七年手抄本。
④ 温海波:《识字津梁：明清以来的杂字流传与民众读写》，第132—136页。
⑤ [美]艾尔曼著，刘晓艺译:《科举考试与帝制中国晚期的政治、社会与文化》，张聪、姚平主编:《当代西方汉学研究集萃·思想文化史卷》，上海古籍出版社2012年版，第166页。

进行分析,从而对乡民识字能力基准以直接正面的解答。① 甚至,还可建立民间文献和当地流行杂字的关联,从而在日常读写实践的语境中与其他读物如"三百千"启蒙识字进行用字比对。初步统计,"三百千"的单字和杂字中的共有字仅有半数,如杂字中常见的"斗、油、茶、饼、猪、肉、糖"等民众常用的基本字,却在"三百千"中失收。②

可以说,以上材料是民众与文字相互关联的两端:一端是文字的原料仓库(识哪些字),另一端是生产成果(用哪些字)。通过不同性质的文类分析,不仅可以探查日常生活实践语境中运用的多元复数识字能力,为民众识字基准的界定提供有力证据,还将揭示民众识字读本和日常实践用字的关联,推进对乡民识字与日常生活关系的理解,以此为日后探讨民众识字率奠定基础。应该提到,语料库的方法,只是对明清民众的字量、字种、高频字统计,至于识字率的研究,虽有大量签押符号作为民众识字证据,但其具体展开还需以村落为个案,配合族谱资料系统统计,③甚至借助大型数据库,尤其是近年流行的数位人文工具。④

余 论

明清识字问题一直是学界认为重要却难度较高,因而缺乏系

---

① 对闽西百余年的会社收支账和徽州农家记事兼记账的排日账统计,前者单字不足 400,后者才 700 余字。参见刘永华《清代民众识字问题的再认识》,第 106 页。账簿、契约、书信与通俗小说等对应着不同层次的识字能力,参见 Yonghua Liu and Wenhaibo, *What Meant to Be a Literate in Qing China?* (manuscript)
② 温海波:《识字津梁:明清以来的杂字流传与民众读写》,第 132—136 页。
③ 刘永华、温海波:《签押为证:明清时期画押的源流、类型、文书形态与法律效力》,《文史》2017 年第 1 辑。
④ 明清识字研究已有专门数字人文工具(The Late Imperial Primer Literacy Sieve) ,Sarah Schneewind, How the Primer-Literate Read Ming Steles: A Digital Speculation, *Journal of Chinese History*, No. 4(2020) , pp. 85 - 109.

统研究的课题。自1979年罗友枝讨论清代民众识字率以来,学界既受制于史料,又限于理论思考的乏力,对此课题不免兴叹。杂字作为正统文献的价值不高,却为检视民众识字提供了绝佳素材。本文在以往将杂字作为史实论证的路数上,倡导铺陈文本本身的生命历程,进而从两个维度论述杂字对明清识字研究提供新思路:基于杂字的生产传播和认读接受,投射明清文字下乡的历史进程。在此基础上,凭借语料库计量,配合民众生产的民间文献用字,回到日常生活实态——在历史语境中以内外(识字读本与民间文献)两种证据,对明清民众识字能力内涵及其类型予以定位。

文中提倡的书籍史路数及语料库计量,只是杂字触及的识字研究的择要举证,希冀以此将明清识字问题纳入日常生活重新定位。通过初步梳理,既有研究至少形成以下共识:其一,明清下层民众不但有识字需求,还有相应的文字实践,文字并非高居庙堂而不下乡,只不过民众日用所识的字与士人提倡所应识的字不同;其二,不同的读物造就了不同的识字能力,杂字应付日常生活比通用启蒙教材更为裕如,由此似无必要停留在20世纪80年代那两场关于识字问题的争论上,尤其不需坚持伊维德认定的认读2000字大概是粗通文字,而知晓数百字近乎文盲,更毋需诘难罗友枝界定的功能性识字(数百字到两千字)的标准过低;其三,从明清日常生活理解读写能力应将"识字"视为多元复数类型,不妨将民众识字能力标准下调,并对各层次的识字能力进行微观研究,进而直面繁复多元的日常生活,重新认识明清识字率。

还应指出,杂字所形成的文字知识(衣食住行、买卖经营、百工技艺、礼法教化等)如何与日常生活交织,从而影响地方社会的权力结构和观念世界,是以往研究忽略的领域。因此,虽然诸多杂字分散零碎,但保持杂字与其他民间文献的关联性、系统性,从文献的生成流传出发,将杂字和学习者后续的进阶学习、日常生活相结合,在杂字留存现场展开规模化的归户工作,建立"文献群"并进行比较性的解读,进而从不同的文本传统和具体历史情境,理解明清时代的地方文献和民间社会。① 如此,或能更"接地气"地解释文字的传统如何进入日常生活,从而在以往家族组织、宗族实践、礼仪信仰等范畴之外,从文字实践的视角为管窥明清社会文化变迁提供新路径。

---

① 温海波:《走向杂字整理的新境——从〈清至民国岭南杂字文献集刊说开去〉》,《广西社会科学》2020年第6期。

清末民初的"西学在地化"
——以《泰西学案》为中心

孙 煜

摘要： 作为一种传统学术史编纂体裁，学案体在近代也曾被用于引介西学。本文讨论的学案体西学读本，诞生于时人视西籍若神圣之物的清末民初。学案的编者拣选报刊文章，将其分类编辑成书。本文旨在通过讨论清末民初学案体西学读本的编辑方式、出版销售及读者情况，来探讨这一类在地化西学选本的影响，以及其与商业、阅读的关系。

关键词： 学案体，西学读本，西学在地化，知识再生产
孙煜

一、引 言

学案体作为一种学术史编纂体裁，在中国发轫很早，明末黄宗羲撰成《明儒学案》则标志着这一体裁的正式成立。[①] 正所谓"中

---

① 有关学案体的研究，可参看陈祖武《中国学案史》，东方出版中心2008年版；冈本隆司、吉泽诚一郎编：《近代中国研究入门》，东京大学出版会2012年版，第七章；朱鸿林：《为学方案：学案著作的性质与意义》，载《中国近世儒学实质的思辨与习学》，北京大学出版社2005年版；熊秉真编：《让证据说话》（中国篇），（台北）麦田出版社2001年版，第287—318页。

国有完善的学术史,自梨渊之著学案开始"。①《明儒学案》问世后,很快成为学术史书写的典范,后世多有仿效之作。同时,学案体作为一种流行的学术史书写体裁,也一直为清代学人沿用。继黄宗羲之后,全祖望续成的《宋元学案》、唐鉴《国朝学案小识》和江藩《国朝汉学师承记》等,皆是重要的学案体著作。晚清以来的西学东渐,使得士人的"知识仓库"变化转易。面对源源不断的西学新知,学人立足自身知识架构,以本土形式加以接引成为一种惯常的做法。原本用于叙述传统学术的学案体,此时也成为时人引介西学的工具。于是,晚清士人的阅读世界中,逐渐出现了学案体西学读本的身影。

以出版史、书籍史与阅读史的角度来研究明清以降的中国,早已成为一种重要的学术路径,相关成果蔚为大观。② 发展至今,研究者越来越关注编者或读者在书籍传播中的意义与作用,而非如以往单纯讨论书籍的制作、印刷以及发售环节。③ 近代西学东渐

---

① 梁启超著,夏晓红、陆胤校注:《中国近三百年学术史》,商务印书馆 2011 年版,第 63 页。
② 明清以来中国书籍、阅读史的研究状况,学界已有详细综述。参看涂丰恩《明清书籍史的研究回顾》,《新史学》二十卷第一期,第 181—215 页;张仲民:《晚清书籍史、阅读史研究概况》,《出版与文化政治:晚清"卫生"书籍研究》,上海书店出版社 2009 年版,第 24—37 页; Tobie Meyer-Fong, "The Printed World: Books, Publishing Culture, and Society in Late Imperial China", *The Journal of Asian Studies*, Vol. 66, No. 3 (Aug. 2007)。中国史领域书籍史、阅读史的理论思考,参看李仁渊《晚清的新式传播媒体与知识分子》,稻乡出版社 2005 年版,第 1—19 页;张仲民:《从书籍史到阅读史——关于晚清书籍史/阅读史研究的若干思考》,《史林》2005 年第 5 期;潘光哲:《晚清士人的西学阅读史(1833~1898)》,台北"中研院"近代史研究所 2014 年版,第 1—47 页。近年学界持续有中国书籍、阅读史研究问世,与本文主题类似的如 Doleželová-Velingerová, Milena, Wagner, Rudolf G (Eds.), *Chinese Encyclopaedias of New Global Knowledge: Changing Ways of Thought*, Springer, 2013。
③ 近代书籍、阅读史研究的深入,也推动西学东渐史研究逐渐转向,由多侧重对西学文本和内容的介绍,强调西学对中国的冲击与影响,到逐渐"发现"文化交流中本国人的主体性。较之以往,研究者更加关注具体的西方文本、人物、思想以及符号等等在近代中国的传播与流变,并采取概念史、记忆研究等视角来探寻西学知识(转下页)

之下,晚清的汇编类书籍也多受其影响。一方面,传统文编大量吸纳新学内容。如论者所指出的,晚清以来出版的大量经世文编,所收新学内容不断增多,编者日渐注重致用之学,而使"学术"纲目日渐边缘。①另一方面,在晚清开展洋务及科举改制的影响下,时人开始针对西书西报加以选择,辑录成西学汇编。这些书籍,有的仍依传统类书形式,有的则应科场之用,制成射策选本,学界对于这些文编选本已有专文讨论。② 本文考察的学案体西学选本,例如《泰西学案》《新编泰西学案》等,主要流通于清末民初,此时西学的传播面貌较之晚清兴办洋务时已大不相同。另外,此类读本

(接上页)的"在地化"过程。如潘光哲教授的《制作"国父"》即以华盛顿在中国的形象变迁为切入点,描绘了这一历史人物在近代知识界的"思想旅行"。[潘光哲:《制作"国父"——华盛顿在近代中国》,(台北)三民书局2006年版]他的《"革命理由"的"理论旅行"》则以《独立宣言》为对象,考察了其自晚清至民国后的流传与接受情况,通过翻译文本对勘,考察时人对其的引用与阐发,揭示了《独立宣言》作为一种思想资源在晚清的"旅行"。(潘光哲:《"革命理由"的"理论旅行"——美国〈独立宣言〉在晚清中国》,孙江主编:《新史学(第二卷):概念·文本·方法》,中华书局2008年版,第144—188页)。张仲民的《历史书写与记忆塑造》一文,关注了晚清以来国人对古腾堡印刷术流传的历史记忆与历史书写,《黑格尔哲学在清末中国》一文则以黑格尔为具体切入点,回溯其传入中国的起点,讨论了"黑格尔"在入华之后的数十年,是如何被各类人士所援引,成为晚清"知识仓库"中的重要思想资源。[张仲民:《历史书写与记忆塑造(上)——古腾堡在近代中国》,《学术月刊》2012年第4期;《历史书写与记忆塑造(下)——古腾堡在近代中国》,《学术月刊》2012年第5期;《黑格尔哲学在清末中国》,孙江、陈力卫主编:《亚洲概念史研究》(第2辑),生活·读书·新知三联书店2014年版,第154—183页]杨瑞松的《病夫、黄祸与睡狮》,以"病夫""黄祸"和"睡狮"这三项当代所熟知的西方视野之中国形象为研究对象,分析其在近代中国思想论述的丰富意涵,系统阐述了这些符号对于近代中国思想论述中有关国族建构的影响。[杨瑞松:《病夫、黄祸与睡狮——"西方"视野的中国形象与近代中国国族论述想象》,政大出版社2010年版]夏晓红的《晚清女报中的西方女杰》一文,讨论了日本明治之后大量"妇人传"在中国的传播和接受情况。(夏晓虹:《晚清女报中的西方女杰——明治"妇人立志"读物的中国之旅》,《文史哲》2012年第4期)更多的此类研究,可以参看《东亚概念史研究》《东亚观念史集刊》《新史学》等学术杂志。

① 章可:《论晚清经世文编中"学术"的边缘化》,《史林》2009年第3期。
② 参见章清《晚清西学"汇编"与本土回应》,《复旦学报》(社会科学版)2009年第6期;孙青:《引渡"新知"的特殊津梁——清末射策新学选本初探》,《近代史研究》2013年第5期;曹南屏:《坊肆、名家与士子:晚清出版市场上的科举畅销书》,《史林》2013年第5期。

主要讲述西方人物之生平学说,不太涉及农、工、医等技术或科学内容,学界对于此类读本关注较少。① 清末民初出版的这批学案体西学读本,其来源与编辑情况如何? 谁在阅读这些书籍? 他们又是如何阅读、使用这些读本的? 本文将围绕以上问题进行讨论,进而分析学案体著作在近代中国的影响,及这一形式的商业和文化意义。

二、《泰西学案》及其读者

本文研究的学案体西学读本,以《泰西学案》成书最早。之后出版的诸多西学学案,或多或少都对该书有所模仿,因此笔者首先讨论《泰西学案》的文本形成及其流传阅读情况。

---

① 目前学界对本文关注的学案体西学读本研究甚少。米辰峰发表于1993年的《亚里斯多德政治学说在中国的传播》一文,期间提及《泰西学案》《新编泰西学案》在清末民初对亚里斯多德的介绍,并指出两书内容十分相似。[米辰峰:《亚里斯多德政治学说在中国的传播》,《中国人民大学学报》(社会科学版)1993年第3期]张仲民在《黑格尔哲学在清末中国》中,提到了《泰西学案》的编辑方式主要是"剪刀加浆糊",并指出其刊载的有关黑格尔的文章实际剽窃自马君武在《新民丛报》上的译介文字。[张仲民:《黑格尔哲学在清末中国》,孙江、陈力卫主编:《亚洲概念史研究》(第2辑)]周立英在《晚清留日学生与近代云南社会》中简单介绍了《泰西学案》的内容,然而将其编者弄错。(周立英:《晚清留日学生与近代云南社会》,云南大学出版社2011年版,第137—140页)桑兵在《近代"中国哲学"发源》中,指出《儒哲学案合编》一书"亦将中国儒学与欧洲哲学分述,而不用哲学观念看待和解读儒学"(桑兵:《近代"中国哲学"发源》,[日] 狭间直树、石川祯浩主编,袁广泉等译:《近代东亚翻译概念的发生与传播》,社会科学文献出版社2015年版,第192页)。此外还有一些研究,如宝成关《西方文化与中国社会——西学东渐史论》、李喜所《近代留学生与中外文化》、熊月之《西学东渐与晚清社会》等等,只是提及了当时出版有《泰西学案》这一书籍,并未针对其内容和具体影响展开研究。而对于《万国名儒学案》《新编泰西学案》和《儒哲学案合编》,学界仅仅做了一些简要的介绍,亦无深入研究。如史革新主编《中国文化通史·晚清卷》、龚书铎《近代中国与文化抉择》、陶绪编著《晚清文化史稿》、钟少华《出取集:钟少华文存》等论著,都只是各自提及《万国名儒学案》介绍了西方哲学知识。总体而论,大多数研究对近代学案体西学读本都只是简单的介绍和存目,对于其文本来源,以及传播情况和读者反应还缺乏具体的研究。

《泰西学案》由桐城王阑、金匮周流编辑,东京八尾活版所印刷,上海明权社于光绪二十九年(1903)七月发行。①《泰西学案》在《游学译编》杂志上的广告称"是书为留东诸君所辑述",②《江苏》杂志上的书籍广告亦称"是书为在东留学政治诸君所译",③由此看来,编者王阑、周流二人大概是留学日本的法政科学生。"江左病骥氏"在序言中阐发了编辑原因:"不求欧美学术之渊源,不足以通各种之学问也。不考古今学说之异同,不足以辨各种之学派也。此留东诸君所以有《泰西学案》之编辑也。"④至于此书的章节编排,则"仿《明儒学案》体例"。⑤ 全书分成四门:哲理学案、教育学案、政治学案、经济学案,所载学说"凡泰西古今诸大儒,自柏拉图、亚里斯多德、康德、黑格儿、斯宾塞尔、赫胥黎、弥勒约翰、斯密亚丹以及卢骚、孟德斯鸠、边证(原文如此——引者注)、伯伦知理诸人之学说无不博采宏搜,备极详尽"。⑥ 江左病骥氏在序言中表示此书"录泰西之学说,考兴盛之原因","我祖国学界中人得以据是编而可以立人,得以兴国"。⑦ 无论是该书"序言"还是广告,都在强调西方学说乃是泰西文明的根基、强国富民的本原,国人只有通晓西方学术渊源,视野才能不"限于一国","偏于一朝"。然而,编者将《泰西学案》内容分成四门,其实只是简单地分类汇编搜集到的文章,而非基于西方学术史的发展脉络展开编纂。因此广告中宣称的"仿《明儒学案》体例",不过是一种商业宣传,假《明儒学案》这种读书人熟悉的书籍来进行推销。

---

① 王阑、周流编:《泰西学案》,明权社1903年版,版权页。
② 《游学译编》第九册,1903年8月,"后二"。
③ 《江苏》第七期,广告页。
④ 江左病骥氏:《泰西学案序》,《泰西学案》,第1页。
⑤ 《江苏》第七期,广告页。
⑥ 《游学译编》第九册,1903年10月,"后二"。
⑦ 江左病骥氏:《泰西学案序》,《泰西学案》,第2页。

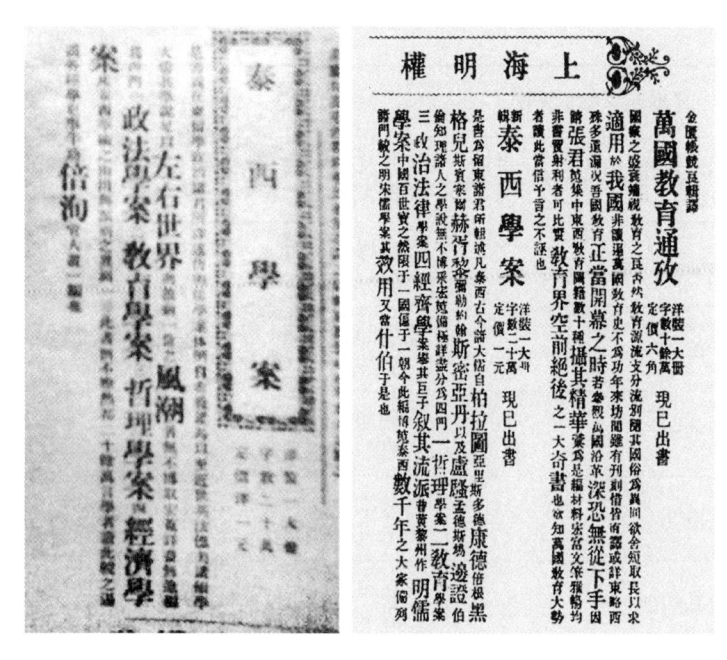

图1 《泰西学案》在《江苏》及《游学译编》上的广告

如其广告所言,《泰西学案》中的诸多西学文章,皆为"博采宏搜"而来,言下之意,此书的内容多为转载,但书中却没有提及每篇学案的出处。那么,《泰西学案》上的文章都来自何处？以下是笔者寻获的文本来源(表1):

表1 《泰西学案》各章节的文本来源

《泰西学案》章节	文 本 来 源
第一编 哲理学案	
前言	改写自蟹江义丸《哲学史》,《翻译世界》1902年第1期

（续　表）

《泰西学案》章节	文　本　来　源
苏格拉底,柏拉图,亚里斯多德	蟹江义丸：《哲学史》,《翻译世界》1903年第3、4期
倍根,笛卡尔	梁启超：《近世文明初祖二大家之学说》,《新民丛报》1902年
康德	梁启超：《近世第一大哲康德之学说》,《新民丛报》1903年
边沁	梁启超：《乐利主义泰斗边沁之学说》,《新民丛报》1903年
黑格儿	马君武：《唯心派巨子黑智儿学说》,《新民丛报》1903年
弥勒约翰	梁启超：《弥勒约翰之学说》,《新民丛报》1903年,到该文"续29号"为止
达尔文	梁启超：《天演学初祖达尔文之学说及其略传》,《新民丛报》1903年
斯宾塞尔	未找到
赫胥黎	未找到
颉德	梁启超：《进化论革命者颉德之学说》,《新民丛报》1903年
教育学案	
亚里斯多德	季新益：《泰西教育界之开幕者阿里士多德之学说》,《江苏》1903年
苏格拉底、柏拉图、毛塔耶尼、廓美纽司、陆克、卢骚、裴司塔若藉、佛罗卜尔、斯宾塞尔、显露柏罗都	能势荣原著,仁和叶瀚译：《泰西教育史》,金粟斋1901年版,第一章至第八章

（续　表）

《泰西学案》章节	文　本　来　源
政治法律学案	
柏拉图	《政治学说（参据政治学史及理学沿革史）》，《游学译编》1903 年
亚里斯多德	未找到
霍布士	梁启超：《霍布士学案》，《清议报》1901 年
斯片挪莎	梁启超：《斯片挪莎学案》，《清议报》1901 年
陆克	阿勿雷脱：《欧洲近代哲学卷之一》，《国民报》1901 年
卢骚	梁启超：《卢梭学案》，《清议报》1901 年
孟德斯鸠	梁启超：《法理学大家孟德斯鸠之学说》，《新民丛报》1902 年
边沁	梁启超：《乐利主义泰斗边沁之学说》，《新民丛报》1902 年
伯伦知理	梁启超：《政治学大家伯伦知理之学说》，《新民丛报》1902 年
经济学案	
柏拉图、亚里斯多德、斯密亚丹	梁启超：《生计学学说沿革小史》，《新民丛报》1902 年
马尔达、理查、约翰塞、弥勒约翰	未找到

注：《泰西学案》及其之后的编者，有时会将一篇文章拆成不同部分，编入相应学案中，这也是表中《泰西学案》的多个章节，会对应同一篇文章的原因。此外，王阗、周流在转载文章时，为让全书能成体系，在编辑文字时尽力统一格式。梁启超等在按语中发表的个人评论，以及其中提及的友人姓名往往被删去；有的文章编者未取全文，仅剪裁部分内容。类似此种改动甚多，兹不赘述。

根据以上表格，除最后一编"经济学案"外，《泰西学案》的文本来源大致已得澄清。其主要取材自《新民丛报》《翻译世界》《游学译编》等报刊和《泰西教育史》这样新近出版的西学书籍，编者王阆、周流二人应是常常阅读这些书报。其实，《泰西学案》内容多取材自流行书报的做法，早已为当时读者所注意。如有读者便在此书目录之后批点道："此编大半皆剽窃《新民丛报》'学说'一门而妄加割截，点窜涂乙无处不较原书为劣。王、周二君可谓不惮烦矣。序云编者独具苦心，诚然。"①该读者在揭露《泰西学案》转载《新民丛报》的同时，还不忘讽刺一下此书的编辑水平。如其所言，《泰西学案》的编校水平确实让人不敢恭维。如是书第133页编校失误，边栏本应是"卢梭学案"，结果写作"陆克学案"；"哲理学案"中的"弥勒约翰学案"，其前言系编者所拟，行文匆忙，以至于此段竟未标点，②再者如第72页，文末还有三字衍文"此弥勒"。③ 这些格式和内容上的差错，都显示出编者对此书不很用心，与前述序言、广告中的"备极详尽"等等标榜形成鲜明对比。一本内容和体例都频频出错的西学学案，显然不能让国人考辨中西古今学派，借此"立人"与"兴国"。

发行销售《泰西学案》的明权社，乃是《江苏》杂志的总经销

---

① 转引自米辰峰《亚里斯多德政治学说在中国的传播》，《中国人民大学学报》（社会科学版）1993年第3期，第50页。米辰峰在文中称："从毛笔的字迹、墨色看极象清末民初人所注。"原书藏人民大学图书馆。笔者未能得见，且采其说。
② 王阆、周流编：《泰西学案》，第63页。
③ 米辰峰在《亚里斯多德政治学说在中国的传播》一文中也提及《泰西学案》的编校问题。如编者将亚里斯多德的出生年月弄错，搞不清公元323年和322年何者在前。[米辰峰：《亚里斯多德政治学说在中国的传播》，《中国人民大学学报》（社会科学版）1993年第3期，第50页]类似这样的问题在《泰西学案》中不止一处，如在"柏拉图学案"中，编者称"柏拉图雅典府人，生于西历纪元四百二十七年"，此处同样漏掉了"公元前"。

处。① 发行处既在上海,《泰西学案》自然借地利之便,得以在沪上书局行销。或许是受商业利益驱动,《泰西学案》出版不及三年,其版权便转入商务印书馆,由其负责发行。② 根据1906年春季商务印书馆的一份出版广告,该馆的书籍分售网络遍布全国,在江苏、直隶、山西、四川、山东、江西、福建、陕西等省份皆设有发售处。③ 由此视之,《泰西学案》也有可能通过商务印书馆的发行网络走向全国。譬如远在内陆的成都书市,就曾出现《泰西学案》的身影。④ 1907年,《申报》的《商务印书馆发行各种新书》整版广告上,已出版四年有余的《泰西学案》依然能占据一席之地。⑤ 可以想见,借助版权转换的东风,《泰西学案》在清末得以拥有广泛的读者群。

《泰西学案》作为一本打着"学案"之名汇编西学的读本,在时人的知识分类中有多种定义。如前引《申报》的新书广告中,其就被归为"历史地理类"。但彼时商家对《泰西学案》最常见的认知,却是将其视作一本"教育类"用书。早在一份1906年的《商务印书馆出版教科书目》中,《泰西学案》就被放在末尾的"各种教科书"下,与《论理学纲要》《教育心理学》《东西洋伦理学史》并列;⑥ 另一份《商务印书馆图书提要》,同样将其归入"教育"条。⑦ 1909年商务印书馆刊登于《申报》的广告里,《泰西学案》也被定位为

---

① [日] 实藤惠秀著,谭汝谦、林启彦译:《中国人留学日本史》,北京大学出版社2012年版,第226页。
② 商务印书馆1907年的广告中称:"书本明权社出版,现版权已归本馆,并此声明。"《商务印书馆出版教科书目》,周振鹤编:《晚清营业书目》,上海书店出版社2005年版,第238页。
③ 《商务印书馆书籍分售处》,周振鹤编:《晚清营业书目》,第253页。
④ 《成都之书业》,傅崇矩:《成都通览》上册,巴蜀书社1987年版,第348页。
⑤ 《商务印书馆发行各种新书》,《申报》1907年5月16日,第24版。
⑥ 《商务印书馆出版教科书目》,周振鹤编:《晚清营业书目》,第238页。
⑦ 周振鹤编:《晚清营业书目》,第326页。

"教育诸君",置身"优级师范学堂之用,亦可为小学教员之参考书"之列。① 其实不仅商家如此分类,读者在阅读、使用此书时,也常将其用于教育。1922年夏丏尊前往家乡的春晖中学任教,其后曾在校刊发表《叫学生在课外读些什么书》一文。时值新学年伊始,夏氏鉴于上年度学生课外阅读及写作效力不佳,遂与诸教员商议拟定书目指导学生阅读:"我们以为我们学生所读的书,应照下面所列的两个条件决定:一、做普通中国人所不可不读的书,二、做现代世界的人所不可不读的书。"②夏丏尊开出的书单共计中西图书84种,涉及文学、哲学、历史、科学、宗教等诸多领域,其中就包括《泰西学案》一书。③ 生于云南嵩明的赵镜潜,曾为光绪庚子优贡,1904年10月以官费生的身份,留学日本就读弘文学院速成师范科。赵氏归国之后,曾任两级师范学堂教员,民国之后又任省视学。④ 其在高等学堂中学担任教习时,也曾将《泰西学案》用作教材。⑤ 可以说,《泰西学案》虽然有内容和体例上的问题,但其毕竟包含了大量的西学知识,不失为一部了解西学的"捷径"。夏和赵二人将其用作教育,正是看中了此点。

赵镜潜负笈东瀛之时,西南地区考取官费留学日本者甚众。除云南外,贵州亦有不少名额。与赵同年官费赴弘文学院的陈钟

---

① 《申报》1909年2月12日,第28版。
② 夏丏尊:《教学生在课外读些什么书》,《上虞文史资料·纪念夏丏尊专辑》,上虞县政协文史工作委员会1986年编印,第153页。
③ 同上书,第154页。
④ 云南省志编纂委员会办公室:《续云南通志长编》下册,云南省志编纂委员会办公室1986年编印,第641页。
⑤ 云南大学图书馆藏《泰西学案》"第三册末有'高等学堂中学教习赵镜潜讲述'字样"(周立英:《晚清留日学生与近代云南社会》,云南大学出版社2011年版,第137页)。另外云南大学图书馆馆藏《泰西学案》为铅印4册,形态与笔者所见的其他《泰西学案》不同。

濬,也就读速成师范科,很可能与赵相识。① 陈氏结业后也返回贵州任教。② 其子陈廷缜后来的回忆文章,提起其父一直热衷读新书新报:"他还注意世界大势及当前教育趋势。从不间断的订阅《东方杂志》及《时事新报》,着重阅读其教育副刊《学灯》。他关心当时出版界的重要著作……可见父亲爱书之一斑。"③陈廷缜罗列的其父藏书中,就有《泰西学案》,可见陈钟濬也是此书读者:"父亲对于古今中外政治学术思想的演变十分注意,诸如《宋元学案》、《明儒学案》、《泰西学案》、《天演论》(即《进化论》——原注如此)、《穆勒名学》、《耶方思名学》、康有为、梁启超全集以及孙中山派的《民报》、《訄书》等。"④

　　1903年出版的《泰西学案》,搜集的均是报刊上新发表的谈西学的文章,有的篇目甚至报纸连载尚未完结便匆忙收录。该书结集如此迅速,对于彼时的士人而言,也算一本新鲜的西学汇编。《泰西学案》所收的西方学者中,如康德、黑格尔等人都是著名的哲学家,因此也有人将其视作一本西方哲学史。后来成为哲学家的张申府,在回忆其幼年读书经历时,就提到了《泰西学案》对他走上哲学之路的影响:"我自觉的学哲学是在我十六岁的时候,那时候我所读的书有《哲学要领》《一年有半》和相当于西洋哲学史的《泰西学案》以及《天演论》《新民丛报》等。"⑤

---

① 《附秋冬两季咨送学生出洋片》,贵州省文史馆编:《贵州通志·前事志》第4册,贵州省文史馆1991年编印,第893页。
② 陈钟濬先于1905年执教贵阳简易师范学校,后历任贵州省立模范中学教师及舍监、贵州永兴、赤水、漾头等地厘金局长、贵州省教育厅科长、贵阳私立复旦女学校长等职。陈廷缜:《我的父亲陈钟浚》,《贵阳市文史资料选辑》第二十九、三十辑,贵阳市政协文史资料委员会1990年编印,第123页。
③ 陈廷缜:《我的父亲陈钟浚》,《贵阳市文史资料选辑》第二十九、三十辑,第125页。
④ 同上。
⑤ 张申府:《哲学与哲学家》,《张申府文集》第二卷,河北人民出版社2005年版,第443页。此外,1905年3月7日张謇也在日记中记录他当天"看《泰西学案》"。参见张謇研究中心、南通市图书馆编《张謇全集》第六卷,江苏古籍出版社1994年版,第549页。

1903年8月14日,士人孙宝瑄上街购买新书,感叹:"自东国游学途辟,东学之输入我国者不少,新书新报年出无穷,几于目不暇给,支那人脑界于是不能复闭矣。"①孙宝瑄虽"不通西文",但其一直热衷于读新书、阅新报。② 孙氏此言,道出其对当年图书市场的观感。《泰西学案》亦是"东国游学途辟"后东学输入的产物,孙宝瑄不久后便读到此书。1905年10月,孙宝瑄在通州返程时,"一路车中观《泰西学案》"。③ 孙宝瑄向来喜读西学,常在日记中记录阅读感想,对卢梭、康德、黑格尔、斯宾塞等西方学人都比较熟悉。《新民丛报》上的诸多西学学案,孙氏先前已经读过。④ 此番阅读《泰西学案》,有些内容其实算是重读。一连数日,他不仅在日记里摘引书中观点,还常常写札记以陈己见。⑤ 和当时很多的读书人一样,孙宝瑄在阅读《泰西学案》时非常在意西方学说的政治意涵,喜欢将泰西学术和国家兴盛联系起来。如其就在日记中称赞过亚里士多德的政治观念富有远见:"亚氏主意以为,寡头制之国易起革命,民主制之国家亦易起革命。惟斟酌于二者之间,施适当之手段,成立宪政体,乃可以保存国家于永久也。是理极为中正,万世不易。亚氏当日已见及此,可谓远识。"⑥

　　除了关注《泰西学案》中的那些"兴国"学说,孙宝瑄还比较在意西方诸儒的"道德之学"。其在读过《康德学案》后总结道:"康德之所以能为晚近哲学底柱者,彼盖尤重德育。其持论以为:道

---

　　① 孙宝瑄:《忘山庐日记》(下),上海古籍出版社1983年版,第739页。
　　② 有关孙宝瑄的个人阅读史,参看李仁渊《晚清的新式传播媒体与知识分子》,第192—201页。
　　③ 孙宝瑄:《忘山庐日记》(下),第762页。
　　④ 孙宝瑄在日记中曾记录阅读《新民丛报》中卢梭、康德、黑智儿等学案的感想。参见孙宝瑄《忘山庐日记》(下),第648、663、713页。
　　⑤ 关于《泰西学案》的札记,参见孙宝瑄《忘山庐日记》(下),第762—774页。
　　⑥ 同上书,第769页。

学者哲学之本,必有道德而后哲学有所附丽。诚千古之卓识也。"①紧接着孙氏还从《康德学案》出发,用很长的篇幅讨论了道德和自由的关系:"康德曰:我之真我,我之道德性最当自由。忘山曰:然哉然哉!自由之幸福,非道德性莫属也。盖有道德性者,其智、其仁皆能满其量,故可以不为社会上祸福毁誉所拘缚,而独立特行,是所谓真自由。真自由者,即勇之谓也。"②类似此种对"道德之学"的关注,在孙宝瑄的札记中常常可见。如其读到《卢梭学案》时就记道:"卢骚有云:凡人当种种情欲扰乱时,须以道德思想自整理之。可称名言。盖卢骚少年时,颇不羁,尝犯欺诈、窃盗、淫佚等罪,其后改行,遂为一代巨子。道德之学,以情操为本。此言出于卢骚,至言也。我国儒书论道德,必推至诚。"③

留心《泰西学案》中"道德之学"的,并非只有孙宝瑄一人。和孙氏注意到卢梭利用"道德思想自整理之"而最终成为"一代巨子"类似,好读新书的官员恽毓鼎在读过《康德学案》后,也特别关注文中描写康德修身自治的内容:"《泰西学案》记德儒康德每日起居、食息、著述、讲演、散步、应客,皆有一定之时刻,数十年来,不爽秒黍。盖实最严格、最富于自治力之人也。康德为哲学大儒,泰西学者尊其学,不啻中国之尊朱子。可见为学功夫必从整齐严肃入手。"④《明儒学案》一类的早期的传统学案,虽为学术史著作,但其本身也含有道德指南的意味。传统教育出身的孙宝瑄和恽毓鼎在阅读以"学案"冠名的西学读本,面对如卢梭、康德等与孔孟类似的"西儒"时,很可能也以此视彼,重视他们的"道德之学"。而且《泰西学案》中卢梭与康德部分的内容来自梁启超,梁自己就深

---

① 关于《泰西学案》的札记,参见孙宝瑄《忘山庐日记》(下),第763页。
② 同上。
③ 同上书,第767页。
④ 恽毓鼎著,史晓风整理:《恽毓鼎澄斋日记》,浙江古籍出版社2004年版,第444页。

受陆王之学影响,重视道德,因此在理解、写作卢梭和康德学案时就常常以传统内容进行比附。①《泰西学案》虽然删去了梁氏的按语,但可以想见梁氏特色鲜明的正文还是会影响孙、恽二人对文本的理解。因为《泰西学案》中有不少此类描述学者修身自治的内容,所以也有学堂采用其为修身课教材。如清末长春府中学堂的"修身"课程,教师就选择舍弃《养正遗规》《训俗遗规》《教女遗规》等书籍,转而选取《泰西学案》《明儒学案》《宋元学案》诸书的道德修养部分来进行讲授。② 时人这些阅读反应,都显示了《泰西学案》这种"在地化西学"的影响。

除了读书人的回忆录和日记,民国时期出版的小说中,也能见到《泰西学案》的踪影。山东作家王统照,曾和郑振铎等人在1920年代初发起文学研究会。1923年,他开始创作长篇小说《黄昏》,讲述了商科大学生赵慕琏与胞叔赵建堂一同到故乡创办羊毛公司,随后解救叔妾周琼符、英苕的故事。其中一段描写如下:

"我在十数年前,也曾加心努力的看过新学书,什么《富强要术》、《泰西政教丛编》,等等,那时我也想自己变变法,……哈哈哈!……"他接着大笑了一阵。

"说句笑人的话呵,也想改造我自己。更深些的呢,记得

---

① 梁氏在1902年的《三十自述》中提到,他和康有为见面之后"请为学方针","先生乃教以陆王心学",康氏既"独好陆王",其在万木草堂的教学,也"以孔学、佛学、宋明学为体","日课则容《宋元明儒学案》、《二十四史》、《文献通考》等"。梁启超谓康氏教学,"德育居十之七,智育居十之三",而梁氏根据《长兴学记》概括的学表,诸如格物、克己、慎独以及养心不动这些德育内容占了一大半,盛赞其师"至其重精神,贵德育"。后来其撰写《湖南时务学堂学约》,条约即以立志、养心、治身为首。及至变法失败流亡日本,游历新大陆,梁氏对道德的重要性更加注意,在《新民说》中以专章讨论"公德"与"私德"。

② 张广益主编,长春市地方志编纂委员会编、王秉祯、董玉琦(卷)主编:《长春市志·教育志》,吉林人民出版社1995年版,第147页。

有部是……《泰西学案》,……你看过这部书吗?"

慕琏记不清了,实在他也不很欢喜多看这类书的。

"这是多年的书了,一年一年的改良,自然陈下的,便看不到了。我现在事情太多了,官府的邀请,地方上的公举,以及公益的事务,我早将书本丢开。可是那本……《学案》,我至今还想到有一种学说是快乐派。……哈!……呵呵呵!慕琏,象我这等年纪,你又没个兄弟,因此我不能不买了两个女孩子来。……"[①]

此段中的"他",乃是小说中的重要人物赵建堂。他在和主人公赵慕琏的对话中,称为了自我改造、"自己变变法"而阅读了《泰西学案》《富强要术》《泰西政教丛编》等新书。其实"加心努力"阅读《泰西学案》等书以求自我改造、了解新学的人,不仅是赵建堂,更是作者王统照。虽然《泰西学案》在"一年一年的改良"中逐渐过气,但王依然对其印象颇深。可以想见,在小说情节发生的年代,《泰西学案》还不是"陈下"之书,当时应该有不少读书人通过阅读此书来汲取新学。

三、《万国名儒学案》《新编泰西学案》及《儒哲学案合编》

《泰西学案》出版之后,行销颇广。紧随其后又有多部学案体西学读本面世,大多系模仿之作。以下简要叙述其情况。

1907年,在《泰西学案》出版4年之后,《万国名儒学案》由新

[①] 《王统照文集》第二卷,山东人民出版社1981年版,第360页。《黄昏》初版于1927年。

学社出版,编者为凤凰楞公。楞公在序言中追溯西方自希腊罗马以来的学术盛景,表示"今为之搜集诸儒学说,著为是编"。① 与《泰西学案》类似,是书也分为四编:"哲学学案""教育学案""政法学案"与"经济学案",只是所收学派更多,如爱阿尼派、意大利派、诡辩学派、士多亚派、英比古罗派、怀疑学派、陆治派等等,都是《泰西学案》未收的。可以明确的是,楞公编辑此书时参照的正是《泰西学案》。对于此点,楞公在"发凡"一节已有说明:"先时明权社所出版之学案一书,类皆《新民丛报》所未完结者,割裂舍弃,贻讥大雅。兹补而续之,已成完璧。"②是书与《泰西学案》相同的部分,大致因袭了前书内容。楞公在"发凡"中就自陈:"此书虽多本于《新民丛报》,间亦有杂取他书者。"③如其"哲学学案"中,爱阿尼派、意大利派、诡辩学派、英比古罗派等内容皆是转载井上圆了的《哲学要领》一书。④ 与《泰西学案》类似,《万国名儒学案》的编校质量也非上乘,对此编者更是在"发凡"中直接表示因为文本来源不一,"一切名词,恐有前后复出者,阅者鉴之"。⑤

除了这类在体例上仿效《泰西学案》的作品,还有沿袭其名的西学读本。《泰西学案》出版12年后,上海进步书局出版了孙鑫源编辑的《新编泰西学案》。孙鑫源在"编辑大意"中称,西方自希腊以来的诸家学说,"唯是旨博辞奥,浅学难喻,况名书浩瀚,传译颇

---

① 楞公编:《万国名儒学案》,新学社1907年版,"发凡"。值得一提的是,复旦大学图书馆藏的《万国名儒学案》,有两册系赵景深教授捐献,可知其曾拥有过此书。
② 楞公编:《万国名儒学案》,"发凡"。
③ 同上。
④ 同上书,第1—50页;井上圆了:《哲学要领》,广智书局1903年版,第二十六至第五十五节。此外,《万国名儒学案》第一编"哲学学案"中的"圣西门学案"和"佛礼儿学案",系转载马君武1903年发表于《新民丛报》第31期的《圣西门(一作西土门)之生活及其学说(佛礼儿之学说附)》一文。除了上述内容,以及与《泰西学案》相同的部分,《万国名儒学案》所收其他文章的文本来源,笔者暂未找到。
⑤ 楞公编:《万国名儒学案》,"发凡"。

难",梁启超和严复两人则"独能杂取诸家学说,移译精华,时加评述,俾世之不克,径窥欧哲原著者。藉斯稍知泰西学术源流派别,嘉惠士林诚为不浅"。因此,孙鑫源"兹特辑录成篇,以学分派名曰泰西学案者,手此一篇"。①

依孙氏之言,《新编泰西学案》收录的当为梁启超与严复二人的作品。不过考察其文本来源(表2),事实并非如此。

表2 《泰西新编学案》各编的文本来源

《新编泰西学案》	文本来源
甲编 乐利学派	
英儒霍布士学案	梁启超:《霍布士学案》,《清议报》1901年
英儒边沁学案	梁启超:《乐利主义泰斗边沁之学说》,《新民丛报》1902年
乙编 民约学派	
英儒霍布士学案	梁启超:《霍布士学案》,《清议报》1901年
英儒陆克学案	未找到
法儒卢梭学案	梁启超:《卢梭学案》,《清议报》1901年
丙编 人权学派	
英儒穆勒约翰学派	马君武:《弥勒约翰之学说》,《新民丛报》1902年

---

① 孙鑫源编:《新编泰西学案》,进步书局1915年版,"编辑大意"。

(续　表)

《新编泰西学案》	文本来源
德儒斐斯的学案	梁启超:《菲斯的人生天职论述评·阶级与分业》,《大中华杂志》1915年
丁编　天演学派	
英儒达尔文学案	梁启超:《天演学初祖达尔文之学说及其略传》,《新民丛报》1903年
英儒斯宾塞尔学案	未找到
英儒赫胥黎学案	严复:《天演论》。主要为"趋异""人为""互争""人群""制私""能实"六节
戊编　进化学派	
英儒劫德学案	梁启超:《进化论革命者颉德之学说》,《新民丛报》1903年
己编　国家学派	
希儒亚里士多德学案	梁启超:《亚里士多德之政治学说》,《新民丛报》1902年
法儒孟德斯鸠学案	梁启超:《法理学大家孟德斯鸠之学说》,《新民丛报》1902年
瑞儒伯伦知理学案	梁启超:《政治学大家伯伦知理之学说》,《新民丛报》1902年
庚编　实验学派	
英儒倍根学派	梁启超:《近世文明初祖二大家之学说》,《新民丛报》1902年

(续　表)

《新编泰西学案》	文本来源
辛编　怀疑学案	
法儒笛卡儿学案	梁启超:《近世文明初祖二大家之学说》,《新民丛报》1902年
壬编　唯心学派	
德儒康德学案	梁启超:《近世第一大哲康德之学说》,《新民丛报》1903年
癸编　唯物学派	
希儒柏拉图学案	蟹江义丸:《哲学史》,《翻译世界》1903年
希儒亚里斯多德学案	蟹江义丸:《哲学史》,《翻译世界》1903年 梁启超:《格致学沿革考略》,《新民丛报》1902年
丑编　生计学说	
希儒柏拉图学案、希儒亚里斯多德学案、英儒斯密亚丹学案	梁启超:《生计学学说沿革小史》,《新民丛报》1902年
英儒马尔达学案、英儒理查学案、法儒约翰塞学案、英儒弥勒约翰学案	未找到

注：与《泰西学案》不同的是,《新编泰西学案》在转载文章时保留了梁启超、严复等作者的按语。

由上表可见,孙鑫源虽然在序言中将严复与梁启超并举为近代输入西学的两大家,但所收文章并未如其所言皆是二人作品,作者假借二人之名,或因二人名气很大,西学水平较高。《新编泰西学案》不仅在书名上接续《泰西学案》,也有很多内容和前书相同。

不过在编辑体例上,该书将诸多西方学说分为乐利、民约、人权、天演等10个学派,舍弃了《泰西学案》划分成四大学案的做法。与此同时,其在转载时也对梁启超的原文进行了一些编辑,改变了原来的文意:

《乐利主义泰斗边沁学说》	《新编泰西学案》
而使之确然成为一完全之学问,首尾完具,盛水不漏者,则自佐里迷边沁及约翰穆勒两君始。梁先生请先言边沁。	而使之确然成为一完全之学理,首尾完具,盛水不漏者,则自佐里迷边沁及约翰穆勒始。第持论完备,言之有力者,则仍推边、霍二氏。今请先言霍布士。①

原本与"乐利"没有关联的霍布士,在此却被孙鑫源截取其思想中关于"利己"的片段,置入了"乐利学派"之中,反而删去了原来的约翰穆勒学说。至于此书的编校质量,则同样不佳,其"丑编　生计学说"部分,甚至没能编入目录之中。

《新编泰西学案》的出版社进步书局,和文明书局实为一家,很多进步书局出版的书籍,都由文明书局销售。② 实际上,《新编泰西学案》也是文明书局出版的。1917年1月《申报》上文明书局的新书广告中,即有《新编泰西学案》一书。③ 此后数年,此书一直由文明书局经销。④ 与《泰西学案》类似,《新编泰西学案》也成为一些读者了解泰西学术的管道。1921年的《学生》杂志,刊登了

---

① 孙鑫源编:《新编泰西学案》,第2页。
② 如进步书局辑刊的《笔记小说大观》便是由文明书局发行的。参见许力以主编《中国出版百科全书》,书海出版社1997年版,第575页。
③ 《申报》1917年1月31日,第2版。
④ 1918—1924年间,每年《申报》刊登的文明书局的广告中都有《新编泰西学案》的身影。例如《上海南京路文明书局图书文具大廉价只有四天了》,《申报》1924年3月21日,第19版。

徐亚生撰写的《培根与笛卡尔》一文。在文末徐氏加了一条按语，为有意进一步了解二人学说的读者指明方向："培根注重经验和实用，提倡归纳法；笛卡尔主张疑惑，证明自己的存在（笛卡尔的一句名言便是"我能思想是故有我"）。对于我们处世求学的态度和方法上，确有许多帮助。这篇所说的，原是非常简略；但我们为增进一般读者的常识起见，所以就把它发表了（若要看得详细些，可购文明书局出版的《新编泰西学案》一书来参考）。"①徐亚生不仅自己读过《新编泰西学案》一书，认为笛卡尔的学说有益于"处世求学"，还借个人文章发表之机，将其推荐给了更多的读者。

知名史学家何兆武，也曾在文章中提及其小时候读过《新编泰西学案》："梁启超在近代思想文化史上的功绩固然非止一端，但20世纪初大力介绍西方学说，影响了整整一个时代的思想至深且巨，当不失为他一生最为重要的贡献之一。还记得自己小时候曾看过一本题名为《泰西学案》的书，当是民国初年的出版物了，其序言就推崇当时西学的两位巨擘：一是梁启超，一是严复。"②再如晚清四川士人廖学章，少时也曾东渡日本入庆应义塾大学攻读英文，归国之后在成都创办四川外国语专门学校。③ 他曾经将一册《新编泰西学案》赠予此校图书室，供师生阅读。不久之后，四川外国语专门学校并入四川大学，此册图书也随之入藏川大图书馆，成为更多川大学子的读物了。

---

① 徐亚生：《培根与笛卡尔》，《学生》1921年第8卷第12期，第36页。
② 何兆武：《也谈清华学派》，徐葆耕：《释古与清华学派》，清华大学出版社1997年版，第2页。原文佚一"案"字，后来此文收入《世纪清华》（庄丽君主编，光明日报出版社1998年版）文集时补上。不过，序言推崇梁启超和严复，并且出版于民国初年的并非《泰西学案》，而是《新编泰西学案》，此处应是其记忆有误。
③ 有关廖学章的生平，可参见李之青《教育学家廖学章》，《少城文史资料》第1辑，成都市西城区政协文史资料工作委员会1997年编印，第110页。

图 2　廖学章赠送外国语专门学校的《新编泰西学案》书影及内页①

前文提及读过《泰西学案》的恽毓鼎，日常也喜读新书。其在日记中，曾认为"西儒论学宗旨，与中儒不甚悬殊"，打算自编一本"中西学案合编"。② 虽然恽氏自己未能将这一想法付诸实践，但民国初年的曹恭翊却编辑了一本类似的学案《儒哲学案合编》，并于 1918 年出版。在此之前，曹氏曾编有《中西经纬学案》一书，曹氏自称此书是其修正版。③ 不过笔者比对之后发现，《儒哲学案合

---

① 图片来源于 CADAL 民国时期书刊计划电子书，http://www.cadal.zju.edu.cn/book/trySinglePage/11105387/1，2015 年 6 月 15 日。书页中有四川大学图书馆印章，或藏于该馆。

② 恽毓鼎著，史晓风整理：《恽毓鼎澄斋日记》第一册，第 400 页。

③ 曹恭翊编：《儒哲学案合编》，共和印刷局 1918 年版，"凡例"。关于《中西经纬学案》的命名，曹在另一本书中有提及："西洋科学书，末后每附有所谓 Key 者，以发明全书精蕴。兹仿其意，采中西学说，依本编所有科目，编成学案。法政为本编主脑，儒哲理学又为法政根源。故本学案以儒哲学说及中西法政学说为经，以富（财政）、（转下页）

编》较之先前的版本,只多出了一个"编叙"和"凡例",再在"总目"中,将"经之属"改名为"正编","纬之属"改作"附编",内容却无任何改动。甚至从第3页起,其页眉上仍然为"中西经纬学案"。

曹恭翊在《儒哲学案合编》"凡例"中解释了此书的编辑体例和特色:"学术法政为正编,财政、教育、兵政、国际为附编。至每篇有上下即中西之分。……本学案均一中一西,以资比较。中学案以历代经籍志编成之……西学案则采集各种泰西学案,按照本编科目编成之。"①与《万国名儒学案》的编者楞公一样,曹恭翊在编辑此书时也参考了《泰西学案》一书:"《泰西学案》,向以学派分门,或仅以治政、法律、经济分门,至重要如兵政、国际两门,向付缺如,本编特为增入,译自西籍,录自西报。"②然而考察其西学内容,如"泰西政治法律学案""泰西教育学案"等部分仍是径袭《泰西学案》一书。可惜笔者未能查考出"泰西兵政学案"及"泰西国际学案"的文本来源。

结　　语

1929年,张荫麟在追悼梁启超时,曾表彰其"介绍西方学说"的功绩:"国人之得闻亚理士多德、倍根、笛卡尔、斯宾挪莎、康德、

(接上页)教(教育)、军(兵政)、宾(国际)四科目之中西学说为纬。故名中西经纬学案。各种西学案,则译自西籍,录自报章,各种中学案,则以九通中经籍志编成之。亦依朝代为序。自上古以迄元明。往往有中西至理名言,流露行间。阅者注意。"(曹恭翊:《集权资宪通史》,出版地不详,1911年,"凡例"第10页)然而此书中并无相关内容,此段疑是误植。曹恭翊个人信息不详,但其与汤化龙、梁启超等名流关系应该不错。1911年出版的曹著《法治通史》一书书名即为汤化龙所题,同时他还邀请到梁启超为其作序,梁在序文中称:"而其用力之勤,搜讨之精,盖无疑也。抑有进者,曹君之叙例也,谓分法政两类,而又以孟德斯鸠之说为其准的,守三权鼎立之说,而又分其书为四部,则窃有疑焉。"(曹恭翊:《法治通史》,出版地不详,1918年,"梁叙"第2页)

① 曹恭翊编:《儒哲学案合编》,"凡例"。
② 同上。

卢梭、霍布士、边沁诸家之学说，实自先生之著作始也……其于形而上学激发好奇之心，引起探讨之兴趣，实为此后新文化运动之伏线矣。"①如其所言，梁启超在清末发表的一系列介绍西方人物学说的文章确实风靡一时，影响颇大。如胡适也曾自陈其深受梁启超西学的影响："从当代力量最大的学者梁启超氏的通俗文字中，我渐得略知霍布士（Hobbes）、笛卡儿（Descartes）、卢梭（Rousseau）、边沁（Bentham）、康德（Kant）、达尔文（Darwin）等诸泰西思想家……就是这几篇文字猛力把我以我们古旧文明为自足，除战争的武器、商业转运的工具外，没有什么要向西方求学的这种安乐梦中，震醒出来。它们开了给我，也就好象开了给几千几百别的人一样，对于世界整个的新眼界。"②梁氏曾自陈其计划写作"泰西学案"，原因正是西方学术能"致其用"，裨益于文明与国家：

  支那学案伙矣，自宋至明，其间尤盛，然空谈多而实学少，其可采者亦落落如晨星之可数，且施之今日，诚为缓图。泰西学案，罔非实学，借非深明其学派，则为学之途径，终难保其不迷，且西国名儒所持之论，无非欲自辟新理，突过前辈，较支那人守一先生之说，唯恐或失者，则又大殊焉。脑气至灵也，譬之井水，不取则塞，取之则源混无穷，地球今日种种人事之大进步者，无非此脑气为之也。若穷究乎泰西之学案，则脑气日灵矣。西人学术之精深，尤以论理为最。盖万事万物无一不自有其公理者，其人不知公理，则为野蛮之人，其国不知公理，则为野蛮之国，其国千人中有一不知公理之人，则其国仍不能为文明之国。抑论理学本与各学相辅，无各种学，则莫备其

---

① 《大公报》1929年2月11日，第10版。
② 胡适：《四十自述》，欧阳哲生编：《胡适文集（1）》，北京大学出版社1998年版，第11页。

体,无论理学,则难致其用,故西人于此尤兢兢焉。①

在梁启超之后,大量留日学者和学生也加入移译东籍的大潮,持续向国人介绍西方学说,产生了一批如《弥勒约翰之学说》《阿里士多德之中庸说》《希腊哲学案》《希腊大哲学家雅里大德勒传》等类似梁氏文字的西学学案文章。② 泰西学术这时俨然被视为西方诸国"富强之本原""兴盛之原因":"泰西学者,前如卢梭、孟德斯鸠,后人赫格、斯宾塞,皆以哲学巨子,蔚学术之大观,阐社会之真理。"③《泰西学案》及其之后的诸多学案体西学读本,正是在这样的追摹心态下才会不断被生产。④

彼时商家汇编梁启超等人的西学文章,发行西学读本的行为并不罕见。如梁启超主持的上海广智书局,就在1902年将梁著《霍布士学案》《卢梭学案》《法理学大家孟德斯鸠之学说》加上《国民报》的《陆克学说》,合辑成《近世欧洲四大家政治学说》一书出版。后来获得《泰西学案》版权的商务印书馆,在1916年也借出版《饮冰室丛集》之机,将梁氏西学学案汇印成集,定名《西哲学说一脔》。至于本文讨论的几本学案体西学读本,商家出版的目的也

---

① 《拟东京大同高等学校讲义录叙例》,《清议报》第34册,1900年,第2185页。
② 梁启超西学文章的影响还不止于此。梁氏文章在出版后常被其他报刊转载,如《政艺通报》《广益丛报》和《选报》都曾转载过梁启超的西学文章。再者,当时一些字典中的条目,也会参考梁启超的西学文章。如1902年张元编辑出版的《外国尚友录》,其"蒙的斯鸠"条目的内容就是复制梁启超《蒙的斯鸠之学说》一文。参见夏晓红《从"尚友录"到"名人传略"——晚清世界人名辞典研究》,陈平原、米列娜编:《近代中国的百科辞书》,北京大学出版社2007年版,第12页。
③ 《湖北发起史学会启》,《神州日报》1908年11月8日。原文未见,转引自张仲民《黑格尔哲学在清末中国》,孙江主编:《亚洲概念史研究》第2辑,第181页。
④ 如《游学译编》上的《泰西学案》广告,便称:"较之明宋儒学案,其效用又当什伯于是也。"(《游学译编》第九册,"后二")又如曹恭翊在《儒哲学案合编》序中也说:"今日为哲学昌盛时代,儒学衰落时代。故泰西之文明转进,而吾国之文明转退。"(曹恭翊:《儒哲学案合编》,"《儒哲学案合编》叙")

多是炒作牟利。梁启超及清末留日学生的西学文章,可谓是这些读本的"共同知识文本"。实际上,这些不同时期出版的西学读本不过是重复生产,所谓"新出书目",其实并未带来新的知识,只是将原有"知识仓库"中的资源重新编排再制而已。① 但另一方面,编者以学案体容受西学,以传统学术史体裁叙述西洋学术之变迁,正是时人立足自身知识传统对外来思想冲击的一种回应。编者在编辑时剪切文字,修改原文内容,基于个人判断将知识分类,把文章纳入哲理学案、教育学案、政治法律学案、经济学案或是十大学派的做法,实则重制了进入中国后的西学知识,同时也形塑了时人对西学知识的接受。就此而言,制作出版这类西学学案,本身就是一种接受政治,即"西学在地化"的实践。

可以说,《泰西学案》及其后的学案体西学读本,径自转录当时报刊上的西学文章,再以学案体的形式加以拢合,除了作为一种商业操作之外,同时也为时人提供了便捷的西学读本,②无怪乎该

---

① 晚清以来读书界的"共同知识文本"与"知识复制"问题,已有学者注意到。不少书籍内容其实都是转载、改写自他书。如潘光哲就讨论了作为"共同知识文本"的《万国史记》与《美国独立檄文》。(《晚清士人的西学阅读史(1833~1898)》,第137页;《"革命理由"的"理论旅行"——美国〈独立宣言〉在晚清中国》,孙江主编:《新史学(第二卷):概念·文本·方法》,第165—169页)章清则讨论了近代以来《万国公法》与"公法"知识的复制。(《晚清中国西学书籍的流通——略论〈万国公法〉及"公法"的"知识复制"》,《中华文史论丛》2013年第3期)

② 考虑到《泰西学案》《万国名儒学案》的编辑方式和编校质量,它们很可能是书商东拼西凑的牟利之作。不过虽然其质量不佳,但出版之后依然能够影响到很多普通的读书人。以《泰西学案》为例,其出版的1903年,科举已经改制。从书籍形态、编辑宗旨与内容构成来看,此书并非为科举士子而出,但这并不妨碍其称为科举士子的读物。如光绪庚子辛丑年的恩正并科,一名叫文光的士子就在《西国学术道源希腊,其流派若何?学校费兴若何?教育名家孰为最著?宗旨孰优?方今博采良法、厘定学制试陈劝学之策》的答卷中提及:"若教育改良家,法之毛塔耶尼,奥之廓美纽司,英之陆克,瑞人之卢索、裴司塔若藉,德之佛罗卜尔、显露柏罗都,英之斯宾塞皆具大智量、大思想。"[顾廷龙主编:《清代硃卷集成》(295),(台北)成文出版社1992年版,第371页]从该生的表述可以想见,他有可能是读了《泰西学案》或类似的书籍。这也证明《泰西学案》能为科举士子提供帮助。此外,士子孙祖蕻、余霖的同题答卷,其对泰西教育家的表述也与文光类似。[《清代硃卷集成》(299),第21页;《清代硃卷集成》(301),第21页]

类读本出版后即受到读者欢迎。当时的读书人面对学案体西学读本这类已经在地化的西学,从各自角度予以吸收、阐释和使用。如上文提及的赵镜潜、陈钟濬等人,就将《泰西学案》《新编泰西学案》视为介绍西方学术的读物,或推荐给他人,或用于讲授。哲学家张申府则以后见之明,将《泰西学案》视为西洋哲学史。学案体西学读本作为西学知识汇编,已经不具有传统学案体修身指南的意味,但孙宝瑄和恽毓鼎这样的读者在阅读时,还是会特别注意其介绍西儒修身自治的内容。

以上种种阅读反应,皆体现了学案体西学读本对于读书人的意义。正是在读者阅读的过程中,西学知识和时人的"知识仓库"发生"文化碰撞",逐渐为时人接受,转而成为他们"知识仓库"中的"思想资源"。① 本文聚焦的学案体西学读本,或为讨论这一"西学在地化"过程提供了又一个佐证。

---

① 如孙宝瑄阅读过《泰西学案》后,就将陆克、卢骚、孟德斯鸠等西方学说用于论证"孟子学说也有益于后世"这一命题。见《忘山庐日记》(下),第771—772页。

"以旧学持身,以新学致用":
贺涛的阅读与思想

王思雨

> 摘要:晚清桐城派吴汝纶、贺涛等人在"地故辟左"的冀州一地为官、执教。受二人倡导,书院士子的阅读范围在传统书目外逐渐有所拓展。具体以贺涛而言,他对西学的了解随着时局变化而逐渐细化,其西学阅读结合自身关切的问题,呈现出"在地化"的面貌。"文"的理念是他处理中西学接榫时的立足之点。为达成以"文事"造"新机"的目的,贺涛除对沟通中西的译者、译文有所要求外,还以保定文学馆作为人才培养地,试图成就囊括中西学问的"文"学,尽管此次尝试并不成功。上述案例既是桐城派在清末之际因时而变的体现,又可在其中勾勒出一条"以旧学持身,以新学致用"的脉络。
>
> 关键词:贺涛,吴汝纶,桐城派,《贺葆真日记》
>
> 王思雨,复旦大学文史研究院硕士研究生

贺涛,字松坡,直隶深州(今河北衡水)人,晚清桐城派重要古文学家。因其桐城后劲的身份,学界对贺涛的研究多从文学角度着手,如柳春蕊着眼于莲池书院与以吴汝纶为中心的古文圈的形成,对贺涛在北学古文发展中的作用有所留意,可惜未深

入展开。① 陆胤从宏观视角分析了作为古文家的贺涛,以实际行动与张裕钊、吴汝纶等人进行文脉传承与知识重建的努力,对其执掌保定文学馆的细节多有勾陈。② 范丹凝从畿辅文学传统,古文圈的形成、发展与延续,以及贺涛的古文特色等方面出发,系统分析了贺涛与畿辅古文圈的关系与贡献,弥补了柳文的遗憾。③ 近来随着研究思路的转变,学者逐渐聚焦于贺涛及其子贺葆真阅读书目的变化。如于广杰在分析贺涛的古文观时,即将他在书院引入新学的行为与莲池学派的现代转型相联系。④ 徐雁平在整理《贺葆真日记》时则注意到了贺家阅读与桐城文派的新变及守旧等问题。⑤ 以上成果对后续研究的展开不无裨益,不过笔者认为,无论是转型、新变还是守旧,均不足以概括贺涛一生的特性。通过进一步关照贺涛及其交往圈人物的言行举止、阅读世界及身份特性,此问题或许可得到新的回答。

一、从书院到学堂:推广新学的努力⑥

曾有研究者指出,晚清西学传播在"质"上产生的变化,得益

---

① 柳春蕊:《莲池书院与以吴汝纶为中心的古文圈子的形成》,《东方论坛》2008年第1期,第46页。
② 陆胤:《文脉传承与知识重建——清末"中学"之争及古文学家的应对》,曹虹、蒋寅、张宏生主编:《清代文学研究集刊》第四辑,人民文学出版社2011年版,第171—222页。
③ 范丹凝:《贺涛与清末畿辅古文圈》,山东大学文学与新闻传播学院硕士学位论文,2015年,第53—57页。
④ 于广杰:《贺涛的古文思想与"莲池学派"的现代转型》,《邯郸学院学报》2019年第1期,第85—91页。
⑤ 贺葆真著,徐雁平整理:《贺葆真日记》,凤凰出版社2014年版,"前言",第19—28页。范丹凝其实也注意到了贺涛古文中的经世思想及对西学的态度,不过并未利用贺葆真的材料。
⑥ 需声明的是,尽管从严格意义上来说,近代史上的中西、新旧各有其独立的意义。(罗志田:《道出于二:过渡时代的新旧之争》,北京师范大学出版社(转下页)

于1895年以后三种新的传播媒介出现：改制后的旧书院、新学堂学会以及报纸。其中，在学堂大规模兴起之前，部分书院内部实已有渐次的变化。①就冀州的信都书院来看，变化的出现离不开吴汝纶、贺涛等人的共同努力。

信都书院创于明万历四年（1576），由知州赵宋修建，久废。康熙末年，知州魏定国将院址移建于州治东南，其后书院历经修缮。信都书院此时"名不见经传"，与各地小书院无异。转机出现在光绪年间。1881年，吴汝纶出任冀州知州，为书院"延名师，备膏火"。②又担心书院不足以持久，于是"确定条章，择士之贤者十余人，使更迭董理，相与慎守之"。③张宗瑛、张雪香等人即受其安排。赵衡谓："冀州地故僻左，士子读书能以学问发名于时，数百年来不数数觏也。自桐城吴先生来为州，不鄙吾人，兴学造士，为广置书册，先后延新城王先生、武强贺先生，恣使问学，又亲与为师弟子口传身授，诲我循循，不数年，风俗一变。"④点出了吴汝纶等在冀州兴学的贡献。

至于名师新城王先生、武强贺先生，指的是王树枏和贺涛。王

（接上页）2014年版，"自序"第3页）但为行文方便，本文中"新学"与"西学"指代的内容无过多区别，大致指向近代以来通过报刊、书籍等媒介，由西方（亦包括日本）传播或由国人介绍至中国，有别于传统知识或经历中西融合的学问。此外，"新学""旧学"的使用，亦是为了方便理解，并无褒贬色彩。

① 张灏：《晚清思想发展试论》，周阳山、杨肃献编：《近代中国思想人物论·晚清思想》，（台北）时报文化出版事业有限公司1980年版，第27—29页。此后，作者又正式将1895—1925年初前后大约30年的时间，称为"中国近代思想史的转型时代"，参见张灏《中国近代思想史的转型时代》，（香港）《二十一世纪》1999年第4期，第29—39页。该文收入氏著《幽暗意识与民主传统》，新星出版社2006年版，第134—152页。

② 王兰荫：《河北省书院志初稿》，赵所生、薛正兴主编：《中国历代书院志》，江苏教育出版社1995年版，第294—295页。

③ 吴闿生：《张楚航先生墓碑》，《中国方志丛书·河北省·冀县志》，（台北）成文出版社1968年影印本，第2页。

④ 赵衡：《序异斋文集》，民国廿一年天津徐氏刻本。转引自柳春蕊《莲池书院与以吴汝纶为中心的古文圈子的形成》，《东方论坛》2008年第1期，第42页。

树枬,字晋卿,号陶庐,河北新城人,光绪十二年(1886)进士。在吴汝纶聘请之际,因王树枬正在辅佐黄彭年纂修《畿辅通志》,为此吴、黄二人对其去留还曾腾书互争,导致李鸿章不得不出面转圜。① 王树枬离任后,在书院长期任教,并且直至书院改为学堂时仍未卸任的学者,是本地出身的贺涛。

据贺氏家谱记载,武强贺氏是科举世家。到贺涛一代,他与其弟贺沅同为光绪丙戌科进士。② 不过时任大名县教谕的他,当年"以学使案试至大名,不及殿试而归",直至1889年才参与了乙丑科补殿试。③ 也正是在此期间,他受到吴汝纶邀请,开始出任信都书院讲席。④ 其后贺涛又为官刑部,因而在贺葆真的日记中多有他往返京冀的记载。

1889年,张裕钊离任保定莲池书院,吴汝纶辞官继任。⑤ 此后他对冀州及信都书院的事务便少有直接干涉,而是汲汲于莲池书院的管理。⑥ 身为山长的贺涛,自然承担起了教导士子的重任。作为桐城派后学,重"文"的习惯无疑影响着他的授课内容和考察

---

① 钱基博:《现代中国文学史》(外一种:明代文学),商务印书馆2011年版,第183页。

② 贺葆真著,徐雁平整理:《贺葆真日记》,"前言"第1页。笔者在引用此版本时,对字词、标点有所调整,后不赘述。

③ 《贺涛传》,徐世昌纂录:《明清八家文钞》,天津徐氏民国二十年刻本,复旦大学图书馆古籍部藏,索书号961202,第1页。关于补殿试的相关情况可参看江庆柏《清科举考试中的"补殿试"、"未殿试"问题》,《古籍整理研究学刊》2007年第3期;杨胜祥:《清代科举"补殿试"对进士名次的影响》,《清史研究》2020年第2期。

④ 《与贺松坡》(1887年9月13日),《尺牍》卷一,施培毅、徐寿凯校点:《吴汝纶全集》(三),黄山书社2002年版,第48—49页。

⑤ 关于此事的详细分析可参见董丛林《吴汝纶弃官从教辨析》,《历史研究》2008年第3期。

⑥ 不过,他针对冀州现任知州疑似挪用公款、整顿河渠诸事,颇有关注。《与贺墨侪》(1893年7月3日),《尺牍》卷一,施培毅、徐寿凯校点:《吴汝纶全集》(三),第76页;《答贺墨侪》(1893年8月30日),第81页;《答牛蔼如》(1893年9月24日),第82—83页;《与贺墨侪》(1893年11月5日),第179页。

方式。在贺葆真前期日记中,屡有其父为书院诸生说《左传》《史记》《汉书》各传的记载。对于韩愈《原道》、曾国藩《金陵军营官绅昭忠祠记》、《欧阳生文集序》等文,亦有讲解。① 考课则以词章为重,例如1892年7月的古课题题目:"臧武仲论""读《史记·曹相国世家》""读《后汉书·窦融传》""拟刘子政上管子奏""三唐人序""书张香涛制军《合肥相国寿序后》""拟汉傅毅《扇铭》""拟汉士孙瑞《剑铭》""拟魏傅选《笔铭》""夏夜叹""拟苏子瞻《竹阁》《明妃》"。② 又因邻近京师,书院还常将近来大事纳入考察范围,如"书李相国《筹议热河善后事宜书》后"、③"代畿辅京官为水灾劝各省官绅商助赈启"④等题。⑤ 同时,时势的变动也使得贺涛跟随吴汝纶的步伐,在书院较快地实现了拓展日常阅读书目的设想。⑥

甲午战争结束后,吴汝纶为培育人才,已命莲池书院诸生"略揽西书,以自拓旧识",⑦还打算在书院开始"先请中师,后改请西师"教导学生学习西文、西语的试点。⑧ 此项计划随后因维新变法期间朝廷政策的变动而提上议程,但最终实现却推迟到了1899年。是年5月,吴汝纶致信贺涛:"西学已劝励数月,始得廿人,尚

---

① 贺葆真著,徐雁平整理:《贺葆真日记》,1892年3月11日、3月16日、3月26日、9月18日、9月28日、10月3日、10月18日,第6—11页。
② 贺葆真著,徐雁平整理:《贺葆真日记》,1892年7月26日,第9页。
③ 即1891年于热河爆发的金丹道大起义。
④ 贺葆真著,徐雁平整理:《贺葆真日记》,1892年5月28日,第8页;1892年9月23日,第10页。
⑤ 据检索得知,保定图书馆藏有《信都书院课艺》一书。笔者限于条件,尚未得见。
⑥ 需注意的是,此节论述不聚焦于报刊、译书的具体内容,而是强调阅读行为本身彰显的意义。
⑦ 《答孙慕韩》(1896年10月4日),《尺牍》卷一,施培毅、徐寿凯校点:《吴汝纶全集》(三),第127页。
⑧ 《答贺松坡》(1896年10月18日),《尺牍》卷一,施培毅、徐寿凯校点:《吴汝纶全集》(三),第129页。

是冀州为多,将以四月开馆,均约定五年为期,虽得英人为师,尚嫌日力殊少,然限于财力,无如之何。此不过为内地嚆矢,若深究专门之家,大收功效,则仍俟之来哲也。"①

贺涛对此极为赞同。不过,此计划在冀州本地的推广却困难重重。虽经二人的大力倡导,冀州风气、经费终究不比保定。贺涛复信即言:"此间学徒颇有西说者,若遂从西人学,则多格于势而不可行。经先生此次提倡,涛又从容怂恿,其间风气大开,学者当日众。然欲于此间建立学堂,则恐不易办。官既不肯居建设之名,又颇惮于经营。绅士亦难为力。此当俟之其人耳。"②与"俟之来哲"相比,"俟之其人"更表明了时机的不成熟性。事实上,三年前针对现任冀州知州牛昶煦盲目谋划设立西学学堂的想法,吴汝纶就不大赞同,并建议牛昶煦应以译书为过渡途径,尤当注重"西国富强政治之书"。至于购买渠道,天津格致书室便为途径之一。③此外他还向贺涛提议:"为目前计,仍以令书院诸生加西学一门功课为简捷办法。"④

为了满足科举考试的要求,直到1898年,贺涛在书院讲授的内容仍以学文、策论等为重:"学文当博览诸家,而以《古文辞类纂》为主。策论亦须如题命意,不可太泛。措词宜雅,一切公牍及时报鄙俚之字,皆不可用经义,虽无定格,当略仿先儒讲义。"⑤不过在1896年底,他已让赵衡等人购买时务书,并谓"阅书不及阅报

---

① 《与贺松坡》(1899年5月13日),《尺牍》卷一,施培毅、徐寿凯校点:《吴汝纶全集》(三),第250—251页。
② 贺涛:《上吴先生》(1899年),《清代诗文集汇编》第771册,上海古籍出版社2010年版,第651页。
③ 《答牛蔼如》(1896年10月19日),《尺牍》卷一,施培毅、徐寿凯校点:《吴汝纶全集》(三),第130—131页。
④ 《答贺松坡》(1896年10月18日),《尺牍》卷一,施培毅、徐寿凯校点:《吴汝纶全集》(三),第129页。
⑤ 贺葆真著,徐雁平整理:《贺葆真日记》,1898年9月18日,第48页。

章,以事愈新愈切要也"。① 因此在强调前述策论等内容前,他首先向学生建议为学"当以史部各类为主,古今中外一切事迹掌故,及近时各报,皆史类也。外国各书,朝廷已命人选译,久之当有明文。今当以看报为主,已译各种亦须随意批阅"。② 贺涛显然是在日常课程中引导学生们关注时务报刊、译书,并以此为中介掌握西学知识。③

具体到书籍、报刊,吴汝纶曾先后向贺涛、牛昶煦推荐《泰西新史揽要》《自西徂东》二书,并因贺涛直接关系到书院诸生而继续建议:"其余则同文馆及上海方言馆所译诸书,皆可考览,而尤以阅《万国公报》为总持要领。近来京城官书局有报,而上海又有《时务报》皆可购而阅之。"④值得注意的是,他在提出建议外,更以代购的方式实现了报刊在书院的推广。

据廖梅的统计,《时务报》逐渐步入正轨后,在18个省、70余座城镇乃至海外城市均设有派报处。其中,直隶地区分京师、天津、保定三部分。莲池书院则为保定五派报处之一。⑤ 1896年10月初,吴汝纶向孙宝琦谈及:"《时务报》为中国报馆滥觞,条议二事,已行其一,惟望推行渐广。保定知好中,颇多购觅,惜某相知不

---

① 贺葆真著,徐雁平整理:《贺葆真日记》,1896年12月6日,第35页。1897年,贺葆真业师胡庭麟也曾为"书院购时务书甚众。"(贺葆真著,徐雁平整理:《贺葆真日记》,1897年10月7日,第39页)对于报纸,孙宝瑄也有类似的看法:"报纸为今日一种大学问,无论何人皆当寓目,苟朋友相聚,语新闻而不知,引为大耻。不读报者,如面墙,如坐井,又如木偶,如顽石,不能与社会人相接应也。"(孙宝瑄:《忘山庐日记》,1906年7月21日,上海古籍出版社1983年版,第917页)
② 贺葆真著,徐雁平整理:《贺葆真日记》,1898年9月18日,第48页。
③ 也不应忽略学生为了应对科考而读报章、译书的情况。
④ 《答贺松坡》(1896年9月10日),《尺牍》卷一,施培毅、徐寿凯校点:《吴汝纶全集》(三),第121页。
⑤ 廖梅:《汪康年:从民权论到文化保守主义》,上海古籍出版社2001年版,第70—73页。

多,不能遍震聋聩。"①表明他此时已有此报的订阅记录。在致函贺涛三个月后,《时务报》也成功送达了信都书院士子手中。贺葆真在当日写道:"阅《时务报》。《时务报》出自上海,十日一册,以七月一日始。吴先生自保定代书院订购一分,先寄来三册,时《中外纪闻》《万国公报》皆以停版,此报款式既精,载记尤善,似超过前二报。自首册阅起。华人自为之报,尚有《官书局汇报》,亦已由保定代订。"②

在兼有派报处和"代购人"的得天独厚的条件下,《时务报》的"辐射影响"可谓在冀州开风气之先。不仅莲池本院士子得以享受阅报的便利,远在信都书院的贺葆真等人也能及时获得相关资源。③ 次年9月,贺葆真继续记载:"阅《农学报》,亦吴先生为书院订者,月二册,始于四月一日,今始寄到。"④直至1902年,虽然此时订报或非全部出自保定,但阅报无疑已成为书院士子阅读世

---

① 《答孙慕韩》(1896年10月4日),《尺牍》卷一,施培毅、徐寿凯校点:《吴汝纶全集》(三),第126—127页。吴汝纶此时期重视《时务报》,并与孙宝琦有所往来,与他关注康、梁一派活动不无关系。(陆胤:《文脉传承与知识重建——清末"中学"之争及古文学家的应对》,曹虹、蒋寅、张宏生主编:《清代文学研究集刊》第四辑,第174页)同函中他还提及了《中东战纪》一书,但将其视为掌故书,"所纪颇乖事实,亦少叙记之法"。不过,贺涛仍有阅读的记录。(贺葆真著,徐雁平整理:《贺葆真日记》,1899年9月22日,第53页;1900年9月12日,第59页)

② 贺葆真著,徐雁平整理:《贺葆真日记》,1896年12月6日,第35页。

③ 位于邢台市清河县的春晖书院,也有"至光绪戊戌岁,清廷变法,又购置大版《朱子纲目》《二十四史》《十三经注疏》《经世文编》等大部书册,以及新旧若《泰西新史略》《英雄传》《舆地算术》等书,又订《时务报》一份,从此新知识灌输于一般人士之脑海中矣"的记载。(王兰萌:《河北省书院志初稿》,赵所生、薛正兴主编:《中国历代书院志》,第276页)不知此地是否亦由保定代购。此外,1899年故城县令洪寿彭调安州清河县,贺葆真深感可惜,称赞其"有治事才,优于沈公,且通西学,吾国学术亦能言其梗概"(贺葆真著,徐雁平整理:《贺葆真日记》,1899年2月8日,第51页)。不知春晖书院的新学是否与洪氏有关。

④ 贺葆真著,徐雁平整理:《贺葆真日记》,1897年9月11日,第39页。蒋建国此前已注意到了书院士子阅报的情况,不过在引用这两条材料时,误以吴先生为吴闿生。(蒋建国:《晚清书院读报活动与时务新知的传播》,《学术月刊》2017年第4期,第176页)

界中不可忽视的一环。是时"书院所阅报凡七种,为极盛时代。曰《万国公报》月报,出耶稣教会,多外国人论说;《经济丛编》序事极简要;①《外交报》多纪各国事;《汇报》天主教会出版;《时事采新汇选》多泛论;《顺天时报》日本人立,阁抄汇编谕旨及奏折也。自《时事采新汇选》以下四种,皆出京都"。② 可见冀州虽被称作"地故辟左",但通过以人、书为"中介"构建出的特定网络,亦可使得地方士子能和身处中心城市的士子共享一份阅读资源。③

阅报而外,1899 年 6—12 月,书院士子还对《万国公法》一书进行过集中阅读,这源于 4 月间贺涛的要求:"命书院诸君分三班,为诵一切书报。日召五六人,半日即退,三日而复始。今为第一日,读《昌黎集》,明日读时务书,后日读《续古文词类纂》所录《湘军志》。"④后因战乱,读书活动直至 1901 年 4 月才重新拾起。⑤ 1902 年底,书院在废书院、兴学堂的浪潮中改为冀州中学堂。由于时间匆促,1903 年初的课程安排依旧延续了读书班的传统:"暂定中学堂课程第一日,讲经及古文,则《左传》《古文辞类纂》也。次日《史记》《曾文正公文集》,则选摘而讲之也。第三日外

---

① 因该报由吴汝纶与侄婿廉泉合办的报馆发行,贺葆真对此多有关注。
② 贺葆真著,徐雁平整理:《贺葆真日记》,1902 年 10 月 9 日,第 89 页。
③ 由于祖父贺锡璜在故城定居,贺葆真时常往返于冀州城和故城县之间,这成为他与报章相遇的契机。1898 年和 1899 年间,他就曾在故城县读过《国闻报》《中西教会报》。(贺葆真著,徐雁平整理:《贺葆真日记》,1898 年 4 月 30 日,第 45 页;1898 年 12 月 31 日,第 51 页;1899 年 6 月 28 日,第 53 页)除书籍外,贺葆真在 1894 年即有于天津购得牛肉精的记载,也可作为"共享资源"的实例。(贺葆真著,徐雁平整理:《贺葆真日记》,1894 年 10 月 30 日,第 21 页)关于牛肉精,可参考姜鸣《喝保卫尔牛肉汁,与李鸿章同款:一份英国"滋补"饮料在中国的流传》,《却将谈笑洗苍凉:晚清的政局和人物三编》,生活·读书·新知三联书店 2020 年版,第 317—328 页。
④ 贺葆真著,徐雁平整理:《贺葆真日记》,1899 年 4 月 14 日,第 53 页。
⑤ 贺葆真著,徐雁平整理:《贺葆真日记》,1901 年 4 月 28 日,第 67 页。

国史,凡经史古文之属,皆子蕃读于旁,吾父为之讲解外国史。"①此时学堂已设有英文教习,从而弥补了书院时代时未有西文学堂的遗憾。

1893年,贺涛向督学山西的王廷相表示:"今之学校整顿甚难,书院犹可为力。"于科名之外,他想培养的其实是有志于学的三五豪俊之士。②伴随时局的变动,"学"的范围也在不断扩充。对于父亲在书院传播新学的效果,贺葆真曾有一段自述:"你而必传之以世务,使稍通中外之故。湘帆以吾父所以为教者施诸深州,州人士之知新学,湘帆启之也。"③这段自述不无夸张之嫌,但的确也勾勒出了贺涛作为新学在地化的"代言人"形象。更有研究者将其中变动与桐城派在民国初年的转型相联系,谓"课程内容的接纳与变化,也为北方桐城派的发展及其在民国初年的转型,作了积极的铺垫"。④ 转型之路在此暂且不论,需要进一步追问的是,身为传播者的贺涛本人,他对西学的了解经历了什么样的过程?具体的西学知识由何而来?基于自身的情况,又对西学做了哪些阐释与转化?探讨这些问题,则要从三篇序文说起。

二、新学阅读与"在地化"

1885年,张荫桓奉命以三品卿衔出使美国、秘鲁、西班牙三国,因畏惧"清议"而请好友贺涛赠序宽慰其心,后者即借此抒发心中所想:

---

① 贺葆真著,徐雁平整理:《贺葆真日记》,1903年2月20日,第92页。
② 贺涛:《与王梅岑》(1893年),《清代诗文集汇编》第771册,第648页。
③ 贺葆真著,徐雁平整理:《贺葆真日记》,1903年8月28日,第95页。
④ 徐雁平:《新学书籍的涌入与"脑界不能复闭"——孙宝瑄〈忘山庐日记〉研究》,《清华大学学报》2019年第4期,第163页。

至哉言乎！天下之变，莫究所终。今所闻见，生民所未有也。海西诸强大国，以舟舆之力，洞达遐阻。凡土著而岛居者，无小大，皆通之。势钧而利啖者有矣，慑以威而责其贡者有矣。或好始而雠终，或昵此而仇彼。振患释纷而阴遂我所图，助人攻战而实借资要利。众所争在彼而祸集于我，我谋已久而人或我先。情伪错出，事势倏变。举手厝足，动有牵触。善为国者，综众国以参其势，远睎高瞩，撢摘幽隐。而穷极其变幻，批隙抵瑕，握乎其机。然后刚柔疾徐，随所施而不当。今之议者，乃欲颛己守故，执旧闻以揆量天下，恶足御无穷之变哉。①

后文大意是继续劝说张荫桓克服成见俗议，通过出使记录下诸国"山川物产、谣俗政制"外，更重要的是习得"御变之道"。恐怕时任大名县教谕的贺涛在此际并未想到，这也会成为他今后人生持续的"课业"。

　　在1889年补殿试后，贺涛以主事分刑部。对此他其实并不满意，②只是借机能与在京的沈曾植、陈宝箴、徐世昌、刘孚京等人往来论学，颇有所得。③ 平静的生活在1894年被打破。同年，好友宋育仁以参赞身份随龚照瑗出使欧洲。借此机会，贺涛在赠序中再次表达了自己的期望："从容諏访，求其所以为国及交邻之道。揽大烛幽，提挈纲维。编纂成书，献之天子宰相，筹所以待之之方，而传播其说于士大夫。俾知世运之变，出而维之者，终当属之儒者，

---

① 贺涛：《送张京卿使外国序》(1885年)，《续修四库全书》第1567册，上海古籍出版社2002年版，第114页。
② 贺涛：《与劳厚庵先生》(1889年)、《与范肯堂》(1891年)，《清代诗文集汇编》第771册，第644—645页。
③ 贺涛：《与徐鞠人》(1889年)、《与沈子培》(1889年)、《上张先生》(1890年)，《清代诗文集汇编》第771册，第644—645页。

则斯游庶几不负。"①不料此份宏大的愿想还未得到"回应",中日之战便于不久后爆发。10月2日贺涛赴都,直至次年5月返冀。②期间,他在家书中向贺葆真谈及战争的情况:"倭人已据朝鲜,又夺我凤凰城。近日金州亦失守,旅顺被围甚急。现在各省兵皆到直隶,山海关之兵已不少。上条陈者甚多,以翰林院为最。联名封奏,大抵主战阻和,而朝廷讫无定议。"③

遗憾的是,清政府在正式宣战后,终究战而后败。受到残酷现实的刺激,贺涛开始对引介新知、可以实现"富强政治"的西学书籍格外关注,并在经历阅读、吸收、内化的过程后,走出了不仅和两位好友迥异,也与此前自身想法大相径庭的道路。

1896—1901年是贺涛集中阅读新学书目的时期。贺涛患有眼疾,大多时候是由贺葆真、宗俊贞等子侄辈担负起阅读的任务。为此他还曾自嘲:"不能读书,时令人为读时报及新译各书,不求心得,遣闷而已。"④就书牍和日记来看,他读过的新学书籍及译书主要通过购买、友人赠送等途径所得,包括且不限于:宋育仁《泰西各国采风记》,严复译《天演论》《群学肄言》《社会通诠》,李提摩太《泰西新史揽要》,徐继畬《瀛环志略》,薛福成《出使英法意比四国日记》,郭嵩焘《使西纪程》,康有为《意大利游记》《游法国记》,梁启超《新大陆游记》《万国公法》《各国交涉公法论》《中国古世

---

① 贺涛:《送宋芸子序》(1894年),《续修四库全书》第1567册,第149页。其后此文被吴汝纶评点为:"在中日战事以前,已注意欧西立国之原而未肯轻率言之,其用意至为宏远。"或有吹捧嫌疑。见同页天头处。

② 贺葆真著,徐雁平整理:《贺葆真日记》,1894年10月2日,第21页;1895年5月7日,第23页。

③ 贺葆真著,徐雁平整理:《贺葆真日记》,1894年11月19日,第21页。

④ 贺涛:《复吴君昂》(1904年5月2日),《清代诗文集汇编》第771册,第655页。

公法》①《公法总论》《中外交涉类核表》②《陆地战例新选》,穗积八束《宪法大意》,刘锡涘《英政概》《法政概》《英藩政概》等。此外,还有《茶花女遗事》《黑奴吁天录》《福尔摩斯探案集》《马丁休脱侦探案》等翻译小说。

结合现有材料来看,贺涛"不求心得"一说实际带有自谦色彩,他的"读后感"零散地见于书牍、文集、日记中。这里以他在1899—1901年间集中阅读的公法类书籍中的两种——《万国公法》《公法总论》为例进行探讨。大体而言,贺涛对公法的接触、理解和阐释,经历了一种"层累"的过程。

首先,在贺涛于1896年阅读的《泰西各国采风记》一书中,已有专章对公法进行介绍,③不过未见贺涛的直接评点。《万国公法》一书的阅读,发生在三年后。1899年6月8日,贺葆真写道:"书院诸君读《地理全志》毕,即读《万国公法》。至是重读《万国公法》。"④虽是书院士子的阅读记载,开设读书班却是贺涛的想法。⑤至12月9日,"书院诸君说《万国公法》二次毕,又说《交涉公法论》"。⑥可见此书的阅读过程。此外,开读后数月恰逢吴汝纶六十大寿。借助祝寿文,得以窥见贺涛当时对公法的理解:

> 海西诸强大国近数十年来,益以武节相竞尚,而战事反少于前。虽战,未尝竟其力之所至,盖由所谓公法者调匄而羁縶

---

① 贺葆真著,徐雁平整理:《贺葆真日记》,1901年2月21日,第64页。疑为丁韪良所著《中国古世公法论略》。
② 贺葆真著,徐雁平整理:《贺葆真日记》,1901年2月21日,第64页。疑为钱恂所制《中外交涉类要表》(四卷)。因钱氏还有《光绪通商综核表》(十六卷),应是贺葆真将书名弄混。
③ 宋育仁:《泰西各国采风记》,岳麓书社2016年版,第135—146页。
④ 贺葆真著,徐雁平整理:《贺葆真日记》,1899年6月8日,第53页。
⑤ 贺葆真著,徐雁平整理:《贺葆真日记》,1899年4月14日,第53页。
⑥ 贺葆真著,徐雁平整理:《贺葆真日记》,1899年12月9日,第54页。

之也。公法之作,始于虎哥钟成其书。及书中所称引,若惠氏、俄氏、宾氏、发氏、海氏诸人率以空言论述,无势位以行其权。虎哥,荷兰人,尤非强大之国,而诸国皆奉为公师,遵其书如宪令而不敢显违者,力均势侔尔。我忌猜而无共主以临制之,惴惴焉恒恐祸至之无已时,故不得不授权公师,以空言相牵制而立约。篇中有主持公论之学,则又以时至事起,公法所不能摄者,使后之公师得据其所学,出而排解之也。……涛以疾不得与于称觞之列,谨以儒者救时之权奉之先生,此乃涛忧世之愚衷,迫切出之而为斯世请命者也。①

从自身观察到的现实情况出发,贺涛顺理成章地引出了公法起源、流变及他对公法的认识。文中的虎哥、惠氏、俄氏、宾氏、发氏、海氏在《万国公法》第一章《释义明源》均有出现,当下通行译为胡果·格劳秀斯、惠顿、沃尔夫、斯宾塞、瓦特尔、赫夫特。据丁韪良的说明:"公师乃各国学士大臣,秉公论辨诸国交际之道者。以其剖明义理,不偏袒本国,是以称为诸国之公师焉。"②"有名之公师辨正诸国之常例,褒贬诸国相待之是非,并其随时详辨改革而共许者也。"③两层意思在引文中也均有体现。不过,贺涛在此并非一味转述丁氏对公法的解释,而是在其中增加了自己的理解。

贺涛的论述可以分为三个层面:首先是点出公法的重要性,以及国力"尤非强大"的虎哥却被诸国奉为"公师",通过"反差感"的营造以突出"公师"的重要性;其次是"时至事起",当公法不能有效发挥作用时,后世公师"出而排解",主持公论;最后是点明行文的目的:为斯世请命。值得注意的是,文末出现的"儒者"概念。

---

① 贺涛:《吴先生六十寿序》(1899年),《续修四库全书》第1567册,第164页。
② [美]惠顿著,丁韪良译:《万国公法》,《续修四库全书》第1299册,第454页。
③ 同上书,第469页。

与阅读《万国公法》后撰写出《公法十一篇》的朱克敬相同，贺涛在此也使用了"儒者"一词。不同的是，朱克敬将虎哥的身份类比为中国传统的儒者，大致是为了方便读者理解。但在贺涛眼中，"儒者"并非遥远的"神话"，其身份实际带有现实意义。通过三篇序文用词的变化或许更能看清其中脉络。

在1885年写给张荫桓的文中，贺涛使用了一组对立概念"士大夫"与"将相大臣"，以及"清议"等提法，这让人不禁联想到被后人不断追溯的"清流""浊流"问题。① 此文写作时间恰也与"清流"盛行时期相对应，只是贺涛并未有此用词，也还未提出"儒者"的说法。而就内容来看，他无疑站在"为国任事"的"将相大臣"一边。到1894年贺涛为宋育仁撰写赠序时，则在"功名之士""士大夫"外，提出了与之相对的"儒者"一词，并认为"俾知世运之变，出而维之者，终当属之儒者"。由此他开始了构建和延展此概念的过程，显例即是上述《吴先生六十寿序》一文。

在文章开篇，贺涛便写道："风气之所会，理势之所必，至儒者以空言迎其机，通其弊，操驭世之柄者起而乘之，遂开世运。"其后继续延此思路说到"民乐其俗而不思变，士狃执故习以放效人为耻"，通弊之权"尤当属之儒者"，自强之举"亦救时之儒所宜引为己任者也"。② 贺涛之所以反复致意于此，很大程度上是因其认为"自公法行于东方，吾国固宜有主持公论之权"。而在中国能担此大任者，无疑是能够沟通中外、转移风气的"儒者"。同时，他理想中的"公师"并非"无势位以行其权"，而是带有"因其位，谋其政"的色彩。以"中国儒者"出任"后世公师"，其中意图显而易见。在此种解释框架下，"公师"与其原本的特性已有了很大出入。这恰

---

① 代表性研究可参见王维江《"清流"研究》，上海书店出版社2009年版。
② 综合来看，贺涛对在朝的"士大夫"始终持一种批判态度。使用"儒者"这一新概念并将"救时之权"赋予吴汝纶，或许他有刻意与前者划分界限的考虑。

是贺涛面对新概念时进行巧妙连接、转化及运用的高明所在。

以近来阅读的知识支撑起的洋洋洒洒的论述,归纳来说,是贺涛为"免斯民之困厄,开世运而复有以扶持之"进行奔走的努力。当由曾国藩、胡林翼一代成就的"同光中兴"局面成为过去式时,在贺涛的设想中,能够承担"救时之权"者,吴汝纶实为不二人选。结果当事人收到此文后,或出于谨慎而显得不大领情,不仅"斥其虚妄",且谓:"文佳而不对题,高议固由心得,中国尚无能当此任者,下走何人,敢受此本无之美耶?"最终将此"付之不论不议之列"。① 只是不久遭逢庚子国变,六月,李鸿章奉调北上,电召吴汝纶往见。② 贺涛听闻消息,联想到上文竟一语成谶,于此际不禁再次感叹:"今先生往谒傅相,必留以自助,则赐之言不幸而中矣。"③

1900年11月24日,宗俊贞为贺涛读完了《公法总论》一书。④ 此本小册子乃英人罗柏村著,主要讨论"各国和时所常用之公法,后论战时常改变之法或另设新法"。⑤ 书中论战时之法时,专有一节为"论局外国应守之例",其中写道:

> 凡局外之国,可禁止交战之国不准在其交界内交战,但其限制必合于公法所议,不得过严。故局外国所管之地而或水面,可禁止交战国之兵丁与船只行过。如其在交界内交战或拏获敌船与人货,均为不合法……局外国之本分,可禁止两国

---

① 《答贺松坡》(1899年10月6日),《尺牍》卷二,施培毅、徐寿凯校点:《吴汝纶全集》(三),第282—283页。
② 《答贺墨侪》(1900年9月12日),《尺牍》卷二,施培毅、徐寿凯校点:《吴汝纶全集》(三),第296页。
③ 贺涛:《上吴先生》(1900年),《清代诗文集汇编》第771册,第651页。
④ 贺葆真著,徐雁平整理:《贺葆真日记》,1900年11月24日,第59页。
⑤ 罗柏村著,傅兰雅译:《公法总论》,樊秋实编:《近代西学东渐文献丛刊》(政治、法学卷)第45册,广陵书社2019年影印本,第503页。

在其交界内相战,如不禁止,即有违公法,交战之国可以诘问。①

对局外之国的权力与责任作了较为清晰的限定。

以上论述日后被贺涛反复引用和转化,原因是,在1904—1905年的日俄之战中,这些内容无疑成为"局外国公法"的绝佳"注脚"。是年贺涛在与会试同年柯劭忞谈论此事时,便于信末抛出了中国虽为中立国,但"议和后其受祸或甚于战国,此变局也。国际法无此例,不知当路诸公应待之策何如"的质问。② 直至1907年出任保定文学馆长时(详后),面对吴闿生卷入馆中矛盾,他信中还有"执事既与敝馆开衅,日寻干戈,而馆主乃自居中立其事,视日俄满洲之战尤奇,国际法中当更添一新例"的戏谑之词。③ 两处不同时段的日常交流,在极大程度上证明了《公法总论》中的知识已成为贺涛"知识仓库"的一隅。④

虽然贺涛在此前有过"四夷""驭夷"的说法,但随着了解的细化,他与主张"西学中源说"的宋育仁等人已有了不同。如他早早便对《泰西各国采风记》中诸如"西国所施暗合于周官变法"等主张"殊嫌其强为附会",⑤并在次年批改学生陈蓉衮《论泰西学校》

---

① 罗柏村:《公法总论》,樊秋实编:《近代西学东渐文献丛刊》(政治、法学卷)第45册,第512—513页。
② 贺涛:《与柯凤孙》(1905年),《清代诗文集汇编》第771册,第661页。
③ 贺涛:《复吴辟疆》(1907年),《清代诗文集汇编》第771册,第676页。
④ "知识仓库"一词,潘光哲表明借自阿尔弗雷德·舒茨(Alfred Schütz),并用此来描述晚清士人的西学阅读史。参见潘光哲《追索晚清阅读史的一些想法——"知识仓库"、"思想资源"与"概念变迁"》,(台北)《新史学》第16卷3期,2005年9月,第145页;《晚清士人的西学阅读史》(1833~1898),台北"中研院"近代史研究所专刊2014年版,"导论",第4、28—29页。笔者此处继续借用该说法。
⑤ 贺葆真著,徐雁平整理:《贺葆真日记》,1896年5月11日,第29页。

一文时又有进一步的阐发。① 同时,因目盲影响,贺涛并未留下专书对自己的"读后感"加以集中记录和阐发。幸而通过书牍、日记、文集等资料,稍可窥见一斑,从中可以发现,尽管接受的是全新的知识,贺涛的阅读心得始终与自身关切的问题有关。通过阅读书报获得的西学知识,在经历筛选、转化后,不仅成为其日常交流语言,②更被他融进了"致用"的框架之中。由此也引发出新的问题,即贺涛是如何说服自己克服中西学接榫的障碍,并成功处理二者间的紧张感或者张力?这需要综合各种因素,回到"文"的视野下去考察。

三、以"文事"造"新机"

在学习西学的道路上,语言问题始终是最大难题。吴汝纶很早就意识道:"但读已译之书,其弊则苦于不能深入。其导源之法,则必从西文入手,能通西文,然后能尽读西书,能尽读西书,然后能识西国深处。即此一端,吾国才士,已不暇为,其不才,则为之而无益。"③其后他多有以传教士直接教授西学的表述。④ 而在莲池书院相继设立西文、东文学堂,无疑也是出于此种考虑。

---

① 贺葆真著,徐雁平整理:《贺葆真日记》,1897年3月22日,第37页。
② 此特点还可从贺涛对《时务报》用词的引用可看出。1905年,在与宗乩山论述近况时,贺涛在信中便使用了"吸力""爱力"等词。[贺涛:《与宗乩山》(1905年),《清代诗文集汇编》第771册,第662页]据黄克武的研究,"爱力"一词应出自汪康年于1896年在《时务报》第12册发表的《以爱力转国运》一文。(黄克武:《惟适之安:严复与近代中国的文化转型》,(台北)联经出版事业股份有限公司2010年版,第118页)此也与前述信都书院代订《时务报》的事实相呼应。
③ 《答贺松坡》(1896年10月18日),《尺牍》卷一,施培毅、徐寿凯校点:《吴汝纶全集》(三),第129页。
④ 《答孙慕韩》(1896年11月21日),《尺牍》卷一,施培毅、徐寿凯校点:《吴汝纶全集》(三),第135页;《答洪翰香》(1897年3月9日),第143—144页。

贺涛在此前写给宋育仁的文中认为:"至于谙悉外国语言,通知其文字,究气化测算之术而精于世所称西学者,吾以为乃其次也。"①表明他对语言之类的"西学小技"不甚在意。甲午以后,他的观点逐渐发生了变化,前述为冀州书院不能设立西文学堂而忧心即是明证。1901—1902年间,贺葆真和张宝琛、李书田等书院士子同在冀州传教的雍居敬学习法文。据他介绍,雍氏自"光绪二十四年传教来冀,余数往晤,或招书院一二人同往,言及外国语文,恒怂我学习,又为书院购《格致汇报》。今大乱少定,遂慨然以其国之文字设教,且思渐及格致各学,吾二人乃往受业焉"。②此虽贺葆真自愿之举,但应该也得到了贺涛的默许。直至1906年致信陈启泰时,贺涛还曾劝说他让儿子学习"欧文",因"欧文为群学根本,通欧文乃能乘酣惩怪,大放厥词。专恃译书,局促如辕下驹,何由展其骥足。故有其才而无其学,最为可惜",③并在同函中为吴闿生不通欧文感到遗憾。

不过,因此项障碍难以快速突破,借助诸如严复、林纾、吴闿生等译者杰出的译文以连接中西,即成为折中之举和题中应有之义。在严复所译《天演论》"吴序"中曾有这样一段话:

> 今议者谓西人之学,多吾所未闻,欲渝民智,莫善于译书。吾则以谓今西书之流入吾国,适当吾文学靡敝之时;士大夫相矜尚以为学者,时文耳,公牍耳,说部耳。舍此三者,几无所为书;而是三者,固不足与文学事。今西书虽多新学,顾吾之士以其时文、公牍、说部之词,译而传之,有识者方鄙夷而不知

---

① 贺涛:《送宋芸子序》,《续修四库全书》第1567册,第149页。
② 贺葆真著,徐雁平整理:《贺葆真日记》1901年8月17日,第72页。
③ 贺涛:《复陈伯屏廉访》(1906年),《清代诗文集汇编》第771册,第663—664页。

顾,民智之瀹何由? 此无他,文不足焉故也。文如几道,可与言译书矣。……严子一文之,而书乃駸駸与晚周诸子相上下,然则文顾不重耶!①

近来已有研究者对前人于此的评价进行反思,并从吴汝纶、严复的"文化整体观"角度进行阐释,认为在吴氏眼中,"文"始终得与知识兴趣和精神视野真切相关。② 有意思的是,贺涛也有类似的表述。在吴汝纶去世一年后,他致信时任保定学务处编译事的吴闿生:

> 尊意欲以文事自任,其词甚壮,欣慰无已。今欲以西学治中国,使政法一出于新发明、新理,经纬万事,必有赖乎文章。而文章之说,莫备于吾国之古人。吾师序英人赫胥黎之《天演论》,以为赫胥氏之道未能侪乎汉唐作者。而译者之文,近晚周诸子,足以增重其书,西籍必赖乎吾国之能文者以行无疑也。大著论文章之事至为深妙,得吾师不传之秘。既肯以之自任而兼办京保两处编译事,此吾国新机所由发达也。涛之恳恳焉以文事相敦勉者为此也,岂仅以世俗所谓文人望之乎。③

在此信中,贺涛不仅明确点出了吴汝纶对于严复译文的评价,同时

---

① 《〈天演论〉序》,《文集》第三,施培毅、徐寿凯校点:《吴汝纶全集》(一),第148—149页。
② 李振声:《晚期桐城"文"的"旧"中之"新"——吴汝纶、严复对"文"的突破性理解》,《重溯新文学精神之源:中国新文学建构中的晚清思想学术因素》,上海人民出版社2020年版,第37—43页。
③ 贺涛:《与吴辟疆》(1904年5月2日),《清代诗文集汇编》第771册,第655页。

对"文"的认识及担负的重任,亦在吴氏论说的延长线上。结合此前他对《天演论序》的阅读和评点,或有进一步发现。

吴汝纶的序大致作于戊戌年正月,贺涛在同年9月份左右读到此序,并有为人讲解的记载。① 除此之外,贺葆真在日记中并未记录更多细节。因吴、贺二人多有作文往来评点的习惯,推测贺涛应是通过与吴氏的私交所得。次年6月,贺葆真在《国闻报》上再次读到此序。② 徐世昌辑录的《明清八家文钞》中收有此文并附贺涛的评点,谓:"古今中外著述得此断制,学者乃得心有所主。文之反复尽意,似曾子固,而傲睨之概,俊逸之词,则子固所无也。"③

值得注意的是前句中的"断制"一词,它指向的是吴汝纶对学问之书的看法。在吴氏回溯的脉络中,由周末诸子之文发展而来的两大类型——集录之书和自著之言,经过以西汉与中唐为节点的分流后,后者在数量和文采上并呈衰弱的趋势。近世以来,唯独西人书"有合于汉氏之撰著",但"吾国之译言者,大氐拿陋不文,不足传载其义"。④ 由古而今,由中而西,吴汝纶在此不仅勾勒出了自己心中"古今文章的另一种谱系",更点明了"中、西学接榫过程中的传统选择与文体构建问题"。⑤ 就评语来看,贺涛无疑对吴氏的分类和做法深表认可。至于学者如何"心有所主",贺涛顺着以"文事"造"新机"的思路,以实际行动现身说法。首先体现在他对严复、林纾、吴闿生等译者的评价上。

贺涛和严复并无太多往来,除上述延续吴氏风格的评价外,少

---

① 贺葆真著,徐雁平整理:《贺葆真日记》,1898年9月13日,第48页。
② 贺葆真著,徐雁平整理:《贺葆真日记》,1899年6月28日,第53页。
③ 吴汝纶:《天演论序》,徐世昌纂录:《明清八家文钞》卷十五,第22—23页。
④ 《〈天演论〉序》,《文集》第三,施培毅、徐寿凯校点:《吴汝纶全集》(一),第148页。
⑤ 陆胤:《文脉传承与知识重建——清末"中学"之争及古文学家的应对》,曹虹、蒋寅、张宏生主编:《清代文学研究集刊》第四辑,第194页。

见他对严复其他译作的直接评点。但可借助贺葆真的阅读记录略知一二。1903年,贺葆真写道:"近人新译之书颇多,西国名著所宜急读,乃读竟,而兴味索然,岂非译笔为之累邪?"① "译笔"一词即可看出他的关注重心与父辈一代实际相同。在为贺涛读完严复所译《社会通诠》后,他记录下读后感:"此书英国政治大家甄克思最近之著也,严幼陵新译。甄氏以哲理阐发人群演进之踪迹,而政治所由发生,与天演学、群学相发明,其理想既为吾国所创,闻其书实为欧洲所新得,今又获严氏译之,是以其书始出,即风行海内,未一年而再版矣。"介绍另一译作《法意》时则说道:"殆非严氏莫克任翻译之责也。"② 在陪父亲去京师的路上,林纾所译小说成了他怡情养性的阅读书目之一。或许正是考虑到小说受众面广泛,贺葆真对于文辞尤其注意。读完《茶花女遗事》《黑奴吁天录》二书,他写道:"二书闽县林琴南先生纾译,其文辞古艳,体类汉魏小说,《茶花女》尤胜。林先生所译泰西小说甚多,多可读,第一小说家也。"③

因贺、吴二家的世交关系,吴闿生也是受到贺家关注的译者。④ 庚子年间,吴汝纶携眷属避地深州,吴闿生曾借机向贺涛问学。在吴汝纶去世后,贺涛实际充当起了"亦师亦友"的角色。当吴闿生因前途问题感到困惑时,他劝慰道:"足下虽有达尔文之才,吾终望其为俾斯麦。遇合且无公例,吾之能力有公例乎?"又谓:

---

① 贺葆真著,徐雁平整理:《贺葆真日记》,1903年9月7日,第96页。
② 贺葆真著,徐雁平整理:《贺葆真日记》,1905年9月11日,第121页。1904年初,贺葆真已为贺涛说过《群学肄言》一书。(同上书,1904年1月11日,第100页)
③ 贺葆真著,徐雁平整理:《贺葆真日记》,1905年11月25日,第128页。当然,不可忽视诸多评价中的客套之意。
④ 贺葆真著,徐雁平整理:《贺葆真日记》,1905年9月12日,第122页。贺葆真还认为马君武等人的翻译水平有待提升。

"其间无公例不得私设一例以自限,有公例固当谨循之而不可违。"①其后并上升到"孟禄主义"的"理论高度"劝其兼任京师译局的职位。② 此举与早前吴闿生留学日本、翻译书籍的经历不无关系。吴氏留学期间,贺涛收到过他赠送的《和文释例》《法律学教科书》等书。吴闿生归国后,继续从事着翻译工作。1903、1904年,贺葆真曾为贺涛读过由其所译的《世界地理学》《西史通释》二书,他对前书的评价为:"译笔高古,则佳制矣,况近今译地理书者尚少详备之本乎?"③对后书则谓:"此书辟疆自东文译出,西史译本此为最佳。"④

以上诸书,虽需经贺葆真之口才能传达到贺涛耳中,但阅读书目的选择当是二人共同商量的结果。在相互影响的过程中,上述评点多少也有着贺涛思想的影子。不难发现,对三人的认可和重视与其说是因为私下的往来,不如将答案指向评语中的关注重点。无论是严复的"雅",还是林纾的"文辞古艳",抑或是吴闿生的"译笔高古",都是贺涛与和贺葆真看重的部分,并且与桐城派古文相关联。以此种译文作为媒介,西学书籍既在"形"的方面保留了原有的古文特色,又在"实"的层面传播了新知,"吾国新机所由发达也",即在于此。此外,直接进行人才培养,以成就更为宏阔的"文",亦是重中之重。保定文学馆便是贺涛为此付诸实践的证明。

就吴汝纶和贺涛的实际身份或在大众印象中的身份来看,作

---

① 贺涛:《复吴辟疆》(1904年),《清代诗文集汇编》第771册,第658页。在此函中也可看出贺涛虽大体服膺严复之文,并接受进化、公例等知识,但亦有异议处。
② 贺涛:《复吴辟疆》(1904年),《清代诗文集汇编》第771册,第659页。原文为:"兼并之事,虽公法所不许,而广求殖民地,则已为列国所惯行。内力充足,自然膨涨,孟禄主义所以不能终守也。"
③ 贺葆真著,徐雁平整理:《贺葆真日记》,1903年2月12日,第92页。
④ 贺葆真著,徐雁平整理:《贺葆真日记》,1904年4月8日,第103页。

为桐城派(古文学家)的重要代表人物,以"文"持身从而通学无疑是二人的重要旨归。前者并因重"文"的策略与戊戌、辛丑年间康、梁,尤其是张之洞等人提出的学制改革方程多有不同。① 此种思路甚至影响了此后时任直隶总督的袁世凯在直隶兴学的安排。1905 年,因人恶意造谣,贺涛虽经多人挽留,还是辞去了冀州中学堂教席一职,并受徐世昌之招赴京,打算馆于其家。不久,袁世凯在莲池书院故址设立通儒院(后改为文学馆)又致函聘请。贺涛考虑到徐世昌相邀在前,文学馆招生困难且不知章程如何,②最初并未打算就职。其后徐世昌调任东三省,在诸人劝导下,他最终于1907 年 4 月前往保定,担任馆长一职。③

文学馆的设立,既与袁世凯对于朝廷大力兴学下"新学既兴,国文将坠"的顾虑有关,④又是他和张之洞一系政见分歧的产物。⑤同时,袁世凯选择在吴汝纶执教多年的莲池书院设立文学馆并执意邀请贺涛执掌,与此地"遗风"犹存和传承"斯文"也不无关系。关于此馆,贺涛曾向时任学部侍郎的严修建议:"宫保之意,不立经史地理等条目,专攻词章。英俊少年有进取之志,宜入新学养成有用之才,不敢以无用之学强之。……惟开通之士,有文学而不乐仕

---

① 陆胤:《政教存续与文教转型:近代学术史上的张之洞学人圈》,北京大学出版社 2015 年版,第 161—173 页。
② 贺涛:《复吴辟疆》(1906 年),《清代诗文集汇编》第 771 册,第 664 页。
③ 贺葆真著,徐雁平整理:《贺葆真日记》,1907 年 4 月 3 日,第 143 页。在张裕钊主持莲池书院时,贺涛曾向其问学。吴汝纶在辞任时也极力向袁世凯推荐贺涛。[钱基博:《现代中国文学史》(外一种:明代文学),第 184 页]此事办成,也算是袁、贺二人实现了吴氏的遗志。
④ 贺涛:《复阎鹤泉》(1906 年),《清代诗文集汇编》第 771 册,第 663 页。
⑤ 陆胤:《文脉传承与知识重建——清末"中学"之争及古文学家的应对》,曹虹、蒋寅、张宏生主编:《清代文学研究集刊》第四辑,第 215—216 页。关晓虹在论述直隶、湖北两种教育模式及张之洞"保存国粹"时,就较为强调袁、张的不同与矛盾。(关晓红:《晚清学部研究》,广东教育出版社 2000 年版,第 175—187 页)其实若从保存的目的来看,袁、张最终殊途同归。

王树枏此前曾有"义法者,文之质干也;舍义法,则无以言文。知义法者,质于立矣;由是进而上焉,而各就其性之所近,专一其蕲向,以广己于深造之域"的说法,被钱基博誉为"为文不规则桐城,而亦不悖其义法"。② 贺涛也敏锐地注意到了作"文"视野的问题。他在回复吴闿生关于文学馆的信中说道:"尊意又欲使馆中学者讲求新学,与鄙意适合。当今之世,若不谈新理,不记新事,几无文可作,况欲有用于世乎?弟意中所欲得之人,皆能讲求新学者也。若如近世所谓顽固则所见既狭,其文必无可观,其人又安足取乎。尝以谓旧之宜守者,惟为文之义法,余无新旧,惟其是耳。外人不知,遂加訕笑,听之可也。"③与王树枏在传统文学中谈"文"相比,贺涛此处所指无疑上升到了中西文化的高度。

　　在贺涛看来,一方面"文"需要吸收新、旧学问以成其广大,作"文"者也需借此拓展识见。这与其1902年时主张"吾学已精,而彼学之奥窔乃得而窥寻。既藉彼以扩充吾学,而竟乎其量,彼学且因以愈显。不能者并营两失,能者相得而益彰,此吾学有功,新学之尤宜持重,而非狃于故习者比也"一脉相承。④ 另一方面,除"文"的义法应当遵循外,"文"的素材、内容乃至语言其实均可"随时而变"。在这样的前提下,"文"其实可成为古今、中外知识的基础,因此并不存在或新或旧的问题。最终,作文的目的,还是要回

---

① 贺涛:《复严侍郎》(1906年),《清代诗文集汇编》第771册,第667页。
② 钱基博:《现代中国文学史》(外一种:明代文学),第177页。
③ 贺涛:《与吴辟疆》(1906年),《清代诗文集汇编》第771册,第668页。
④ 贺涛:《复吴辟疆书》(1902年),《续修四库全书》第1567册,第167页。类似的"开放"心态在孙宝瑄身上也有体现。他曾在日记中写道:"愚谓居今世而言学问,无所谓中学也,西学也,新学也,旧学也,今学也,古学也。皆偏于一者也。惟能贯古今,化新旧,浑然于中西,是之谓通学,通则无不通矣。"(孙宝瑄:《忘山庐日记》,1897年3月17日,第80页)

到"用世"的层面。可以推测的是,以上观点不仅为贺涛与友人私下交流所言,恐怕更是他对文学馆存在意义的剖析和对诸生为文的要求。

那么,贺涛何以提出此种宏大设想? 其实从此前"公师""儒者"的提法便可看出端倪。对于包含超越内涵的概念,他始终十分重视。而在吴汝纶去世后,作为后辈的他自是承担起了维持畿辅文学圈甚至是传承文脉的重任,这也进一步激活了他的"超越"主张。正如研究者总结所说,贺涛"欲通过曾、吴所传的文章'义法'囊括中西一切学术,看似保守,实则激进"。①

遗憾的是,理想与现实始终存在差距。即便融入了新学的因素,又有文学馆作为试点,"词章"等无用之学在短时间内仍然孕育不出"致用"的结果。在变革道路上慢慢摸索的贺涛,最终交出的是一份不那么成功的"答卷"。1907 年,在贺沅去世之后,他本无出世的打算并准备辞去文学馆事务以侍奉双亲,不过历经几次拉锯后只能勉强留任。同时,张之洞在掌管学部后大力推行存古学堂的举措,也影响着文学馆的存废。1908 年 6 月,贺涛向吴闿生谈到:"近时学部注重国文,存古学堂行将遍立。莲池旧地既不能大起宏规,其旧馆长亦无能为役,优胜劣败,天演公例,安可逃乎。惟即现所处境自勉所能而已,他不皇及也。"②直至 1910 年,斋长张宗瑛因病去世,不仅让贺涛失去了一位得意门生,也使他失去了得力助手,不久之后,文学馆最终停办。清帝退位后数月,贺涛也在家中因病长逝。③ 稍可宽慰的是,父辈一代的情怀,仍在吴

---

① 陆胤:《文脉传承与知识重建——清末"中学"之争及古文学家的应对》,曹虹、蒋寅、张宏生主编:《清代文学研究集刊》第四辑,第 217 页。
② 贺涛:《复吴辟疆》(1908 年),《清代诗文集汇编》第 771 册,第 675—676 页。
③ 贺葆真著,徐雁平整理:《贺葆真日记》,1912 年 5 月 1 日,第 191 页。

阎生、贺葆真等人身上延续下去。①

余　　论

　　清史馆开馆次年，贺涛入传清史事便被提上了议程。② 1916年初，《政府公报》载："直隶巡按使朱家宝奏，已故耆儒贺涛道德文章足资师表，恳请宣付清史馆立传。由政事堂奉批令，贺涛应准宣付清史馆立传，以彰儒行。"③因种种原因，在馆修史的吴士鉴听闻此事后颇有不满，④他尤其指出，贺涛"晚年忽又昌言变法，极力趋新"。此评价在印证前述事实以外，或因"变法""趋新"等举动与"墨守桐城宗派者"的形象实在难以挂钩，倒成为吴士鉴的批评靶子。这也从侧面表明，后世之人对桐城派人物在清末因时而变的努力已有了认识上的隔阂。⑤

　　事实上，古文写作只是贺涛生活的一面，对时务新知、西学的关注亦构成他生活底色之一。往返京师、保定、冀州等地的经历，使他能接触到各地风气和消息并进行在地化传播。凭借自身的交游网络，在及时获得报刊、译书的同时，他又能将自身心得传递开

---

　　① 贺葆真加入徐世昌幕府后，其协助徐氏购买书籍、编写书目、刊刻图书等举动，除完成自身职责外，或许还有如吴闿生所言"世变不可知，吾辈发挥学术当如救火追亡，剑及履及，以冀有补万一也"（贺葆真著，徐雁平整理：《贺葆真日记》，1930年9月20日，第557页）的原因。
　　② 贺葆真著，徐雁平整理：《贺葆真日记》（1915年4月19日），第291页。
　　③ 《命令》，《政府公报》1916年第31期，第14页。蔡炯昊从揭示民初宣付清史馆立传程序的思路出发，利用贺葆真日记厘清了贺涛入传的过程。（蔡炯昊：《共和时代的清代历史记忆与政治文化》，华东师范大学思勉人文高等研究院博士学位论文，2017年，第90—92页）
　　④ 《吴士鉴函三十》（1916年），钱伯城、郭道一整理：《艺风堂友朋书札》（上），上海人民出版社2018年版，第576—577页。
　　⑤ 无论是在贺涛自述中，还是在赵衡为其所作行状中，都明显可见时人对桐城派的"刻板印象"。

来。就其一生而言,贺涛时刻与文字打交道,这也是他选择将重任赋予"文"的原因。历史动荡带来的危机感和焦虑感,迫使并无实际事功的他转入了以"文事"造"新机"的层面,尽管收获的是一个并不成功的结果。

1910年,贺葆真曾有这样的观察:"一二年来,稍识时务,莫不斤斤言生计,论实业。昔年但言变法,后渐归重于法政,谓国之盛衰强弱一视法律,近又趋重于实业,亦可见风俗之变迁矣。"[①]拉长眼光来看,此种变迁的风气实可溯源至萌芽的同光时期,又可视作清末士人学习西学经历的缩影之一。而桐城一派的变化,从曾国藩的时代便可说起。[②] 若干年后,身处冀州一隅的贺涛也在不断调整着自身的应对策略。置身于这样的脉络下,他的诸多举动便有迹可循了。通过上述对贺涛事迹的钩沉可以发现,无论是"极力趋新"还是"墨守成规",均不足以概括其生平。或许,"以旧学持身,以新学致用"一句才是对他人生的最好注解。[③]

[①] 贺葆真著,徐雁平整理:《贺葆真日记》,1910年6月21日,第165页。
[②] 王达敏:《论桐城派的现代转型》,《安徽大学学报》2015年第6期,第50—51页。
[③] 此句化用自贺涛对友人的宽慰之词"以旧学持身,以新学从政。"贺涛:《复尚逢春》(1908年),《清代诗文集汇编》编纂委员会编:《清代诗文集汇编》第771册,第675页。

基督教青年会与五四新文化运动*

张仲民

摘要：基督教青年会及其出版活动在民初的中国影响很大，其倡导的许多论述都非常具有吸引力，且与稍后《新青年》杂志推崇的论述有不少重合之处，而其对于当时青年人尤具吸引力，很多"五四"时期的趋新青年均曾率先受到过青年会的影响。可以说，新文化运动之所以能够蔚为大观，跟基督教青年会此前打下的读者基础和其所率先开辟之议题有密切关系，但这一现象却长期得不到重视与研究，本文的勾陈希望有助于读者重新认识基督教青年会的作用和新文化运动起源的复杂性。

关键词：青年会，《青年进步》，毛泽东，新文化运动

张仲民，复旦大学历史学系

导　言

众所周知，1915 年 9 月，陈独秀在上海创办《青年杂志》，后来

---

* 本文曾提交给华东师范大学主办的"中国思想史研究的新问题与新论域"学术讨论会（2021 年 7 月 7—8 日），蒙与会学者汪晖、杨念群等先生指教，复蒙华中师范大学近代史研究所潘恩源同学批评提醒，惠我良多，谨此致谢。

因名字同中国基督教青年会(Young Men's Christian Associations of China,简称 YMCA of China)主办的《青年》杂志相仿,因而招致青年会的抗议,群益书社和陈独秀才不得不将《青年杂志》更名为《新青年》。① 那么陈独秀何以要选择一个同《青年》杂志如此相似的名字呢? 其中当不无模仿借重之意,饶是如此,不管是从销量或是从影响力看,陈独秀主持的这个《青年杂志》都相形见绌,因为当时的《青年》杂志系中国基督教青年会上海总会的机关刊物之一,远多于《青年杂志》一千份的销量,受到很多青年人的欢迎,在上海乃至全中国均有较大影响力,因而才会引发陈独秀的依傍之心。

值得提醒的是,既往学界对基督教青年会的研究成果虽然很多,但对于青年会的活动及其会员对于新文化运动的介入和影响情况,目前却缺乏细致深入的讨论。② 即便近些年来学界对五四新文化运动起源的研究,已经有不少新的认识和发现,但关于五四新文化运动源流的讨论,仍然是在《新青年》一系的线性脉络中讨论相关问题,即先有新文化运动,后有五四运动;先有《新青年》的宣传,然后才有新文化运动的开展。如此操作会很容易将新文化运动的来源与影响单一化和线性化,不但无视了基督教会特别是青年会的先导作用与巨大影响,还造成轻视其他派别和力量参与这个运动的情况,进而忽略了五四运动对新文化运动扩散的效果

---

① 汪原放:《亚东图书馆与陈独秀》,学林出版社 2006 年版,第 33—34 页;杨华丽:《〈青年杂志〉改名原因:误读与重释》,《湘潭大学学报》2016 年第 6 期,第 99—104 页。

② 已有论者揭示基督教青年会对于"五四"期间山东反日运动的介入情况。参看高莹莹《反日运动在山东:基于五四时期驻鲁基督教青年会及英美人士的考察》,《近代史研究》2017 年第 2 期,第 138—151 页。陈以爱教授也注意到青年会的活动及其组织模式对五四新文化时期上海学潮形成所发挥的作用。见陈以爱《动员的力量:上海学潮的起源》,(台北)民国历史文化学社有限公司 2021 年版,第 154—173 页等。

与对《新青年》地位的构建和追认情况。①

一、青年会概况

实际上，陈独秀也好，胡适也好，《新青年》也好，他们倡导的新文化运动为什么能在青年中产生影响，跟之前基督教青年会提倡的道德教育和打下的读者基础有很大关系。基督教青年会自19世纪末在上海成立分会后，逐步扩张，在上海发起举办了各种"文明"活动，以扩大影响。到了民初，利用共和肇建时机，中国全国基督教青年会更加努力推广各种"文明"事业，"注重德育、智育、体育"，"其重心则系乎博爱，一以牺牲为人、服务社会为主旨"。②青年会且自我标榜为"铸造国民之工厂"，"在养成青年道德、学问、体格之健全，以平民的教育出以社交的团聚"，希望会众"讲求德育""智育"和"体育"。③加之青年会经费比较充足，受到中国政府的干涉相对较少，除得到外方教会的资助支持外，又得到中国士绅政商名人的颇多捐助和帮助，如仅在1917年，基督教青年会在中国就获得各界捐款43万多元。④

这一时段青年会活动面极广，在全国各主要城市和主要学校均设有分会。诸如北京大学、清华学校、南开学校这样的大中学校，青年会皆建有支部，以便更好地吸收学生会员，许多学生按照

---

① 参看拙文《新文化运动的"五四"起源》，复旦大学历史学系、复旦大学中外现代化进程研究中心编：《五四新文化：现场与诠释》，上海古籍出版社2020年版，第1—41页。

② 王正廷：《论吾国人士有辅助青年会之必要》，《青年进步》第3册（1917年5月），第12页。

③ 参看《北京基督教青年会之大发展》，《亚细亚日报》1912年11月24日，第2、3页。

④ 参看《民国六年全国各城市基督教青年会会员及经费比较一览表》，收入《青年会事业概要》，香港青年会出版部1918年版，插页。

省籍加入青年会。① 而后来成为著名外科学家的沈克非当时（1918）则是清华学校基督教青年会会长。② 不但如此，青年会还在各地陆军、海军部队中设有陆军青年会、海军青年会等组织，借以招收军人会员，扩大其在军队中的影响。1912 年时，该会在中国仅开设分会 93 处，会员总数有 8 000 余人；1918 年时，中国全国有城市青年会有 28 个，学校青年会 143 个，合计有会员 28 000 人；到 1920 年，全国基督教青年会会员数则已扩充达 6 万余人。③ 其中上海基督教青年会在 1917 年时曾招收有付费会员 3 200 人，其体育部该年则招收学生 136 485 人，所开办的高等小学和夜学校有学生 1 593 人，通过教育收费和中国会员捐款获得的收入有 119 000 元。④ 像成立于 1915 年的长沙青年会，发展非常顺利，到 1920 年时，业已有会员 2 636 人，长年预算经费 25 000 元。⑤ 而长沙青年会之类的城市青年会，专为一般城市青年而设，而附设于各大学校的学校青年会，则专门吸纳优秀学生参加，"为学生课余交换知识、砥砺道德、游戏娱乐之机关"，因其入会费较省，"学校青年会之数五倍于城市青年会"。⑥

广泛招收会员外，青年会全国协会部门设有总务部、市会部（原城市部）、校会部（原学生部）、书报部（原编辑部，下属青年会协会书局）、讲演部、干事养成部、体育部、庶务部等（不同时期名

---

① 参看《直籍愿入青年会学生会员证已到》，《北京大学日刊》1919 年 12 月 5 日，第 2 版。
② 参看《民国七年清华基督教青年会会纪要》，《清华周刊》第 5 次临时增刊，"记载"，第 16 页。
③ 参看尘《吾国基督教青年会调查录》，《时报》1918 年 2 月 15 日，第 3 张第 8 页；《青年会之二十五周年祝典》，《兴华》第 17 年第 7 册（1920 年 2 月 18 日），第 21 页。
④ 《青年会二十周纪念会》，《新闻报》1918 年 4 月 28 日，第 3 张第 1 版。
⑤ 参看中华续行委办会调查特委会编《中华归主：中国基督教事业统计（1901—1920）》，中国社会科学出版社 1987 年版，第 785—786 页。
⑥ 参看陈伯熙编《上海轶事大观》，上海书店出版社 2000 年版，第 239 页。

称稍有变化），①专门负责同社会打交道事宜。诸如开办中小学、寄宿学校、各类培训学校和义务学校、俱乐部、健身房、体操场（运动场）、阅报室、旅社（寄宿舍），举办运动会与各种赛会、茶话会、勉励会、演说会、夏令会等，为会员提供职业培训、商业技能训练、人生指导、夜校教育、英文教育、交际、运动竞赛场所，帮助会众培养良好的生活习惯与正当的谋生方式，驱除类似吸食鸦片、赌博、嫖娼、卖淫、奢靡、迷信等不良陋习，同时青年会还兼办募捐、慈善、救济等活动。这样多管齐下直接针对社会现实需要提供解决方案之后，青年会的影响力迅速变大，"故得受社会之欢迎"。② 如当时上海受雇于犹太富商哈同的王国维即对青年会观感不错，打算将其孩子送入青年会所办学校读书学英文，如其在致好友罗振玉的信中所言，"此会现名声甚好"。③ 时为《时报》记者的戈公振也这样说青年会："此等机关，大要宗旨，正收效速，故社会莫不信从。吾甚愿类似此种机关，布散于全国，则于淘汰人心、培植人才，必大有裨益也。"④像上海著名企业家聂云台不仅经常为青年会捐款，也积极参与青年会活动，还曾把其夫人的追悼会

---

① 参看余日章《说明中华基督教青年会全国协会之任务（未完）》，《青年进步》第1册（1917年3月），第4篇，第16页。

② 参看中华续行委办会调查特委会编《中华归主：中国基督教事业统计（1901—1920）》，第782—793页。关于基督教青年会在中国的情况，特别是上海基督教青年会的情况，可参看赵晓阳《基督教青年会在中国：本土和现代的探索》，社科文献出版社2008年版；张志伟：《基督化与世俗化的挣扎：上海基督教青年会研究（1900—1922）》，台湾大学出版中心2010年版，等等。但这些著作讨论的主要是青年会的"内史"，对于青年会与新文化运动的关系并未加关注。

③ 参看王国维《致罗振玉》（1916年2月18、19日），房鑫亮编校：《王国维书信日记》，浙江出版联合集团、浙江教育出版社2015年版，第91页。王国维两子后因需降级最终未被青年会学校录取。参看王国维《致罗振玉》（1916年8月2日、1917年2月7日），《王国维书信日记》，第148、226页。

④ 公振：《青年会》，《时报》1917年1月14日，第3张第6页。

放在青年会。①

不仅如此,该会对于知识分子和青年学生尤具有诱惑力。像吴虞同设在成都科甲巷的成都青年会即有不少交往,还曾向该会捐送过章士钊主办的《甲寅》三册。② 再如海上名人丁福保则声言自己早在清末即在上海加入青年会,十年以来,从会中获益良多。③ 恰似舒新城所言:"青年会虽亦为传教机关,但用社会教育的方法为传教之工具,故与各方面之联络较多,而社会活动的范围亦较大。"④ 无怪乎后来五四新文化运动中众多参与的学生均为基督教青年会会员,因为中国基督教青年会成员对于五四运动和所谓"排日"运动的积极参与,还曾影响了日本个别基督教青年会成员也批评日本"军阀""财阀"。⑤ 而上海的五四运动及之后的学潮和"三罢"运动的顺利展开,均跟青年会的参与和影响有密切关系。⑥ 王国维甚至认为"五四"后京津学潮与教会的鼓动有很大关系:"此等事似与教会有关。其运动之根据地,北则津沽,南则上海也。"⑦ 而王国维这里说及的"教会",应主要就是基督教青年会,它最活跃的地方正是北方的天津和南方的上海,而上海则是其总会即全国协会所在地,在上海暂居的王国维对青年会的力量早有认

---

① 参看郑孝胥1917年6月30日日记,见劳祖德整理《郑孝胥日记》第3册,中华书局2005年版,第1670页。

② 吴虞1915年7月20日日记,中国革命博物馆整理:《吴虞日记》上册,四川人民出版社1984年版,第199页。

③ 丁福保:《余人青年会之经验谈》,《申报》1919年1月16日,第3张第11版。

④ 舒新城:《舒新城自述》,安徽文艺出版社2013年版,第122页。该书实即舒新城1945年由上海中华书局出版的回忆录《我和教育》一书。舒新城也曾自言他对于青年会和教会人士办学中体现出的"办事之热心毅力",颇为感动。参看丁文江、赵丰田编《梁启超年谱长编》,上海人民出版社2009年版,第604页。

⑤ 参见孙江《五四时期中日知识界的往还》,《中国社会科学》2021年第8期,第180页。

⑥ 参看陈以爱《动员的力量:上海学潮的起源》,第524—534页。

⑦ 王国维:《致罗振玉》(1919年9月2日),《王国维书信日记》,第394页。

知,正如前引王氏材料中所显示的。

二、青年会的出版事业

位于上海的中华基督教青年会全国协会办有两个机关刊物,一个是《青年》月刊,一个是《进步》月刊,两刊均饶有名气,发行量广,影响很大。其中《青年》销量非常之高,1908年3 700册,1910年56 252册,1911年69 977册,1912年64 086册。①

较之于《青年》,后出的"不沾于宗教""发展其新知识与新道德"的《进步》杂志的销量则比较稳定。如根据主编范皕诲的自谓,1912年创刊的《进步》杂志共出版64期,"每回出版或四五千册,或二三千册,约其总数,在二十万册以上"。② 旧官僚恽毓鼎即曾订购有《进步》杂志及《东方杂志》,"一岁所费不过五元,而月得各一册阅之,大可知所未知,以解劳闷"。③ 远在成都的吴虞也托人代订《进步》杂志,④后更不断投稿该杂志,并与其主编范皕诲建立了较为密切的文字交往关系。⑤

1917年3月,《青年》《进步》这两个杂志被合并为《青年进步》月刊,继续由原《进步》主编范皕诲担任主编。在《青年进步·发刊辞》中,范皕诲历数集会、结社在中国出现的背景和意义,认为它是对抗专制皇权、维护人民自由的重要工具,对于共和民国尤其

---

① 参看赵晓阳《基督教青年会在中国:本土和现代的探索》,第220页。
② 参看皕诲撰文《〈青年进步〉发刊辞》,《青年进步》第1册,第3页。
③ 恽毓鼎1916年3月2日日记,史晓风整理:《恽毓鼎澄斋日记》第2册,浙江古籍出版社2004年版,第761页。
④ 吴虞1912年10月22日日记,中国革命博物馆整理:《吴虞日记》上册,第74页。
⑤ 有关吴虞与《进步》《青年进步》杂志及其主编范皕诲的关系,笔者拟另文考察,此处不赘。

具有意义:"诚以有会、社,则民意发扬,民力凝壹,民德高尚,是为共和国之所祈求,宜为专制君王所绝端反对者也。""会、社之兴衰,为一国兴衰之根源。"而青年会立会的宗旨在于"造就青年德育、智育、体育三者",《青年进步》杂志则"用为全国青年会之机关,负有提倡、启导之两责任焉",杂志内容分为"十门"类,包括"德育门""智育门""体育门""社会服务门""会务门""经课门""通讯门""记载门""杂俎门""附录门",其中不仅包含有宣传基督教的内容("经课门"),更多则涉及道德、伦理、哲学、政治、科学、实业、卫生、游戏、改良风俗、交际、慈善等,发行宗旨为"务求有益于青年,而无愧进步"。① 在该刊第1期中,北洋政府要员如黎元洪、徐谦等皆为该刊撰写了祝词,嘉许其以德、智、体三育并进的办会宗旨(这三育在清末即成为许多西式学堂的办学宗旨,为清季朝野所推崇),以及在培养青年人才方面和为中国的"进步"事业方面所做的巨大贡献。② 青年会上海总会更是期待作为全国青年会之机关报的《青年进步》发行后,"雄鸡一声天下白"。③ 该杂志正常出版以后,"甚为各界所欢迎,销数逐渐增加,其事业方兴未艾"。④ 在《教务杂志》所做的调查中,《青年进步》也被列为学生最爱读的杂志,无论是在美国纽约公立图书馆,或是在京师图书馆和各校阅报室,"莫不有此种杂志"。⑤ 当敏感的商务印书馆当家人张元济发现自家《东方杂志》的吸引力与竞争力不如后来居上的

---

① 参看皕海撰文《〈青年进步〉发刊辞》,《青年进步》第1册,第1—4页。
② 同上书,插页。
③ 同上书,第10页。
④ [美]来会理:《中华基督教青年会二十五年小史》,青年协会书局1920年版,第17页。后来据说该杂志销量达到7 500份,不知道这个销量是平均值,还是高峰时期的销售额。参看中华续行委办会调查特委会编《中华归主:中国基督教事业统计(1901—1920)》,第789页。
⑤ 参看赵晓阳《基督教青年会在中国:本土和现代的探索》,第222页。

《青年进步》等新思潮刊物后,立即计划将《东方杂志》减价发售,以与之竞争:"一面抵制《青年进步》及其他同等之杂志,一面推广印(疑缺字——引者注),藉以招徕广告。"①

为后世所看重的新文化运动中的所谓主流论述或"进步论述",包括民主、科学、道德及其派生论述体育、讲求卫生、推行注音字母、反对缠足与早婚等,在《青年进步》及其前身的刊物包括其他基督教刊物中均常有出现。当然,这些教会刊物关注此类论题的主要意图是藉此传教和吸引青年人的注意力。后来参加新文化运动的很多青年中坚,像恽代英、舒新城、余家菊等,皆受到过青年会的极大影响。恽代英不断参加青年会的活动,帮助青年会教书,并订阅《青年》《进步》《青年进步》等杂志。恽代英还经常给《青年进步》投稿(据笔者简单统计,包括译文在内,恽代英在《青年进步》上共发表文章14篇),被录用后他觉得这是很大的荣幸,不仅可以拿到稿费和一些免费赠送的杂志、图书券,还有机会参与青年会的活动,与基督教人士频繁接触。后来他还从青年会那里获赠《青年进步》杂志,武昌青年会更是他经常从事活动的场所。另外,恽代英也受到《青年进步》杂志主编范皕诲和胡适所提倡文风的影响,打算养成一种介于文白之间直抒胸臆的"文格":"吾欲造一种介乎雅俗间之文字,不假修饰,专以达意为贵。"②

此外,宗教书籍之外,基督教青年会还出版有大量通俗类新学书籍。据该会1916年时的详细统计可知:

> 近三年内本部书报之畅销,足为中国民智日开之证据。

---

① 张元济1918年12月25日日记,张人凤编:《张元济全集》第6卷《日记》,商务印书馆2008年版,第458页。引文标点有更改。
② 中央档案馆、中国革命博物馆、中共中央党校出版社编:《恽代英日记》,中央党校出版社1981年版,1917年11月16日,第183页。

如 1913 年，新出版书共计十七万本，再版书共计十二万一千八百五十本，合之共得二十九万一千八百五十本，较 1912 年多十一万四千三百五十本。1913 年杂志出版十三万八千三百本，较 1912 年多二万三千三百九十本。至 1914 年，书籍出版五十二万九千八百本，则较上年多二十三万七千九百五十本。杂志出版十一万七千三百九十九本，较上年少九千三百零一本。然书报合计尚多于上年二十二万八千六百四十九本。①

大量的书报自然会影响到不少读者。如舒新城即曾自谓其文字功夫深受基督教徒谢庐隐（即谢洪赉）《致今世少年书》的影响。而谢氏此书系由其发表在《青年》月刊上的"几篇通讯"汇集而成，全书包括七篇文章，因基督教青年会认为该书"大有益于方今各少年"，遂于 1917 年印行，希望该书"能破其迷蒙，烛其幽暗，使涉足于光明之坦道，以之律身，以之向学，以之应世，有胜利而无虞失败"。② 在舒新城看来，谢书"其中论及的大概为求学处己待人的诸方面，均系针对青年而发"。③ 舒新城这里表示，因为谢的文章"本流利可读，而他又为教会中人，因而对于他更加崇拜，对于《青年》月刊看得特别仔细，对于基督教也发生好感。后来我一度与基督教发生关系，也是因他而来"。④

---

① 《中华基督教青年会第七次大会组合之报告》，《青年》第 19 卷第 1 号（1916 年 2 月），第 13 页。
② 胡贻穀：《弁言》（1917 年 8 月），收入谢洪赉《致今世少年书》，中华基督教青年会全国协会书报部 1917 年版，第 1 页。关于谢洪赉同基督教青年会的关系以及它为青年会所做的贡献，可参看胡贻穀《谢庐隐先生传略》，青年协会书报部 1917 年 2 月版，第 29—47 页。
③ 舒新城：《舒新城自述》，第 93 页。
④ 同上书，第 122—123 页。

三、青年会的其他活动

除了发行刊物和出版书籍,基督教青年会全国总会每年夏天还会定期在庐山举办夏令营活动,借以吸引全国的优秀青年参加,恽代英和舒新城等人就是一起参加 1917 年 8 月份的庐山夏令营时认识的。不愿意加入基督教会的恽代英特意于日记中记录了自己参加是次夏令营的感受以及对基督教的评价:"连日聚会颇有受益。彼辈虽宗教徒,终不失为善人,嘉言懿行,颇多可观感者。然谓耶教为惟一之真理,吾固不信,此中人亦不能自圆其说。"①稍后,恽代英又在现场的"定志会"上表示:"身心均受夏令会之益,凡非基督徒应互相勉励以胜过基督徒。"②1918 年夏天,恽代英再度赴庐山参加青年会夏令营时,他对基督教的认识进一步深入,认识到并非所有基督徒都品德高尚、能力突出、值得尊敬:

> 余等之夸美基督教,无非吾等向善之心,取益之道。实则吾等所夸美者,不过最少数高尚之基督徒,而此等基督徒在此处又特显其高尚之品格耳。③

恽代英此处认为只要有真正信仰,非基督教徒的品格、能力也能赶上基督徒。"古来一般忠烈之士"已经做出先例,"苟有实心,非基督徒可为良也。苟无实心,基督徒犹不可为良也"。然而这里让恽代英赞美的"最少数高尚之基督徒",其示范作用却非常大,不但影响了恽代英,也影响了类似的青年知识分子,如与湖南基督教青

---

① 《恽代英日记》,1917 年 8 月 25 日,第 136 页。
② 《恽代英日记》,1917 年 8 月 30 日,第 140 页。
③ 《恽代英日记》,1918 年 7 月 3 日,第 427 页。

年会同样有密切关系的舒新城。

舒新城后来也回忆说及他参加两次青年会的庐山夏令营情况,"对于他们办事的毅力与热忱颇为赞佩"。加之早前受到饶伯师的影响,"无意中对于基督徒及基督教发生一种微妙的好感。第二年夏,因他的多方劝导,卒加入其所属之长老会。我之一度服务教会学校,其渊源在此"。① 舒新城回忆中讲起他屡次得到长沙基督教青年会总干事美国牧师饶伯师(Roberts)的帮助,自称他曾一度加入基督教会,并得到美国教育学者桑戴克等人的英文著述来阅读和翻译,从而进一步增强了从事教育学著述之决心,这些皆同饶伯师的影响密切相关:"他那种治事锲而不舍的精神,与待人的诚恳态度……我对他有种不可言喻的崇敬。"② 舒新城还因经常参与青年会的活动,不断同会中成员接触,由此提高了英语能力和演讲水平——这对于他以后作为教育家、教育著作译者的职业生涯意义重大。

不但如此,青年会还是中国近代体育事业的先导。③ 从清末开始,青年会即在上海设立体育学校,培养体育人才。后来又发展到教习体操、球类、游泳、网球等活动,发起举办运动会,还筹备创办中国第一次运动会,并曾派会员多次参加远东运动会,"首创""以西方之体育方法,教授华童",附设有健身房。其余如"华人之第一游泳池、中国第一商业夜校"也是由青年会创办,"中国全国演说会及卫生会俱由青年会发起"。为此,青年会设立了体育部,"以提倡全国青年体育及运动事宜"。④ 尤注重针对学生成员展开

---

① 舒新城:《舒新城自述》,第94页。
② 同上书,第122页。
③ 参看傅浩坚《基督教青年会对中国近代体育发展的影响》,香港浸会大学2000年版;赵晓阳:《基督教青年会在中国:本土和现代的探索》,第191—216页。
④ 《中华基督教青年会第七次大会组合之报告》,《青年》第19卷第1号(1916年2月),第8页;《上海青年会之大计划》,《时事新报》1918年6月10日,第3张第2版。

体育工作,要其"注重个人健康,矫正体格上之习惯,竭力提倡体育"。① 天津青年会还特设有体育专门高等练习班。故此,《青年》《进步》《青年进步》等青年会系杂志上倡导体育的论述非常之多,所做的体育推广事业也很多,它们与教会学校一起影响了不少读者。(详后)

除了青年会,这时的教会学校也非常重视体育。流风所及,北京大学所办的预科也受到影响:"那时候预科中受了教会学校的影响,完全偏重英语及体育两方面;其他科学比较的落后……"为此曾引起校长蔡元培的不满,下决心要改变北大预科这种受到教会学校影响偏重体育及英语的特色。② 当然,这并不意味着蔡元培不重视这两门课程,而是因为他还要发展两门课程之外的高等学术研究。

受到青年会与教会学校的影响,这时一些中国人自办的杂志如《教育杂志》《妇女杂志》等,也有颇多倡导体育的论述。像恽代英就受到青年会与上述杂志中刊载的体育论述的影响,自己除了购阅这些杂志之外,还专门通过伊文思书馆去订购外文的体育杂志 Physical Culture,间或去翻译或写作谈体育的文章《运动之训育方法谈》《学校体育之研究》,在《青年进步》杂志上发表等,③并且身体力行去实践有关的理念,"近来体育太不讲究,殊属非是"。④

类似恽代英,毛泽东也受到过青年会和教会学校倡导体育教育的影响,其(署名"二十八画生")在《新青年》杂志上发表的《体

---

① 李琼阶:《青年会与学生之关系》,《青年进步》第 4 册(1917 年 6 月),第 8 页。
② 蔡元培:《我在北京大学的经历》,收入中国蔡元培研究会编《蔡元培全集》第 7 卷,浙江教育出版社 1997 年版,第 502 页。
③ 恽代英:《学校体育之研究》,《青年进步》第 4 册,第 1—6 页;恽代英:《运动之训育方法谈》,《青年进步》第 8 册(1917 年 12 月),第 41—47 页。
④ 参看《恽代英日记》,1917 年 2 月 15 日、20 日,第 34、37 页。

育之研究》一文即是明证,①该文的独特价值与象征意义为不少后世研究者极力强调。实际上,该文主要是毛泽东受到基督教青年会德、智、体三育并进影响的产物。毛泽东在致黎锦熙的信中曾把所谓中国古人之"三达德"——智、仁、勇并举,同德、智、体联系起来发挥:"今之教育学者以为可配德、智、体之三言,诚以德、智所寄,不外于身;智、仁、体也,非勇无以为用。且观自来不永寿者,未必其数之本短也,或亦其身体之弱然尔。"毛泽东这里认为,个人的德、智成就无论多高,"一旦身不存",德、智功业将会随之覆灭。他又援引古人的"卫生"观念,劝诫"德、智美矣"的黎锦熙重视体育,"宜勤加运动之功"。紧接着,毛又以自己的经验现身说法,向黎锦熙证明讲究体育的好处,其中还征引了三个外国名人讲求体育健身的例子:"弟身亦不强,近以运动之故,受益颇多。闻之至弱之人,可以进至至强。东西大体育家,若罗斯福,若孙棠,若嘉纳,皆以至弱之身,而得至强之效。"②毛泽东非但劝黎锦熙注重体育锻炼,自己更是身体力行,在湖南一师期间,非常重视锻炼身体,积极进行各种体育活动,以此来锻炼自己的意志。③

与毛泽东相似,稍后黄醒等人也受到时人特别是青年会倡导的体育论述的影响,联合湖南教育界的新派青年,于1918年底在长沙创办了一个名叫《体育周报》的杂志,宣传倡导体育事业。④该杂志在当时颇有影响,蔡元培曾亲自为其撰写周年祝词,进行表

---

① 二十八画生:《体育之研究》,《新青年》第3卷第2期(1917年4月1日),第1—11页。该文亦被收入中共中央文献研究室、中共湖南省委《毛泽东早期文稿》编辑部编《毛泽东早期文稿》,湖南出版社1995年版,第65—78页。
② 《致黎锦熙信(1916年12月9日)》,《毛泽东早期文稿》,第59—60页。
③ 参看中共中央文献研究室《毛泽东年谱》上卷,中央文献出版社2013年版,第24页。还可参看[美]埃德加·斯诺(Edgar Snow)著、董乐山译《西行漫记》,三联书店1979年版,第123—124页。
④ 参看刘苏华《前言》,湖湘文库编辑出版委员会:《体育周报》影印本,湖南师范大学出版社2010年版,第1—12页。

彰和祝贺：

> 近日得读黄醒先生之《体育周报》，乃举各种工作，而说明其裨益体育之条件；以体育专家而注意及此，其必能为体育界开一新纪元，可无疑也。故值《周报》有周年纪念之举，而敬致欢喜赞叹之忱。①

该杂志的广告也经常出现在《新青年》等新思潮刊物中，也曾被《新青年》和《晨报》等京沪报刊注意和推介。如《新青年》中对黄醒及该杂志出版语境的介绍：

> 楚怡小学校有一个体操教员黄醒君，他的文学和思想，不仅在本体操教员中间算出色的，就是一般小学教员及得他的也少。他看见新潮来了，体育上的见解、进步，也是不可不随世界潮流变迁的。并且当这欧战终了的时候，体育上到底应该如何设施、进行，都是很要紧，他就组织了一个《体育周报》。同时他又把他那杂志社做了一个代派处，专门代买海内"新思潮"的杂志，借此介绍新思潮到湖南……他这个周刊，已经出了四十期，内容非常完善，销行也广，完全用白话的，并且是装订成册，篇幅也不少。②

稍后《晨报》上对其内容的介绍更具体：

---

① 《〈体育周报〉周年纪念祝词（1919年11月13日）》，收入中国蔡元培研究会编《蔡元培全集》第3卷，浙江教育出版社1997年版，第729页。
② 《长沙社会面面观——新文化运动》，《新青年》第7卷第1号（1919年12月1日），第103—104页。

《体育周报》为黄醒君所创办,以研究人生问题、提起人生观念、辟体育界之新纪元为宗旨。其内容:1.个人支持;2.主张自然平均的发育,排斥比赛的竞争;3.以日常操作为自然之运动;4.代发行各种最新书报。现已出至四十四期,拟自四十九期起增加材料,改善内容,并每季出增刊号一本。其四十九期纪念增刊号闻有蔡子民、陈仲甫、沈玄庐诸先生著作。湘垣除极少数受京沪方面影响者外,为一般新思想之发源地,且已引起学校体育之注意,当推为湘中之先觉。①

《体育周报》既有如此高的知名度,其销量也当可观。像恽代英负责的武昌互助社寄售书报,其中就有《体育周报》,曾售出53份。② 远在成都的吴虞也是该杂志的读者,他曾特意在日记中记录下了《体育周报》所言的"最佳经济食物"的名字。③ 因此,如果我们回到历史的脉络里,较为全面地了解当时的情况,或更容易定位毛泽东《体育之研究》一文的语境与价值。

四、青年会的扩张策略和影响力

青年会的影响如此之大,自然同其采取的在地化、世俗化扩张战略有关。为此,青年会大力吸收优秀的中国人参与会务管理,当时的全国协会先后两任总干事均由华人王正廷(1915—1916年在任,稍后王即去任北洋政府参议院副议长,后长期在政界活动)、余日章(1917—1935年在任)接任,"两君学识宏深,办事干练,其成

---

① H.C.:《长沙特约通信:湖南之文化运动观》,《晨报》1919年12月3日,第3版。
② 参看《恽代英日记》,1919年12月28日,第682页。
③ 参看《吴虞日记》上册,第524页。

绩足使青年会之全体中西干事莫不心悦诚服而相与庆幸中华基督教青年会总领袖之得人焉",尤其是余日章在任期间,青年会的事业"大为全国人士所重视也"。① 像恽代英即把余日章的"造公正之舆论,则小人不致无忌惮"名言,抄写于自己日记本上,作为座右铭。② 正是鉴于余日章"极活动于社会上,甚有势力",一向注重发展同大人物关系的商务印书馆经理张元济曾试图挖角青年会,特意委托黄炎培(任之)说项,希望余日章能为商务"撰论说,或阅定所编英文书,或有演说稿交与本馆承印";进而张元济又打算不惜重金礼聘余日章入馆工作,对之格外优待,月薪可以开到350元或更多(余在青年会薪水为月薪250元),"不必即时到馆,迟半年一年亦无不可,如必不能,或在沪时来此半日"。③ 相比之下,商务印书馆同时给已经获得美国博士学位的蒋梦麟开出的待遇是月薪200—250元——这是留学生入商务任职的薪水最高阶。再据稍后(1921年8月前后)胡适所作调查,商务印书馆编译所为该馆最重要机构,有成员一百六七十人,其中108人月薪在50元以下,百元以上的也才37人,而月薪为250元以上者仅3人。④ 尽管商务如此求才若渴,又如此具有诚意,余日章最后还是没有应聘,由此情况,我们不难看出余日章的地位和能力之高,以及青年会吸引力之大。⑤

青年会还非常善于借助官方和笼络社会名流为己所用。像前引长沙基督教青年会之所以发展迅速,很大程度上是由于得到时

---

① 来会理:《中华基督教青年会二十五年小史》,第17页。
② 参看《恽代英日记》,1918年5月5日,第688页。
③ 《张元济全集》第6卷《日记》,1918年8月29日、30日,第105、106页。
④ 参看胡适《商务印书馆考察报告》,季羡林主编:《胡适全集》第20卷,安徽教育出版社2003年版,第519页。
⑤ 关于余日章的情况及其对青年会的贡献,可参看袁访赉《余日章传》,青年协会书局1948年版。

任湖南将军汤芗铭等人的支持与资助,所谓"省垣长官对于本会赞助尤为踊跃"。① 再如北京青年会为其米市街新建会所举行正式揭幕典礼,邀请到的参观人数即有六七百人,还让时任大总统袁世凯派乐队为之奏乐助兴,并用"特备之电话向总统府通话,请大总统在府内按电钥开幕",且在幕后挂有袁世凯大幅肖像(长约二三尺),"颇耸动众人之眼目,于是会众一起起立,以表敬意",之后由袁世凯派出的代表梁士诒代替袁世凯"朗述大总统颂词",国务总理熊希龄也派代表"到会致祝词"。② 对于学界中人,青年会也非常注意联络和为己所用。像当时胡适即曾为青年会在天津发起的旅津全国校友联合会成立大会专程赴天津演讲,"此会由青年会中人发起,意在维持各校毕业生执业后的道德,并想提倡社会服务的精神",但胡适也觉得青年会此举的"宗教色彩"过重。③ 凡此,均可见青年会在上层路线方面的游刃有余,故其得以迅猛发展。

青年会事业的大发展及其吸引力也获得了当时上海报界的同情和支持,这样青年会与上海报界开始建立并保持了比较亲密的关系。像当时上海报界的新兴报纸《时事新报》在张东荪等人的主持下以敢言出名,"宗旨正大,议论平允",自1915年7月1日起,该报专门为基督教青年会开辟一独立栏目,每日在该栏发布青年会活动的消息。其他如《神州日报》《新申报》《时报》《申报》《商报》等报纸也纷纷效法,为青年会免费送登广告,或刊载其募捐或招募广告,或报导其各种活动情况,均加大对青年会事业的关

---

① 《长沙基督教青年会近讯》,《青年》第18卷第3号(1915年4月1日),第105页。
② 《青年会开幕纪事》,《民强报》1913年10月15日,第6版。
③ 参看胡适1921年4月29日日记,《胡适全集》第29卷,第224页。

注和报道力度。①

或许正是借鉴了基督教青年会的成功先例,五四运动后各地成立的学生组织特别是上海学生联合会、全国学生联合会,均借鉴了基督教青年会的组织和运作手法。② 而此后各地发起的抵制日货运动,学堂学生都扮演了先锋角色,其背后跟青年会的积极介入有很大关系。如郑孝胥的观察及其向日本人提供的解决之道:"排日之主动者在学堂,乃青年会所为,学生、商家皆被胁耳。日本若设法扶助以教育费,使学堂恃此费以活,则排日之风潮自杀矣。"③ 由此可见,民初几乎一直生活在上海的郑孝胥对青年会作用的认识,但他提出的解决之道显然不是治本之策——日本不放弃侵略乃至灭亡中国的做法,中国青年的反抗会一直延续,跟青年会在背后是否主使没有太多关系。当然,郑孝胥这里的说法大概也有刻意提醒日本人之意。

抑有进者,1926年6月,上海一批绅商陈炳阶、邓仲泽、彭兰史等四十余人也东施效颦,在上海开始发起组织孔教青年会。④ 次年该会成立,"首办宣讲、音乐、游艺、体育各科,藉符孔门六艺之旨,一俟办有成效,再设学校图书馆等,使我国青年皆得了解孔子之道,及得高尚学术之陶熔"。⑤ 可以说,上海孔教会模仿基督教青年会的表现非常明显,尽管其成立之后,即遭舆论痛批。此外,1923年汉口还有所谓佛化新青年会的成立,并出版有《佛化新青

---

① 参看张志伟《基督化与世俗化的挣扎:上海基督教青年会研究(1900—1922)》,第264—266页。
② 参看陈以爱《动员的力量:上海学潮的起源》,第534—541页。
③ 参看郑孝胥1923年6月9日日记,见劳祖德整理《郑孝胥日记》第3册,中华书局2005年版,第1952页。
④ 《孔教青年会开始筹备》,《时报》1926年6月17日,第2张第4版。
⑤ 《筹设孔教青年会宣言》,《语丝》第4卷第3期(1927年12月31日),第44页。

年》杂志作为自己的机关刊物。① 凡此,当均与受到基督教青年会的启发影响有关。

以上案例,很大程度上可管窥基督教青年会的影响力。如时论对基督教青年会上海总会的评价:"前后二十年,德、智、体三部事业于以大备,会员已达三千人,声誉所播,各界称扬,其渐移默化之力足以影响全沪,亦可为进步之速矣。"②无怪乎英美烟公司在为该会募捐所刊登的广告中声称:"青年会为青年人得受良好(教育)唯一之机关,所以有青年会即有好青年,青年与国体有绝大之关系。凡青年人欲强盛国家,不可不使青年会发达……"③到了1920年初,青年会计划在天津召开全国代表大会庆祝在中国立会25周年,北洋政府知晓此事后试图敦促英美领事阻止此会的召开,因其认为"青年会之人物多抱危险思想","所宣传之思想大不利于现政府"。此举遂引发时人反驳,认为系北洋政府虚惊和滥权,且多此一举。

> 以青年会常假人为政治集会之地耶?则公共地方之常假人为政治集会者,不知凡几,政府宁能一一封闭?即使屋宇皆遭封闭,若如法国革命时一呼而聚攻巴斯底狱,绝不假何屋宇为集会之所,政府又能阻止耶?若为青年会之人物多抱危险思想,则公然传播革命文字,与身自从事革命事业,其危险激烈千百倍于青年会中人者,亦正不乏。北京政府自问能一一诛锄而遏绝之耶?④

1923年10月21日,在广州欢迎参加基督教青年会第九次全

---

① 参看《佛化新青年》创刊号,1923年1月29日出版。
② 《青年会二十年来之小史》,《时事新报》1918年4月21日,第3张第3版。
③ 《英美烟公司赠登》广告,《时事新报》1918年6月22日,第1张第4版。
④ 《青年会与政治》,《民心周报》第1卷第17期(1920年3月27日),第366—367页。

国代表大会的代表时,历经革命挫折的孙中山在演讲中认为青年会在中国二十二行省之内,"都有很完备的组织","中国的团体中有好人格的,就是青年会",相较之下,国民党缺乏宣传力,"没有普遍的宣传",孙中山希望青年会能帮助宣传自己的政治主张,用青年会的组织帮助提高全国人民的自治力,在德智体方面感化全国老百姓,使之参与到"救国"大业中,国民党则应该模仿学习青年会,"如果国民党有青年会的完全组织,到处宣传革命的道理,使人民十分了解,人民自然欢迎我们的主义,来建设民国,民国当老早成功了"。[①] 孙中山这里的公开表达当然有其刻意迎合青年会之处,但大致也反映了其对于青年会重要性及其作用的认识,以及他希望让青年会为国民党所用的心理。

余　　论

吊诡的是,"五四"以后,新文化运动蔚为大观,影响进而反作用于青年会。为适应新文化潮流,与时俱进的青年会主动调适自己的立场与办会宗旨,将三育并进扩充为四育,特意增加了"群育":"近年来,复感于新文化之思潮,所贵者顺应时代之要求,而人类为好群之动物,社会以互助而进化,故于原有新道德、新智识、新体格之三育外,更增群育,合定为本会四大宗旨。"[②]而青年会所

[①] 孙中山:《在广州全国青年联合会的言说(1923年10月23日)》,广东社科院历史研究室等合编:《孙中山全集》第8卷,中华书局1981年版,第315—327页。前引陈以爱教授著作已经使用了该材料,但解读角度与笔者这里稍有不同。

[②] 《青年会廿二周纪念征求大会开幕宣言》,《商报》1922年2月10日,第4张第3版。关于基督教青年会"三育"宗旨的由来及群育的加入情况,可参看张志伟《基督化与世俗化的挣扎:上海基督教青年会研究(1900—1922)》,第411—463页。稍后,与时俱进的青年会又在宗旨中增加了"俭育":"注重德智体群俭五育,培植青年,并实行社会服务,以养成完全人格。"(《苏州基督教青年会广告》,收入南一《张一麐小传》,苏州华兴印书局1921年版,插页广告1)

受到的新文化运动影响又进一步遮蔽了当初青年会对于新文化运动的促进作用,特别是它为新文化运动开发了相关议题和培养了众多青年运动人才的现实。

需要注意的是,基督教青年会虽然有意无意从事了一些启蒙开智、传播新思潮甚至激发本土民族主义的活动,但其本身并不愿意如《新青年》杂志那样主动以较为激进的方式宣传推介新思潮。像吴虞最初较为温和的反孔文章曾刊发于基督教青年会的《进步》杂志,并与该杂志主笔范皕诲建立了密切关系。饶是如此,对于之后吴虞其他更为激烈的反孔文章,范氏却不愿发表,吴虞才不得不别投《新青年》,并获得发表。此后日趋激进的吴虞与青年会渐行渐远,进而也不再购阅《青年进步》杂志。

同样应该注意的是,当时基督教青年会在中国势力虽然很大,但其活动最频繁和影响力最大的地区,仍主要局限于沿海沿江的城市及外国与基督教势力容易达到的地方,其重要成员以上层出身者及其子弟为主,而且所招收的城市青年会会员大多须缴纳一定数目的会费,须认同青年会的基本原则和运作规范,这也决定了它的精英特色和俱乐部性质。尽管青年会也看重劳工、乡村,并为之进行了一些改良、开化工作,一度专门成立了劳工部,在上海开设有实验棚区,为改造劳工服务。20世纪20年代开始,青年会更在全国各地展开公民教育和平民教育运动,颇为时人、时论关注。饶是如此,青年会的宣传方式和说教内容及其行动的指南,主要是建立在西方文明与基督教优越论的进步史观基础上,非常有针对性地批评中国不文明、不卫生、迷信、落后、腐败等现象,并试图为改变现状做出不懈努力,努力实现未来中国的现代化。但是由于在发展壮大过程中,青年会一直得到很多政府要员与地方长官的支持和资助,故其无意进一步介入现实的政治活动或跟政府进行直接对抗的行为,反而是一直希望同欧美各国政府以及地方当局乃至北洋政府保持比较良好关系，企图采取温和的方式去推进点滴的社会改良，所以不管是在文化上，还是在政治上，青年会一般不会明确支持其成员有过于激烈的对抗主流论述或政治强权的举动，尽管在客观效果上未必如此，也未必皆会让政治当局满意。加之中国各地的复杂性、比较"落后"的社会条件，以及地方社会的传统依赖性过强，对于西化方面抗拒居多，致使青年会改造底层的效果有限。因此，当周遭环境改变，很多原来热心青年会活动的青年知识分子如恽代英等，后来均脱离青年会或与之疏远，去从事在他们看来更为实际也更为本土化的思想文化启蒙或政治改造运动。

抑有进者，青年会倡导的"进步"论述虽然为后来的新文化运动提供了思想上的先导和一定的参与基础，可被视为新文化运动的孕育者之一或同盟者，但其最终意图仍在于借此传教，"青年会之设，以基督教为基础，以引人信道为目的"，[①]"无基督教，便无青年会"。[②] 作为基督教的"前导"，青年会旨在借改变部分优秀青年的方式来改变中国，最终希望中国成为信奉基督文明的国家。但这样的努力和做法显然没有达到其预期目的，像胡适一样，很多中国人对基督教的接受取实用主义态度，"教会的传教运动中国之最有用的部分并不是基督教，乃是近世文明，如医学、学校、贫民窟居留，等等"。胡适所期待基督教的，是像洛克菲勒基金会在中国创办协和医学院那样的义举，"专把近世教育的最高贡献给我们，不要含传教性质"，但他也清楚让传教士放弃传教目的"在今日做不到的"，"退一步设想，希望你们能把现在这种散漫的、平凡的运动

---

① 汕头青年会干事王揖三：《学校青年会与学生之关系》，《青年进步》第7册（1917年11月），第78页。
② 徐翰臣：《青年会为铸造国民之大工厂》，此文原见《申报》1919年1月26日，第3张第11版；又见于《青年进步》第24册（1919年6月），引文在该杂志第76页。

改作一种有组织的、集中的、尽善尽美的教育运动"。① 因而,正如明末以降入华的传教士一样,他们虽然引介了西方的科学理念和文化知识,但其角色只是一个触媒,一旦受到其影响的在地中国知识分子行动起来,传教士原来的作用很快会被取代,其基督化中国的设想也不可避免会失败。正如吴宓的见解,一些近代知识精英希望用耶稣教改造中国,"动以'耶稣救国'为言","实属谬误",而作为基督教先导的青年会,"无殊佛僧之烧香吃斋,以末节哄动群俗,以做热闹而已"。② 基督教青年会与新文化运动的关系,或亦可作如是观。

---

① 胡适1921年9月21日日记,季羡林主编:《胡适全集》,第29卷,第458页。
② 吴学昭整理:《吴宓日记》第2册,生活·读书·新知三联书店1998年版,1919年12月14日,第104页。

"先锋的先锋":新文化运动中的中华基督教青年会全国协会的出版事业[*]

潘恩源

摘要:中华基督教青年会全国协会是在华基督教青年会的全国组织,其编辑部所办系列杂志《青年》《进步》《青年进步》和出版的相关书籍培育了一批趋新的青年读者,参与创生民国初年的新文化语境。这一过程包括主办者对杂志定位的有意识的调整,通过种种销售方式和渠道,使杂志得以推广到全国各地,以及在青年会其他活动的配合下,读者的积极阅读、主动推广和参与投稿。青年会全国协会系列杂志由此成为陈独秀办杂志时模仿的对象,堪称新文化运动中"先锋的先锋"。

关键词:中华基督教青年会全国协会,出版,阅读,新文化运动

潘恩源,南京大学历史学院博士研究生

对于如何深化五四新文化运动的研究,论者先后提出引入"地方视野"并将"五四"放入长程革命中考察、从配角的视角重访"五

---

[*] 本文蒙何卓恩教授悉心指导,复蒙徐炳三教授多次耐心指正。谨致谢忱!

四"等方法论启示。① 后一种方法指关注《新青年》《新潮》以外的其他新文化群体，以重访被遗忘的声音、增加比较关联的思考维度及在主角和配角的竞逐中理解新文化运动的过程。在民国初年思想界的"配角"中，除了学界较为关注的研究系、《东方杂志》派、学衡派、江苏省教育会、中华革命党，基督教青年会也是一个重要的群体。

基督教青年会在五四新文化运动中所扮演的角色已引起学界重视。② 张仲民认为青年会为《新青年》开发了诸多议题、培养了读者群的观点尤其具启发意义，③然青年会作为外来社会团体，其组织和杂志究竟如何参与创生民国新文化的语境，前人暂未展开讨论。这一过程包括青年会全国协会如何定位自己所办的系列杂志，哪些人组成主体作者并设计杂志的内容框架，青年协会如何推广自己的杂志和书籍，以影响到一般读者的思想态度和实际行动，逐渐培养起一批新文化的参与者。

---

① 瞿骏：《勾画在"地方"的五四运动》，复旦大学历史学系、复旦大学中外现代化进程研究中心编：《五四新文化：现场与诠释》，上海古籍出版社2020年版，第42—75页；瞿骏：《五四：地方视野与长程革命》，《读书》2020年第11期；周月峰：《从配角的视角重访五四新文化运动》，马敏主编：《近代史学刊》第22辑，社会科学文献出版社2020年版，第18—21页。

② 有关研究主要聚焦"五四"学生运动，参见高莹莹《反日运动在山东：基于五四时期驻鲁基督教青年会及英美人士的考察》，《近代史研究》2017年第2期；陈以爱：《动员的力量：上海学潮的起源》，（台北）民国历史文化学社有限公司2021年版，第154—173页。武志华认为奉天青年会为当地知识青年提供了研究新思潮和社会问题的条件，在将新文化引入奉天的过程中功不可没。见武志华《奉天基督教青年会和革命、新文化运动关系研究（1911—1925年）》，辽宁大学历史学院硕士学位论文，2014年。

③ 张仲民提出，基督教青年会以德、智、体三育推行国民教育，在民初影响甚大。其全国协会杂志上包罗了许多新思潮的主流话题，营造了新文化氛围，培育了一批趋新的青年读者，为后来《新青年》的崛起提供了社会基础。见张仲民《新文化运动的"五四"起源——关于五四新文化运动史研究的再思考》，《五四新文化：现场与诠释》，第6—17页。

在史料层面,当前研究对青年会内部文件的挖掘还有待加强。20世纪前半叶,青年会全国协会、各市会都有相当数量的西方干事,他们定期向北美协会去信描述中国国情,汇报工作状况。这批信函现藏于美国明尼苏达大学图书馆,其中年度报告的部分已影印出版。善用这批史料,有助于研究者从内部视角理解青年会何以关注世俗层面的文化改造。

一、青年协会对杂志的定位

基督教青年会(Young Men's Christian Association,简称YMCA)是一个世界性的跨宗派基督教社会团体,1844年创办于伦敦,在神学思想上受到美国基督教界的影响。19世纪下半叶,工业革命和城市化既给美国带来了快速发展,同时也催生了种种城市病,如贫困、疾病、劳动纠纷等社会问题。部分教会人士开始强调基督教对社会问题的责任,并尝试运用基督教原则加以解决。在一批神学家的提倡下,一种名为"社会福音"(Social Gospel)的基督教神学思潮越来越具影响力。

在关于"罪"这一基督教核心命题上,社会福音从体认个人罪恶转而强调社会罪恶,故宣教的目的和重心从救赎个人灵魂转到营造社会福利、改善人们生活和工作的环境,提倡"社会秩序基督教化"(Christinizing the Social Order)。[1] 这种理念虽不乏争议,但依然影响了很多宗教团体,其中便包括男女青年会。1854年,包括加拿大、美国青年会在内的"基督教青年会北美协会"(International Committee of YMCA in U.S.A. and

---

[1] 刘家峰:《中国基督教乡村建设运动研究(1907—1950)》,天津人民出版社2008年版,第14—21页。

Canada，下简称"北美协会"）于美国纽约州布法罗市成立。随着美国海外传教事业的扩张，北美协会有意识地向中国拓展青年会。

1895年10月5日，在美国基督教会大会的推动和在华外籍传教士第二次全国大会的请求下，北美协会派遣生长于中国的来会理（D. W. Lyon）作为专职干事赴中国建立青年会。据来会理描述，他来华伊始，北美协会并不限制他的工作范围，而是授予他全权选择适宜之处。北京、天津、烟台、上海、汉口等地的传教士写信给来会理，有的认为青年会应注意各商埠外籍青年的需要，有的主张注意洋行中通英语的中国人，有的建议在中国学生中展开工作。①

来会理敏锐地注意到，当时的天津已有四所专门或高等学堂，②且交通便利，故他有意在此地以学生为主要对象展开工作。他判断："天津是在中国政府领导之下的进步的西洋教育之中心。香港的学生或许要比天津的更多，但是香港的教育是受外国人管理的，而天津的教育则完全代表中国政府所办的教育。这一事实是极其重要的，因为中国此后新文化的领袖，多半要从北洋大学出身。因此，我们若能设法感化这般学生，那就无异于感化'新中国'未来的领袖。"③可见，来会理在来华伊始便观察到新式学堂在新政事业中的意义、新式学生将来在中国的地位，

---

① ［美］来会理：《中国青年会早期史实之回忆》，《中华基督教青年会五十周年纪念册》，中华基督教青年会全国协会1935年版，第186页。

② 来会理在《中国青年会早期史实之回忆》（《中华基督教青年会五十周年纪念册》，中华基督教青年会全国协会1935年版，第187页）中提及这四所学校分别是医学堂、海军学堂、电报学堂（当时全国唯一一所）和北洋大学，在《中华基督教青年会二十五年小史》(1919)（上海市档案馆藏，档号：U120-0-63，第3页）则说当时天津有五所大学或高等学堂。

③ 《来会理致茂雷》(1897年2月4日)，转引自［美］来会理《中国青年会早期史实之回忆》，《中华基督教青年会五十周年纪念册》，第190页。

在1903年拒俄运动、1905年抵制美货运动中,中国学生的群体意识渐渐觉醒,各大学生团体纷纷成立。① 来会理更明确地认识到青年会"须采取较新之方法",使自身组织及于"中国各地极有势力之学生团体",②谋求对教外学生团体乃至各省广大普通学校学生的影响。鉴于中国青年会特别重视对学生展开事工,1907年的来华传教百年纪念大会特别决议将青年学生的传教事业委托给青年会。③

随着学校青年会数量的增加,筹设全国组织以协调之并与世界基督教学生运动取得联系成为需要。1896—1915年,中国青年会全国组织几经更名,最终在1915年11月召开的第七次全国大会上定名为"中华基督教青年会全国协会"(Young Men's Christian Association of China)(为便于行文,下面将不同时期的中国青年会全国组织统称为"青年协会")。④ 也正是在一次次全国大会的调整中,城市青年会加入进来,和学校青年会一起组成青年会的基本单位,这标志着中国青年会"选择知识青年为工作对象,重要城市为工作地点"的方针逐渐确定。⑤

那么,中国青年会究竟做些什么工作呢?

---

① 桑兵:《晚清学堂学生与社会变迁》,广西师范大学出版社2007年版,第6—7页。
② [美]来会理:《中华基督教青年会二十五年小史》(1919),第5页。
③ 江文汉:《四十年来的中国基督教学生运动》,《金陵神学志》第26卷第1、2期合刊,1950年11月,第61页。
④ 余日章:《说明中华基督教青年会全国协会之任务(未完)》,《青年进步》第1册,1917年1月,"会务研究"第4篇第14页。
⑤ 赵晓阳:《基督教青年会在中国:本土和现代的探索》,社会科学文献出版社2008年版,第13页。

在宗旨上,中国青年会和北美协会一样,致力于联络青年男性,①辅以德育(Spirit)、智育(Mind)、体育(Body)、社交(Social,后译为"群育"),②帮助青年养成符合基督教伦理的完善人格,践行社会福音神学。具体的工作内容则因地制宜,十分丰富,包括办查经班、健身房、运动会、音乐会、交谊会、聚餐会、夏令会以及开展出版、演讲、劳工和平民教育事业等等。其中,编辑书报是中国青年会最早开展的工作,这与晚清以来自由派传教士在中国的文字事工传统分不开。

1807年马礼逊(Robert Morrison)东来后,新教传教士逐渐认识到深入中国内地的困难、与中国人在语言交流上的隔阂以及面对面传教的低效率,所以他们希望以出版物突破地域、语言和时间的障碍,办了一系列杂志、报纸,并发行大量传单、手册、书籍。文字事工由此成为近代在华新教的五大事工之一。③ 此外,北美协会拥有一份代表青年会整体的杂志并发行大量书籍,中国青年会自然也需要借鉴之。这些因素共同促成出版事业很早就被提上中国青年会的日程。在1896年青年会第一次全国大会制定的四条职务中,第四条便规定"预备适用书籍,以促进学生之宗教生活"。④

1896年6月,作为青年协会首任总干事的来会理尝试性地创

---

① 另有基督教女青年会专门负责女子工作。
② 中国青年会有时称自己的宗旨为三育,有时又称四育,故下文表述视史料而定。关于中国青年会宗旨的翻译及演变问题,参见张志伟《中国青年会与"三育"话语——"德育"、"智育"、"体育"》,《基督化与世俗化的挣扎:上海基督教青年会研究》,(台北)台大出版中心2010年版,第407—464页。
③ 其他四项是直接布道、教育、慈善、医疗。
④ 其余三条职务为:1. 巡视各地已经组织之青年会;2. 于适宜之地,提倡组织新青年会;3. 为青年会职员组织会务练习会。可见在当时,巩固、扩大各地组织为青年会的首要任务,演讲、体育等其他具体会务未及展开,只有预备书籍一项被提上日程。[美]来会理:《中华基督教青年会二十五年小史》(1919),第4页。

办半年刊 China's Young Men(《中国青年》),该刊包含中英双语内容,每期 10 页。次年 2 月,他又办双语《学塾月报》(The Chinese Intercollegian),每期发行 7 页,用于刊载有关圣经学课、西方青年会会务的消息。① 在这过程中,来会理体会到,对中国青年会而言,杂志具有不同于北美协会那般的意义:首先,由于一般的中国青年尚缺乏对青年会这一外来社会团体的了解,故急需"通过官方机构的印刷品"提供介绍;其次,已入会的青年"缺乏西方学生的独创性和进取心",理应通过杂志对他们加以指导;再次,他发现"印刷品对中国学生的影响大于对美国学生的影响",来会理判断的部分原因是当时的中国缺乏好的文学作品,部分则出于中国人对印刷品的固有尊重。由此,他相信"月刊是让中国学生接触世界其他地区学生,并在他们身上培养伟大学生运动精神的最佳途径"。②

在这样的动力下,来会理不断改良杂志,于 1902 年 3 月将《学塾月报》扩充至十三四页,改名为《青年会报》(China's Young Men)。每年 6 册,后又改为 8 册。该报除宗教论说、讲演、教会及青年会事务外,还登载读经课程,附精美的铜版画。③ 第 1 册会报的《本报小启》言:"本报系专为中国学塾青年会而设,总委办创此报之原意,为助各处之青年会并散居各处之青年人有所观感,籍子攻琢,以故报价极廉。"④该册载有《上海宴集青年会记》《广州府青

---

① 关于《学塾月报》每期页数的辨析,见赵晓兰、吴潮《传教士中文报刊史》,复旦大学出版社 2011 年版,第 253 页。
② Report of D. Willard Lyon, Second Quarter 1897,[美]陈肃等整理:《美国明尼苏达大学图书馆藏基督教男青年会档案:中国年度报告(1896—1949)》第 2 册,广西师范大学出版社 2012 年版,第 29 页。
③ 范丽海:《青年会对于文字之贡献》,《中华基督教青年会五十周年纪念册》,第 34 页。
④ [美]来会理:《本报小启》,《青年会报》第 1 册,1902 年 3 月,第 13 页。转引自赵晓兰、吴潮《传教士中文报刊史》,第 258 页。

年会论穆君述闻》《福州首次青年联会述》等文章,以供读者了解全国各处青年会的会务状况。如此既能使青年会中人互通声气,又能达到向会外人士广为宣传的效果。当时,除此份杂志外,编辑部尚未出版书籍。

在编辑杂志时,除了依靠若干通晓英文的中国人翻译材料外,来会理几乎独自从事编辑和写作。此外,作为总干事的他还同时承担着维持青年协会日常运转、定期巡视各地以指导城市青年会建设、翻译神学作品等等工作,加之他本人还在学习中文的过程中,难免力不从心。① 于是在1903年,任职于中西书院的中国基督徒谢洪赉被邀请兼职青年协会的编辑事务。

1906年2月,原本双语的《青年会报》一分为二:中文月刊《青年》和英文季刊China's Young Men,后者是面向中国留学生和在华外籍人士的英文读物,由具有留美经历的留学生担任主笔,如王正廷、朱友渔、徐维荣、梅华铨等。② 因本文主要探讨国内的思想变革,故下文将重点分析青年协会的中文杂志。

《青年》每年10册,每册30页,暑期停刊或减少页数出版。谢洪赉全职加入青年协会,独立负责《青年》。1908、1909年,胡贻谷和奚若相继加入编辑部。他们的大致信息如下:

---

① 来会理在1898年前两季的报告中说,如果想做好,编辑杂志和其他小册子需要花费其一半的时间。Report for First and Second Quarters 1898,[美]陈肃等整理:《美国明尼苏达大学图书馆藏基督教男青年会档案:中国年度报告(1896—1949)》第2册,第45—46页。
② 范丽海:《青年会对于文字的贡献》,《中华基督教青年会五十周年纪念册》,第35页。其中,王正廷(1882—1961)是中国留学生基督教青年会创办人和首任总干事;朱友渔(1886—1986)是中国首位社会学学者,回国后长期在教会大学任教社会学课程;梅华铨(1888—1953)夫人江和贞是女青年会全国协会董事,在上海女界中颇有影响。见贝德士辑、刘家峰译、章开沅校《中国基督徒名录》,章开沅、马敏主编:《社会转型与教会大学》,湖北教育出版社版1998年版,第377、389、398页。

表1　初期《青年》主要编辑①

姓　名	籍贯	求学经历	此前或同时期工作经历	备　注
谢洪赉（1873—1916），号庐隐	浙江绍兴	苏州博习书院	上海中西书院教员，在商务印书馆译注英语课本《华英初阶》《华英进阶》，行销极广，此外还译有《瀛寰全志》	潘慎文的学生
奚若（1880—1914），字伯绶，笔名天翼	江苏吴县	苏州博习书院、上海中西书院、东吴大学、美国奥柏林学院	在商务印书馆编译《天方夜谈》《世界新舆图》《英华大辞典》及计学教科书等	潘慎文的学生
胡贻谷（1885—?），笔名任夫	江苏吴县	上海中西书院、东吴大学	曾任广学会编辑，译有托尔斯泰短篇小说，在商务印书馆译有华勒士《思想的方法》（万有文库系列）	谢洪赉的学生

美国监理公会传教士潘慎文（A. P. Parker）曾先后主持苏州博习书院、上海中西书院，并任青年协会首任会长。上述三位编辑干事皆为潘慎文的学生和再传学生，且都是江浙人士。有的出身基督

---

① 据以下史料整理：胡贻谷：《谢庐隐先生传略》，青年协会书报部1917年版；《个人消息》，《青年》第14卷第10号，1911年10月，第256页；本社谨启：《天翼奚君遗像》，《进步》第6卷第5号，1914年9月，无页码；《教会著述家奚伯绶先生行述》，中华续行委办会编：《中华基督教会年鉴》第2册，商务印书馆1915年版，(台北)中国教会研究中心、橄榄文化基金会1983年影印版，第24、263—264页；《张元济全集》第6卷《日记》，商务印书馆2008年版，第2页；《建造人格的〈青年进步〉》，《青年进步》第59册，1923年1月，"宣言"，第1页；[美]陈肃等整理：《美国明尼苏达大学图书馆藏基督教男青年会档案：中国年度报告(1896—1949)》第3册，第400页。

教家庭,自幼受洗。奚若在东吴大学时期还是校青年会干事。编辑部干事常为商务印书馆编译外国教科书、字典,这既是因为商务和青年会有着密切的人际关系,①也能大体说明他们在当时的国人中拥有中上乘译著水平。编辑部干事既负责编排工作,又是早期杂志的主要作者。

《青年》的办刊宗旨基于青年会的三育宗旨:"培育少年子弟,以德育为主,智育、体育为辅,凡所登载,悉视此为准。"这里的德育,主要指基于基督教伦理的修行,故《青年》所载格言、名论多为现身说法的证道谈,故事、传记、小说亦多基于《圣经》故事或信徒体会。

截至1909年9月,编辑部已编译三十余部小册子,包括布道、护教、修养、图表、经课、体育等主题,大多由《青年》上刊载的文章连缀而成。布道类书籍有《天国伟人》《基督教与大国民》《中国耶稣教会小史》等;护教类有《日本名人证道谈》;修养类书籍种类最多,有《汉文崇实录要》《密祷论》《读经论》《修德金针》《耶稣与使徒要训学课》《小先知书日课》等;图表类有《基督终身圣迹表》《圣经历史表》;经课类有《福音史记课程》《圣经要道读课》《圣经历史简课》《耶稣传之研究》等;会务类包括《中韩基督教青年合会典章》(中、英文各版),及《学塾青年会典章式》《会正之职务》《查经领袖要则》(中、英文各版);体育类有《体操图说》《学生卫生谈》。②

这些册子的原作者包括世界基督教学生同盟主席、北美协会干事穆德(J. R. Mott),美国基督教学生立志传教团巡回干事路思

---

① 商务印书馆创建人夏瑞芳、鲍咸恩皆基督徒,与谢洪赉是世交、姻亲。此外,青年协会和上海青年会的董事邝富灼曾任商务印书馆英文部主任达二十余年。汪家熔:《谢洪赉和商务创办人的关系》,《编辑学刊》1994年第4期;陈应年:《英文专家邝富灼》,王涛等编:《商务印书馆一百一十年(1897—2007)》,商务印书馆2009年版。
② 《新刊介绍》,《青年》第12卷第7号,1909年10月,无页码。

义（H. W. Luce），青年协会的学生部干事如雅德（Arthur Rugh），青年协会首任总干事来会理。可见，当青年会在华工作处于起步阶段时，大量引入外籍青年会干事或神学家的作品，以指导青年修行和各地干事展开工作是编辑部的当务之急。在三育之中，德育又是重中之重。在谢洪赍等人的努力下，刊发报章、译著书籍渐成为会务大宗。"于数年内，青年会之出版物，遂得于中国基督教各书会中，特树一帜，且能于各国青年会书报事业中，占第二之位置"。①

《青年》侧重灵修和青年会会务，China's Young Men 突出留学生青年会会务，这种明确的定位一方面使青年协会的杂志较容易在基督徒和通晓外务的群体中推广，另一方面又产生了自我设限的弊端。晚清以来的自由派传教士早已重视社会事业，社会福音神学更强调对社会秩序的重构，这些传统都促使中国青年会不能仅仅在会务工作中打转，而必须以更积极的姿态去关心广义的社会问题。

1911年，青年协会第二任总干事巴乐满（F. S. Brockman）意识到："多年来，我们的运动非常需要一个机构（organ），通过这个机构向士绅、文人，特别是向官立大学的学生讲话。我们现在的杂志《青年》，在整个帝国的基督徒和那些对基督教有一定了解的学生中有广泛而有影响的发行量，但它非常适合目前的领域，因此不适合我们所服务的广大非基督教社区。"②职是之故，北美协会特别拨款，欲在中国发行一种旨在面向社会上流人士和大学生的新杂

---

① 胡贻谷：《谢庐隐先生传略》，青年协会书报部1917年版，第39页。
② Report of F. S. Brockman, National General Secretary, [美]陈肃等整理：《美国明尼苏达大学图书馆藏基督教男青年会档案：中国年度报告（1896—1949）》第4册，第373页。

志,"以发展其新知识与新道德",①即顺应并推动文化更新的潮流。同年,巴乐满、奚若、胡贻谷和编辑部新进人士范子美到庐山牯岭会晤养病中的谢洪赉,众人商议后定新杂志名为《进步》(*Progress: A Journal of Modern Civilization*),英文副标题意为"一份现代文明的杂志",由范子美担任总编辑。

表2　1919年前除奚若、胡贻谷以外的《进步》编辑一览②

姓名、字、号	籍贯	求学经历	此前工作经历	参加青年协会工作时间
范子美(1866—1939),又名范祎,号甿海	江苏苏州	早年潜心宋明理学,对儒、释、道皆有心得,获举人功名	先后任《苏报》《实学报》《中外日报》记者,后为广学会干事,协助林乐知(Y. J. Allen)编辑《万国公报》	1911年
叶冰心(1880?—1914)	江苏	苏州巴夫特学校、上海中西书院、东吴大学、奥柏林学院	无	1911年
钱保和(1884—?)	江苏	东吴大学	无	1915年
谢乃壬(1892—1991),字扶雅	浙江绍兴	东京高等师范学校、东京立教大学	无	1916年

① 范甿海:《青年会对于文字之贡献》,《中华基督教青年会五十周年纪念册》,第35页。
② 据以下史料整理:范甿海:《青年会对于文字的贡献》,《中华基督教青年会五十周年纪念册》;编者:《纪念范子美先生》,《同工》第183、184期合刊,1939年10月;邢福增:《范子美:传统与现代之间》,[美]李可柔、毕乐思编,单传航、王文宗、刘红译:《光与盐:探索十位近代中国改革的历史名人》,档案出版社2009年版,第65—82页;[美]贝德士辑,刘家峰译,章开沅校:《中国基督徒名录》,章开沅、马敏主编:《社会转型与教会大学》,第379、429、434页。

此外，当时编辑部中还有负责校对工作的助理干事黄道生（D. S. Wang）。①

可以看到，彼时编辑部干事全部由中国人担任且负责主要工作，这种情况在当时青年协会各部门中是绝无仅有的。"外籍干事们除了加以鼓励、偶尔发表不署名文章、收集新闻材料、建议每一期都要处理的主题外，都没有插手"。② 三份杂志的编辑大多是籍贯江浙的基督徒，具有在教会学校求学、海外留学或编辑基督教其他中文报刊的经历，善翻译和著述。这些地缘、学缘、信仰上的共同特征并非偶然，而是晚清以来新教传教士在东南一带办理教育、出版事业的成果：培养出一批能够独立从事译著工作的中国精英基督徒，由他们从传教士手中接过文字事工。

相比《青年》，《进步》有意在淡化自身宗教背景的同时增强其时政色彩。该刊封面在发行所的位置只印"本社发行"或"《进步》杂志社发行"，而不似《青年》写明是"基督教青年会总委办"。再看简章和发刊辞，亦可见此用意。

《进步》首期所载《进步杂志简章》疾呼进步乃世界公理，落后于他人即灭亡。现中国门户洞开，苟不迅起直追世界大国，将祸变之至。杂志欲以进步思想鼓励国人，故定名为《进步》。

范子美在发刊辞《进步弁言》继而说道：比之庚子年间的危急，十年之间中国进步不小，可惜十年来的进步徒具形式而缺乏精神，症结在于国民的思想心态没有变化。国民思想的发达有赖于道德和知识的进步，道德和知识的培育依靠教育。考察东西文明

---

① S. E. Hening, Associate National Office Secretary for China, Annual Report for the Year Ending September 30, 1913, [美] 陈肃等整理：《美国明尼苏达大学图书馆藏基督教男青年会档案：中国年度报告（1896—1949）》第 6 册，第 110 页。

② Report of C. L. Boynton, National Office Secretary, [美] 陈肃等整理：《美国明尼苏达大学图书馆藏基督教男青年会档案：中国年度报告（1896—1949）》第 3 册，第 254 页。

诸国,教育不仅在于学校的科目,还以杂志作为教育手段。不仅儿童幼年需要以浅显有趣的杂志配合学校教育,学生需要在课外阅读杂志增长见识,青年自学校毕业后,更要通过杂志接受世界这所大学校的教育,"杂志者,实不愧为世界学校之课本矣"。① 相比起过于严整且效力太迟的书籍和丛杂且效力太促的日报,杂志有介于二者之间的适当价值。他希望《进步》能成为一份国民课本,在提高国民素养以开国会、使国民知晓外务以保外交、改良风俗促成自治、输入科学振兴实业等方面发挥作用。在用稿风格上,则务求持正切实,避免偏激浮躁。②

不难发现,简章和发刊辞都只谈作为一种社会教育途径的杂志,在革新国民思想心态,促进中国政治、外交、实业各方面进步中所能够发挥的作用,只字不提有关基督教青年会的内容。这一点也体现在《进步》的栏目划分上:著论与移译、内政问题、外交问题、社会风俗与个人品性、科学发达与实业进行,及附属文苑、小说、杂评、丛译及插画图片,③而无读经、灵修或宗教故事。

凡此种种,皆显示出编辑部欲在青年会的德、智、体三育之外,主动介入更广泛的社会问题:

> ……(通过新杂志)讨论中国在适应现代文明的新环境方面所面临的所有问题。显然,与通过宪法、引入新的司法和金融制度、工业变革、开垦荒地、植树造林、宗教自由、社会和经济变革等有关的许多问题都是人们最感兴趣的。我们的目的是从基督教的立场(from a Christian standpoint)讨论所有这

---

① 皕诲:《进步弁言》,《进步》第1卷第1号,1911年11月,"发刊辞",第1篇第3页。
② 同上书,第1篇第1—9页。
③ 《进步杂志简章》,《进步》第1卷第1号,1911年11月,无页码。

些问题,但不使杂志冒犯那些不熟悉基督教的人。①

青年协会干事们对《进步》的定位与彼时中国舆论界对报刊"新民"功用的高度推崇密切相关。戊戌以来,尤其是清末,清廷从中央到督抚县令,多有鼓励办报刊、鼓励订阅报刊者。受西潮影响和刺激,国人自办报刊很注重将"舆论"与"学"结合,追求新学新民的目标。② 到民初甚至出现"杂志繁荣而书籍冷寂"的现象。③ 正是在如此思想背景下,青年会干事才欲在具有青年会机关报性质的《青年》以外,另辟一刊作为舆论阵地,以更具学理、更"平实"、更贴近时事的态度建构中国的新文化,试图不动声色地将基督伦理孕育于其中。

如此,到"辛亥"前夕,青年会全国协会编辑部共办有三份杂志:一是以三育宗旨培养青年,供青年会中人互通声气,具有青年会机关报性质的《青年》;二是面向中国社会上层人士和新式学生,积极介入世俗文化的《进步》;三是面向海外中国留学生的 China's Young Men。三者互为补充,欲将会内会外、国内国外的青年群体皆作为目标读者。1917年3月,中文《青年》与《进步》合并为《青年进步》。青年协会对所办杂志定位的调适,使其具备了走向一般中国青年的可能,而能否达成其愿景,还要看协会如何推广它们。

---

① Report of F. S. Brockman, National General Secretary, China, [美]陈肃等整理:《美国明尼苏达大学图书馆藏基督教男青年会档案:中国年度报告(1896—1949)》第4册,第373页。

② 章清:《"五四"思想界:中心与边缘——〈新青年〉及新文化运动的阅读个案》,《学术与社会:近代中国"社会重心"的转移与读书人新的角色》,上海人民出版社2012年版,第169—201页。

③ 王奇生:《新文化是如何"运动"起来的》,《革命与反革命:社会文化视野下的民国政治》,社会科学文献出版社2010年版,第29页。

二、青年协会杂志的推广

美国史家罗伯特·达恩顿（Robert Darnton）曾以《百科全书》为案例，根据上万封从事书籍出版工作者的书信还原法国大革命前后"启蒙运动的生意"。① 这提示我们在研究思想史时，有必要关注思想在物化到杂志或书籍中后，是怎样在社会中被传播，又怎样被接纳的。青年协会发行系列杂志和书籍并非为了谋利，但当印刷品作为一种商品进入市场时，亦不得不遵循一般的供求规律。

《青年》作为青年协会的机关报，这一性质使得全国各处学校青年会和城市青年会会员都成了它的潜在读者。庶务部干事鲍引登（C. L. Boynton）在1909年如是描述了干事们在会内进行推广的努力：

> 巡回干事们借此机会强调阅读这份杂志的价值，编辑们热情地向所有学生青年会提出了它的诉求，实际上每个学生都是该刊的订阅者：根据我们最新的报告，中国学生青年会的会员有4 007人，而活跃会员中有很大一部分是《青年》的天然支持者。值得补充的是，本刊的订阅人数是中国基督教杂志中最多的。②

编辑部也有意在价格上示以优惠。《青年》初期在国内的定

---

① ［美］罗伯特·达恩顿著，叶桐、顾杭译：《启蒙运动的生意：〈百科全书〉出版史（1775—1800）》，生活·读书·新知三联书店2005年版。
② Report of C. L. Boynton, National Office Secretary for China, ［美］陈肃等整理：《美国明尼苏达大学图书馆藏基督教男青年会档案：中国年度报告（1896—1949）》第3册，第400—401页。

价是每月每册墨西哥银元(大洋)4角,国外每册3角,含邮费。订购10册以上享5折优惠。① 以后单册价格和团购折扣虽时有调整,但订购10册以上一直有折扣,这显然有利于各处青年会以团体形式购买。

随着城市青年会和学校青年会在全国各地的组建,以及会员人数的持续增加,《青年》的销售范围也随之扩大,销售量水涨船高。具体情形见表3:

表3 学校、城市青年会数量、会员数与《青年》销售量比较表②

年份	学校青年会数量(个)	学校青年会会员数(人)	城市青年会数量(个)	城市青年会会员数(人)	《青年》销量(册)	备注
1907	44	2 767	11	2 190	每期3 500	《青年》创刊时每月发行1册,暑
1908	—	—	—	—	每期3 700	

---

① 《本报简章》,《青年》第10卷第6号,1907年9月,目录页。
② 学校、城市青年会数量和会员数整理自:赵晓阳:《基督教青年会在中国:本土和现代的探索》,社会科学文献出版社2008年版,第31、34页;《青年》第10卷第6册,1907年9月,广告第3—4页;《青年》第12卷第9号,1909年12月,广告第15页; Charles W. Harvey, Associate National General Secretary, Young Men's Christian Association, Shanghai, China. Annual Report for the Year Ending September 30, 1916,[美]陈肃等整理:《美国明尼苏达大学图书馆藏基督教男青年会档案:中国年度报告(1896—1949)》第9册,第361页。
杂志销量整理自: Report of C. L. Boynton, National Office Secretary for China,[美]陈肃等整理:《美国明尼苏达大学图书馆藏基督教男青年会档案:中国年度报告(1896—1949)》第3册,第400页; S. E. Hening, Associate National Office Secretary for China. Annual Report for the Year Ending September 30, 1913,[美]陈肃等整理:《美国明尼苏达大学图书馆藏基督教男青年会档案:中国年度报告(1896—1949)》第6册,第111页; S. E. Hening, National Office Secretary, Shanghai, China. Annual Report for the Year Ending September 30, 1914,[美]陈肃等整理:《美国明尼苏达大学图书馆藏基督教男青年会档案:中国年度报告(1896—1949)》第7册,第133页;《中华基督教青年会全国协会报告第九次全国大会书》(1923),第47页。中文著作或报刊史料与英文报告冲突之处,以英文报告为准。

（续 表）

年份	学校青年会数量(个)	学校青年会会员数(人)	城市青年会数量(个)	城市青年会会员数(人)	《青年》销量(册)	备 注
1909	—	—	16(含东京、汉城)	—	全年41 350，平均每期约4 135	期休刊，全年10册。1909年7月起改为暑假不休但页数有所减少，全年12册。1915年起复改为每年10册。
1910	—	—	—	—	全年56 252，平均每期约4 688	
1911	—	—	—	—	全年69 977，平均每期约5 831	
1912	105	3 515	25	6 190	全年64 086，平均每期约5 341	
1913	105	3 876	29	11 300	平均每期6 100	该年销量一度达到每月7 000，后受二次革命影响而有所下降。
1914	126	5 520	29	11 718	平均每期4 992	因严格执行购买杂志要预先付款的规定，该年的订阅数有所下降。

到1917年合并为止，《青年》的销量稳定在每期5 000册左右。

在销售范围上,1908年时《青年》已遍及全国,甚至远销日本、美国。具体订阅状况见表4:

表4　1908年《青年》订阅范围表①

地　　区	册数(Copies)
安　徽	47
浙　江	257
直　隶	192
福　建	512
河　南	47
香　港	50
湖　南	91
湖　北	327
甘　肃	16
江　西	65
江　苏	484
广　西	11
广　东	492
贵　州	10

---

① Report of C. L. Boynton, National Office Secretary, China,［美］陈肃等整理:《美国明尼苏达大学图书馆藏基督教男青年会档案:中国年度报告(1896—1949)》第3册,第257页。

(续 表)

地 区	册数(Copies)
满 洲	57
山 西	58
山 东	377
陕 西	10
四 川	58
云 南	2
日 本	35
朝 鲜	30
北美协会(General)	50
总 计	3 278

其中,江浙闽粤等东南沿海地区和直隶(含天津)、山东、湖北订阅者尤多。这些地区开埠较早,自晚清以来便是重点传教区,同时或为通商要地,或为新政示范,大开中外沟通之风。

为此,鲍引登不无自豪地说:"帝国的每个省,无论多么遥远,都在我们的流通中有所代表(is represented in our circulation)。文章的质量已经稳步提高,很少有人停止订阅,这说明本刊已为自己在帝国青年中占据了永久性的位置。"①

此外,广告的增加也能说明《青年》的受欢迎程度在提高。鲍

---

① Report of C. L. Boynton, National Office Secretary, China,[美]陈肃等整理:《美国明尼苏达大学图书馆藏基督教男青年会档案:中国年度报告(1896—1949)》第3册,第250页。

引登在 1909 年欣然道:"通过获得可观的广告,该刊的财务状况也取得了进步。12 个月前,刊中连 1 个广告页都没有。本期杂志刊登了 16 页的高级广告,由于取得了这样的进步,明年很有可能将这个数字翻一番。寻找这份杂志作为广告媒介的时机已经到来。"①

在这样的形势下,《青年》于 1911 年春大幅度降价,每册定价降为 4 分,全年 12 册仅售 4 角。订购 10 册以上,国内 5 折,国外 75 折。② 1913 年上调为每册 5 分,全年 12 册国内外均 5 角,惟订购 10 册以上的折扣不同。③ 1915 年起,调整为每册 7 分,全年 10 册国内 6 角、国外 8 角,订购 10 份以上还有折扣,均含邮费。④ 据刘英研究,民初的学术性杂志定价大多在单册 2—5 角,大众商业杂志价格相对更低。⑤ 如 1913 年的《东方杂志》单册定价 3 角,全年 12 册共 3 元;⑥1916 年的《新青年》单册定价 2 角,全年 12 册共 2 元。邮费均另算。⑦

相较之下,不难发现 1911 年后的《青年》可谓价廉之极。如此低价,似很难简单解释为欲以薄利谋求多销,真正的原因或许相反:正因《青年》在依靠青年会会员持续增长的基础上,已经拥有了相当可观的读者数量,所以有条件在极低的价格下继续推广。

不过,过低的定价和"先发货,后付款"的订阅制度也曾令编辑部一度犯难。1914 年初,《青年》登出一则启事,其文曰:"本报

---

① Report of C. L. Boynton, National Office Secretary for China,[美]陈肃等整理:《美国明尼苏达大学图书馆藏基督教男青年会档案:中国年度报告(1896—1949)》第 3 册,第 400 页。
② 《青年》第 14 卷第 1 号,1911 年 2 月,目录页。
③ 《青年》第 16 卷第 8 号,1913 年 9 月,目录页。
④ 《青年》第 18 卷第 1 号,1915 年 2 月,目录页。
⑤ 刘英:《民国时期期刊经营战略探析》,《编辑之友》2016 年第 5 期,第 100 页。
⑥ 《东方杂志》第 9 卷第 7 号,1913 年 1 月,无页码。
⑦ 《新青年》第 2 卷第 1 号,1916 年 9 月,无页码。

之销路虽与日俱进,而本报之亏蚀,亦随销路以增加。盖本报以便利一般青年学者为宗旨,其定价即工本亦有所不敷。勉力支持,负担綦重。……乃近查旧账,积欠报资至二三年者,不胜枚举。"①故特登广告,希望"道德高尚"的读者诸君"洞鉴",从速寄去报资。可见《青年》的销路在一定程度上是依靠低价和记账制打开的,而赊账数目一旦过大,便会产生难以负担的财务压力。为此,编辑部从1914年开始实行预先付款的订阅制度,与之相伴的是销量在一定范围内有所下降。

尽管如此,《青年》终究闯出了名头,成为当时"销路最广"的基督教杂志。②1911年《进步》创刊时,已经颇具声望的《青年》自然成为推广前者的极佳平台。《进步》甫经问世,《青年》便在广告首页大加赞扬,称其为"中国少年之最恩物",乃"输入文明之急流""社会进化之机关""提倡实业之利器""研究科学之捷径""阐发思想之导师""助人兴致之美品"。③反过来,《进步》也为《青年》做广告,称后者"以警醒今世少年、阐扬唯一真理为目的。推勘务极精详,资料必期宏富,格言、名论、故事、传记皆浅显而有趣味,新颖而合实用"。④

此外,《进步》在民国初年的重要杂志《东方杂志》上刊登广告以提高自身知名度,⑤并邀请读者代为向身边人介绍该刊,根据实际订购的数量,给予介绍者每月10—20元的丰厚报酬,或是自来水笔、橡皮图章、英汉词典等赠品。⑥《青年》曾在全国城市青年会

---

① 《本报启事》,《青年》第16卷第12册,1914年1月,第289页。
② [美]来会理:《中华基督教青年会二十五年小史》(1919),第13页。
③ 《青年》第14卷第9号,1911年11月,广告第1页。
④ 《青年报广告》,《进步》第1卷第1号,1911年11月,无页码。
⑤ 《进步》,《东方杂志》第9卷第1号,1912年7月,无页码。
⑥ 《介绍单说明》,《进步》第1卷第1号,1911年11月,无页码;《本社展续赠品之广告》,《进步》第3卷第3号,第18册,1913年4月,无页码。

发起书报竞卖活动,邀请各地会员在一个月内代为介绍协会的三份杂志,予推广多者以奖品。① 这种会员竞赛活动的形式很有可能借鉴自青年会的征求会员运动,颇能激发参与者的积极性。②

编辑部能够不惜成本地为《进步》大造声势,得益于北美协会的补贴。1912—1914 年间《进步》收支情况如下表所示:

表 5　1912—1914 年《进步》收支表③

	1912 年	1913 年	1914 年
支出(墨西哥元,下同)	10 089.99	33 895.62	35 804.10
销售总收入与其他收入	3 710.97	12 865.76	20 914.69
来自美国的补贴	1 192.39	14 718.54	14 230.52
总收入	4 903.36	27 579.30	35 145.21
赤字	5 186.67	6 316.32	658.89

初期《进步》每年都接受来自美国的补贴,且随支出上涨而增加。饶是如此,1912、1913 年编辑部还负担了每年五六千元的赤字。随着销售和广告等收入的显著增加,赤字额才在 1914 年大幅减少。北美协会的补贴使青年协会的出版事业拥有了相对优越的财务基础。《青年》能够度过因赊账而产生的经济困境,应当也有赖于此种援助。

---

① 《书报竞卖通告》,《青年》第 16 卷第 10 册,1913 年 11 月,第 256 页。
② 关于青年会的会员征求运动,可参见张志伟:《求才(财?)若渴——征求"会员"运动》,《基督化与世俗化的挣扎:上海基督教青年会研究(1900—1922)》,(台北)台大出版中心 2010 年版,第 223—291 页。
③ S.E. Hening, National Office Secretary, Shanghai, China. Annual Report for the Year Ending September 30, 1914,[美]陈肃等整理:《美国明尼苏达大学图书馆藏基督教男青年会档案:中国年度报告(1896—1949)》第 7 册,第 132 页。

凡此种种,皆使《进步》创刊后即迅速引人瞩目。1913年初,该刊"在受过教育的阶层中非常受欢迎",其销售量增加到每月3 700册。该年3月,《进步》的单册价格从1角5分涨到2角,销量受到一定影响,但很快便赶上,突破原来的大关。由于读者不断来函购买脱销的期数,《进步》第1卷的第1、5、6号和第2卷的第1号均曾再版。最后,编辑部干脆将第1卷的1—6号和第2卷的1—6号分别装订为合订本,以皮布面、纸布面、硬纸面三种精装形式出售。① 据庶务部干事韩宁(S. E. Hening)统计,《进步》在1913年的同类型(时评)杂志中销量居于第二,仅次于梁启超主编的《庸言》。② 1916年,《进步》的每册销量达到七八千。③

《青年》和《进步》的影响力,不仅体现在杂志本身,还应放在青年协会整体出版事业下理解。如前所述,谢洪赉执笔《青年》后,在该刊上发表的许多文章被辑成书籍或小册子单行,此外,范子美、胡贻谷也出版了许多著作。编辑部发行的与青年会工作有关的手册、圣经学习课本或图册、宗教故事或传记、护教哲学著作、道德修养指南、赞美诗,尤其是卫生健康和体育运动类书籍,都在清末民初呈现良好的销售态势。④ 仅1907年,协会就销售1 000

---

① 《东方杂志》第9卷第8期,1913年2月,无页码。
② S. E. Hening, Associate National Office Secretary for China, Annual Report for the Year Ending September 30, 1913, [美]陈肃等整理:《美国明尼苏达大学图书馆藏基督教男青年会档案:中国年度报告(1896—1949)》第6册,第111页。
③ 范皕海:《青年会对于文字之贡献》,《中华基督教青年会五十周年纪念册》,第35页。
④ Report of C. L. Boynton, National Office Secretary, China, [美]陈肃等整理:《美国明尼苏达大学图书馆藏基督教男青年会档案:中国年度报告(1896—1949)》第4册,第393页;S. E. Hening, Associate National Office Secretary for China, Annual Report for the Year Ending September 30, 1913, [美]陈肃等整理:《美国明尼苏达大学图书馆藏基督教男青年会档案:中国年度报告(1896—1949)》第6册,第112页;Charles W. Harvey, Associate National General Secretary, Young Men's Christian Associate, Shanghai, China. Annual Report for the Year Ending September 30, 1916, [美]陈肃等整理:《美国明尼苏达大学图书馆藏基督教男青年会档案:中国年度报告(1896—1949)》第9册,第357页。

多本圣经读物和 2 000 多本宗教小册子,次年会务和宗教类著作的销量更突破 12 000 本。① 这些书籍和小册子的受欢迎,将带动协会杂志知名度的提高,而杂志发行量增大则有助于书籍和小册子的销售,二者形成良性互动。

在发行渠道上,编辑部最初通过邮寄和自家发行所充当门市来销售杂志,这与当时一般商业出版机构无二。随着城市青年会在全国陆续建立,编辑部渐渐具备了其他书局不具备的优势,那就是将各地城市青年会发展为代销处。② 吴虞曾嘱托妻子向成都青年会订购《进步》杂志,青年会的李文煦还多次将《进步》专程送到吴虞处。③

《青年进步》创刊后,在上海本埠有商务印书馆分发行所(后撤销)、协和书局、时评洋行三个代销处。在北京、天津、广州、新宁、汉口、济南、南昌、香港、厦门、杭州、烟台等城市,均通过当地青年会代销。此外,在香港还有萃文书坊代销处,在汕头则有英长老会圣教书会代销处。④ 各地代销处虽时有变动,如后来广州增加华南圣教书会作为代销处,天津、广州各增加一处私人代销。⑤ 但大体依托各城市青年会进行。民国时期的一般商业书局常在外地

---

① Report of C. L. Boynton, National Office Secretary, China, [美] 陈肃等整理:《美国明尼苏达大学图书馆藏基督教男青年会档案: 中国年度报告(1896—1949)》第 3 册,第 250 页。

② 据吴永贵研究,民国时期的许多大型书局都曾在全国各大城市设立分支机构。分支机构相当于一个个发行网点,对开拓地方书刊市场具有重要作用。然设置分处需要房屋和人员,限于资本实力,仅商务印书馆、中华书局等大型出版机构有条件普设分处。许多中小型书局充其量在中心城市或销路较畅的区域设置三五个分处。在这样的情况下,通过与各地已有书店协商,建立代销处就成为中小出版机构(如世界书局)的一大选择。外地书店向出版者交纳保证金,便有权成为某某书局在某地的代销处。吴永贵:《民国出版史》,福建人民出版社 2011 年版,第 332—335 页。

③ 中国革命博物馆整理,荣孟源审校:《吴虞日记》上册,四川人民出版社 1986 年版,第 74、76、123、125、146、148、151、154、171、202、206、207、214 页。

④ 《青年协会书报代售处》,《青年进步》第 3 册,1917 年 5 月,无页码。

⑤ 《青年协会书报代售处》,《青年进步》第 10 册,1918 年 2 月,无页码。

设立代销处。相比起需要协商、签订合同并交纳保证金的商业合作,编辑部依靠青年会这一层关系网络,通过各地城市青年会建立代销处自有其便利。能够在民初迅速建立起十余个代销处便是证明。

融合了《青年》与《进步》两刊之长的《青年进步》,在上述有利条件的支持下,"不独为教会人士所欢迎,亦颇得教外人士的好评"。[①] 1918年末,《青年进步》的崛起促使张元济不得不将商务的老牌杂志《东方杂志》大减价以作抵制。[②] 1922年,在《教务杂志》(Chinese Recorder)所作的学生最爱读杂志的调查中,《青年进步》名列第一,月销售量一度在8 000册以上。[③] 到20世纪20年代,无论是美国纽约公立图书馆,还是京师图书馆和各地学校阅报室,"莫不有此种杂志",[④]南洋一带的订阅者达600多人。[⑤]

如此情形,足证青年协会杂志在推广周知上取得了相当成绩。当然,无论是西方干事写给北美协会的年度报告、青年协会的会议报告,还是基督教界的调查、回忆,都可能存在过于乐观的估计或夸大影响力的情形。更重要的是,仅考察推广无法获知读者究竟如何看待青年协会的文化改造主张,进而生成自己的理解。下节

[①] 谢颂羔:《四十年来我对于基督教出版界的一点回忆与感想》,《金陵神学志》第26卷第1、2期合刊,1950年11月,第87页。

[②] 张元济日记1918年12月15日条载:"拟将《东方杂志》大减。一面抵制《青年进步》及其他同等之杂志,一面推广印,借以招徕广告。"《张元济全集》第6卷《日记》,第458页。书名号的标点方式参照张仲民之修改。见张仲民《新文化运动的"五四"起源——关于五四新文化运动史研究的再思考》,复旦大学历史学系、复旦大学中外现代化进程研究中心编:《五四新文化:现场与诠释》,第8页。

[③] 《中华基督教青年会全年报告》(1922),第31页。转引自赵晓阳《基督教青年会在中国:本土和现代的探索》,社会科学文献出版社2008年版,第222页。

[④] 《中华基督教青年会第十次全国大会全国协会报告书》(1926年8月),上海市档案馆藏,档号:U120-0-8,第80页。

[⑤] 谢颂羔:《四十年来我对于基督教出版界的一点回忆与感想》,《金陵神学志》第26卷第1、2期合刊,1950年11月,第87页。

即以日记史料为基础尝试勾勒读者的阅读世界。

三、读者的阅读和参与

时人的阅读并非茕茕孑立，而是处于一定的时空环境中，特定的环境将影响到时人"为什么读"和"怎么读"。清末民初全国范围内学校青年会和城市青年会的建立，不仅为青年协会杂志提供了潜在读者、推广途径，而且能够通过它们在当地的活动吸引青年学子。在上海、北京、天津、南京、汉口、长沙、成都等大城市的青年会大多建有宏富的会所，市会常举办前述各种俱乐部性质的活动，且办有阅览室，对城市青年极具吸引力。

1915年前后，在浙江省立第一师范学校就读的杨贤江，经常到同春坊基督讲堂和杭州青年会听讲《圣经》、名人讲演，并在两处阅览室阅读各种书报刊，由此接触到《青年》《进步》和相关书籍。[①] 有一次他赴青年会观看影灯会，亦趁着开始之前的片刻阅读《进步》。[②] 瞿骏指出，新文化运动期间的读者未必能连续阅读杂志，而是常常零敲碎打、断断续续地阅读。[③] 阅览室的存在，为读者连续阅读多本往期协会杂志提供了便利。

阅览室是阅读场所，演讲则参与建构了阅读的心理环境。自全国协会以下，各地青年会一般都有专门的演讲部，演讲是青年会的重要活动。当时北美协会的著名干事经常来华巡回布道。北美协会总干事穆德曾于1896、1901、1907、1913、1922等年份共9次

[①] 《杨贤江全集》第4卷《日记》，河南教育出版社1995年版，第4、9、23、25、28、32、37、42、48、52、61页。
[②] 同上书，第57页。
[③] 瞿骏：《勾画在"地方"的五四运动》，《五四新文化：现场与诠释》，第48—49页。

来华,北美协会亚洲部干事艾迪(Sherwood Eddy)则在1907、1910、1913、1914、1918、1922等年份9次来华,他们在中国青年会的协助下,于各大城市和学校巡回讲演,所谈不局限于宗教,更涉及中国和世界时局,包含社会公平正义等各方面话题,影响盛极一时。他们的演讲内容发表在包括青年协会杂志在内的不少杂志上并单独成册流通。

1915年4月3日,杨贤江在《学生杂志》上读到艾迪倡议重道德、轻金钱安逸的人生观,连连感叹"箴言,箴言,敢不折服"。① 5月23日,浙一师的言论部邀请谢洪赉演讲,题为《高尚的理想》。杨贤江听后心潮澎湃:"历言思想之可贵与三育之关系,引证极博,说理极透。末言高尚之法,一须尊重自己,二须重视己之职业。平实说来,毫无矜奇。夫先生于我新学界为先导,著述丰富,学识闳通,得其一言,大足刺激人心而当勇往向上之志。吾于先生真佩服矣!"当天下午,杨贤江趁热打铁又去阅读《青年》。②

在1918年的巡回布道中,艾迪分别给杭州的杨贤江和武昌的恽代英留下了深刻印象。杨贤江感艾迪之演说术"真可谓臻乎巧妙,神情透达,用语激励,洵乎能手"!③ 在武昌中华大学就读的恽代英则佩其精神:"艾迪以美国人来华传教,一句说五六处,一日说五六次,大声疾呼,不倦不怠。吾本国人之爱国乃不如此,宁不愧乎!"④演讲提供了作者与读者面对面互动的机会,青年会干事在广泛演讲中所形成的人格魅力将吸引人们关注青年会,进而阅读协会杂志,寻找他们发表的相关文章。且演讲内容和杂志、书籍文

---

① 《杨贤江全集》第4卷《日记》,第26—27页。
② 同上书,第62页。
③ 同上书,第239页。
④ 中央档案馆等编:《恽代英日记》,中共中央党校出版社1981年版,第368—369页。

本互相印证，能够加深读者的理解和接受程度。

在这样的阅读过程中，协会杂志和书籍给读者带来了多样的阅读体会。首先，协会杂志和书籍都秉持青年会的三育或四育宗旨，意在通过培养基督化人格，改革中国社会，因此，个体的修养是其着力点。检诸时人日记，不难发现协会读本所载内容成为他们修身的依据。

至迟从1917年1月开始，恽代英便以德育、智育、体育、工作、交际、服务简要概括自己的每日活动，其中有四项内容正对应德、智、体、群四育，而青年会在当时又是倡议社会服务的有力团体。从该年12月22日开始，恽代英更以此为依据，每天对自己的"修养"和"日程"进行打分、反省。①

此外，曾在《青年》上连载，后来单独成册发行的美国人马尔腾所著，谢洪赉、奚若翻译的修身之作《成功宝诀》在当时影响颇大。1913年12月，上海恒丰纱厂经理、上海青年会董事聂其杰给湖南衡山聂氏家族所办小学堂的学生们寄去一批《成功宝诀》，希望人手一册，"以为切磋之助"。② 1914年4月，远在成都的吴虞读过该书后，特地借给自己的学生倪公伟，望其"常看服膺"。③ 1915年7—8月，杨贤江依序阅读《成功宝诀》中的《辛勤篇》《慎微篇》《窒碍篇》《勇敢篇》《自治篇》《坚贞篇》《贞洁篇》，几乎每次阅读都记有感想，不断自勉。④

舒新城称1913—1917年间在长沙高等师范学校求学时，在文字方面给他以重大影响的书中，有谢洪赉著、青年协会出版的《致

---

① 中央档案馆等编：《恽代英日记》，第204页。
② 《云台致立斋元声书》（癸丑年冬月望日），上海图书馆编，陈建华、王鹤鸣主编，顾燕整理：《中国家谱资料选编》第15册《教育卷》，上海古籍出版社2013年版，第738页。
③ 中国革命博物馆整理，荣孟源审校：《吴虞日记》上册，第125、127页。
④ 《杨贤江全集》第4卷《日记》，第93、94、97、99、100、102、104、105、109页。

今世少年书》。此书本为谢洪赉在《青年》上发表的几篇文字连缀而成,包含求学、处己、待人等内容,均针对青年而发,谢氏指点的青年用钱法为舒新城在日常生活中采纳。对前者的崇拜甚至影响到舒新城的宗教态度:"他的文章本流利可读,而他又为教会中人,因而对于他更加崇拜,对于《青年月刊》看得特别仔细,对于基督教也发生好感。"①舒新城由此一度皈依基督教。

在指导自己修身的同时,富有活力的年轻一辈亦在阅读方式上受到青年协会影响。1915年4月2日,杨贤江读了六种书,马上敏锐地想到昨日所读《青年》曾言:"知识非由书籍可得。吾人之思想、经验,实为之主,书籍不过如显微镜、望远镜然,只能尽辅助之作用,而不能不用目专用镜也。"感慨此乃"深切著明,修学箴言",决心改过。② 说明《青年》所载之修学指导确为杨贤江所用。

5月,杨贤江先后借《成功宝诀》《卫生新议》给同学邱祖铭,借《学生卫生谈》给同学张均金,决心"今后将关于修德养身之书与有志之同学阅看,以供同好"。上述三书均为谢洪赉所译,可见读有所得之辈主动对协会书籍加以推广。③ 6月5日,杨贤江在基督讲堂读到《青年》上谢洪赉所写的《有志少年宜读之好书》,将其所介绍的八九本海外名家书目逐一记录,称"均为勉励振奋人心之书,凡欲成功立业者,不可不读者也"。④ 这些书目不仅有青年协会出版的,还有商务印书馆、文明书局发行的,青年协会推动读者不断扩大阅读范围、养成自主阅读的习惯,而且无形中使自己在读者心中跻身知名出版机构行列。

---

① 舒新城:《我和教育——三十五年教育生活史(1893—1928)》,中华书局1941年版,第108—109页。
② 《杨贤江全集》第4卷,第26页。
③ 同上书,第47、49、56页。
④ 同上书,第72页。

青年协会出版物对青年的指导,有的影响十分深远。1926年,已经成为中共党员的《学生杂志》主编杨贤江,在回忆起谢洪赉时说:"当民国元年作者刚入师范学校时,即有机会读他的文章。他的文章浅显而透辟,引证极博,因之更饶兴趣;而他的诚恳、好学与虚心,更令我感受到很深切的影响。……他是个自修有得的学者。"①故而此时他虽反对基督教,却愿意将谢洪赉编纂、后经胡贻谷修订的《重订修学一助》推荐给广大读者。

善于组织的恽代英更进一步,公开组织同龄人共同阅读。1917年8月、1918年7月,恽代英两次赴九江庐山参加青年会举办的夏令会。在第一次参加后,恽代英"目睹基督教前辈办事的活泼、立言的诚挚、律己的纯洁、助人的恒一,自问极为内愧",遂仿照青年会的组织与活动形式,在当年10月与一众同学在武昌中华大学成立互助社,"群策群力,自助助人"。② 互助社成立后的月底,恽代英收到胡贻谷所寄论互助社的信函,及后者相赠的《青年进步》、谢洪赉所著《基督教与科学》。③ 可见青年会干事对互助社的进展亦十分关心。

次年6月6日,恽代英联合互助社社员,在中华大学门口开办启智图书室,感"成绩甚好。看书者多守秩序",对青年修学大有裨益。④ 恽代英借存的图书室书目便包括第6—11卷共32册《进步》、第1—13册《青年进步》。⑤ 1920年初,恽代英取青年会"社会服务"的理念,与朋友创办利群书社,代售的新书报中便包括青

---

① 杨贤江:《论读书法(四):胡贻谷重辑重订修学一助》,《学生杂志》第13卷第11号,1926年11月,第11页。
② 《互助社的第一年》,张允侯等编:《五四时期的社团》(一),生活·读书·新知三联书店1979年版,第118页。
③ 《恽代英日记》,第171页。
④ 同上书,第400页。
⑤ 同上书,第445页。

年会全国协会书报部(原编辑部)发行的书刊。①

恽代英、杨贤江既无基督信仰,亦非缴纳年费的青年会会员,他们是为青年会所吸引,时常参加其活动的会外人士。二人的故事能够呈现一般城市青年从青年协会杂志和书籍的读者成为阅读组织者、推广者的过程。

不仅如此,当阅读进行到一定程度时,跃跃欲试的学子开始尝试向协会杂志投稿。1913—1919年6月间,《进步》和《青年进步》上刊载了许多青年的来稿,部分如下表所示:

表6　1913—1919年6月《进步》《青年进步》部分来稿(含译文)

姓　名	文章标题	卷　号　数	作者籍贯、发表文章前后的身份
陆志韦	《家庭教育之实验德国卫楷儿传》	《进步》第5卷第2号,1913年12月	浙江吴兴人,东吴大学学生
朱文骐	《家庭卫生谈》;《战时应用消毒饮料说》	《进步》第5卷第5、6号,第6卷1—6号,1914年3—10月;《进步》第9卷第5号,1916年3月	江苏昆山人,天津陆军军医学校学生
凌道扬	《林业与民生之关系》	《进步》第7卷第6号,1915年4月	广东新安人,金陵大学林学教授
黄艺锡	《今年之天文》	《进步》第9卷第5号,1916年3月	上海人,中央政府农商部官员
王君武	《美国汤泼逊岛职业学校之大概》	《进步》第10卷第3号,1916年7月	籍贯不详,商务印书馆发行所经理

---

①　恽代英:《共同生活的社会服务》,《时事新报》1920年1月22日,第4张第1版,"来件"。

(续　表)

姓　名	文章标题	卷　号　数	作者籍贯、发表文章前后的身份
王兆埙	《星界之理想》	《进步》第10卷第3号,1916年7月	河南开封人,普通职员,后加入中国天文学会,多次准确观测星象
吴葆光	《论中国卫生之近况及促进改良方法》	《青年进步》第3册,1917年5月	籍贯不详,北京协和医学校学生
恽代英	《改良私塾刍议》《学校体育之研究》;《体育之训育方法谈》	《青年进步》第4册,1917年6月;《青年进步》第8册,1917年12月	江苏武进人,武昌中华大学学生
郑兆荣	《森林补助社会其利益若何》	《青年进步》第5册,1917年7月	籍贯不详,湖南私立修业中学校学生
彭慎行	《中文英文并重策》	《青年进步》第7册,1917年11月	籍贯不详,长沙雅礼大学来稿
陈霆锐	《解剖儿童心理之教育家》《吾国之饲猪工业》《各国农业上之稻种考略》	《青年进步》第8册,1917年12月	江苏吴县人,东吴大学法科学生
侯执中	《人生成败之关头》	《青年进步》第10册,1918年2月	黑龙江哈尔滨人,奉天省延吉县立第一女子初等小学教员
景志伊	《道德进化论》	《青年进步》第10册,1918年2月	陕西富平人,陕西陆军测量学校教员

（续　表）

姓　名	文章标题	卷　号　数	作者籍贯、发表文章前后的身份
余家菊	《潜识索隐》；《勤劳浅说》	《青年进步》第15册，1918年7月；《青年进步》第21册，1919年3月	湖北黄陂人，武昌中华大学学生
瞿宣颖	《青年如何而得优胜乎》	《青年进步》第18册，1918年12月	湖南善化人，复旦大学学生
陈启天	《国民之新精神》	《青年进步》第24、25册，1919年6、7月	湖北黄陂人，武昌中华大学毕业生，长沙第一师范学校教员
苏鸿图	《世界之大恩人》	《青年进步》第24册，1919年6月	福建南安人，1920年任教于鼓浪屿

上述所举文章涵盖教育、卫生、体育、林业、畜牧业、天文、国民人格、青年修养、职业选择、外文学习等诸多话题，格外善于著述的恽代英更在《青年进步》上发表11篇原创文章、3篇译文。[①] 这些作者的籍贯和学习、工作地点大多已不限于江浙一带，而是遍布全国。他们大多有高等中学以上的求学经历，于西学有一定理解和研究。他们所发表的上述文章，主题多涉及新文化的范畴。这些青年人能够主动向《进步》《青年进步》投稿，从读者转变为作者，说明他们确乎认同青年会全国协会所发行之杂志是新文化的平

---

① 除表6所列外，还有《学问与职业一贯论》，《青年进步》第11册，1918年3月；《细菌致病说》，《青年进步》第12册，1918年4月；《一国善势力之养成》《理想之儿童俱乐部》，《青年进步》第16册，1918年10月；《力行救国论》，《青年进步》第17册，1918年11月，等等。

台,可供交流互动。可以说,这样一批作者群的形成,标志着新文化语境的逐渐成形。

值得注意的是,在"新青年"们被杂志上具有时代性的内容所吸引,将之作为历练自己的平台的同时,协会杂志上的古典杂文还引起了老一辈读者的关注。

1916年1月,吴虞在读了《进步》所载沈暗斋的《励志录》后,认为沈批评归震川撰文之弊的话用于批评桐城派也极为恰当,特地摘录。吴虞自己亦在《进步》上发表《李卓吾别传》。① 同年3月,北京的恽毓鼎读了《进步》上的《古欢室笔记》,以为"论陈龙川、吴梅村,意思极好。古欢不知何人,学问识见俱高,拟函讯姓名,知南方有此佳士"。② 恽毓鼎给予高度评价的古欢,正是《进步》主笔范子美。此外,北京大学国学门教授陈垣曾在《青年进步》上发表《重刊铎书跋》《万松野人言善录跋》《明浙西李之藻传》《重刊辩学遗牍序》等目录提要、天主教史研究。③ 陈垣之功底,当能吸引一批热衷国故者。

青年协会杂志在不同辈分读者心中激起的重重涟漪,证明其在当时是新文化时代的创生者之一。

结　　语

基督教青年会所秉持的社会福音神学要求其以基督信仰和伦理去改造社会环境,具体途径则是以三育宗旨改良、培育青年,这

---

① 《吴虞日记》上册,第238—239、247、323页。
② 恽毓鼎著,史晓风整理:《恽毓鼎澄斋日记》第2册,第761页。
③ 陈垣:《重刊铎书跋》,《青年进步》第20册,1919年2月,"文录";陈垣:《万松野人言善录跋》,《青年进步》第24册,1919年6月,"文录";陈垣:《明浙西李之藻传》,《青年进步》第26册,1919年10月,"文录";陈垣:《重刊辩学遗牍序》,《青年进步》第27册,1919年11月,"文录"。

与清末民初的改造国民思潮十分契合。青年会以青年为服务对象的特性更启发着世俗知识精英以青年为思想启蒙对象。"社会福音神学"和"以青年为服务对象"这两大特征,使青年会比其他基督宗派或团体更容易关注转型时期中国的文化改造问题。

大体而言,青年协会的出版事业创生民初新文化语境的过程可分为三步:

第一步,协会编辑部的主持者由外籍干事转变为中国籍干事。来会理来华后很快注意到青年会的工作应尽量使推动社会变革和吸纳青年学子两方面的工作形成良性互动,最终建成一个符合社会福音理想的新国度,杂志和书籍是实现这一理想的文字阵地。尽管自《东西洋考每月统计传》开始,外籍传教士就有着在中国境内办中文报刊的经历,但他们的撰文思维难免与中国人有隔膜。许多基督教报刊还是得通过中国人才能获得真正的影响力,如《万国公报》的成功在相当程度上归功于前后两位中国主笔沈毓桂和蔡尔康。类似的,青年协会杂志的销路大开也是在谢洪赉、胡贻谷、奚若等中国籍干事全权主持编辑部后。

晚清以来的教会学校和基督教报刊事业,培养起一批以地缘、学缘、信仰为纽带的江浙精英基督徒,他们主办杂志、译著书籍,既为青年会会务在全国范围内的扩展提供了交流平台和必要的知识储备,也为青年协会读物走入一般青年提供了更大的可能。

第二步,协会杂志阵容由富有浓厚宗教色彩的《青年》、面向留学生的 China's Young Men 扩展出面向社会各界的《进步》。中英文《青年》使协会于在华外人、中国基督徒和留学生中收获读者,为协会的出版事业打下了"基本盘"。然若仅仅满足于此,那么无异于固步自封。协会经过内部商议,在北美协会支持下创办《进步》,在淡化宗教色彩的同时增强思想启蒙性,推动了民初许多新文化主流话题的形成,也使青年会得以进入广大国人的视野。

第三步,协会杂志和书籍经由各种渠道推广,到达读者手中,读者诚心悦纳并主动推广、投稿,从单纯的读者转变为读者、作者和传播者一体的身份,构成罗伯特·达恩顿所谓"交流循环"(communication circuit)。① 需要指出的是,《进步》《青年进步》杂志具有两重性:既是青年协会传达自身理念的喉舌,又是一个可以讨论各种文化论题的公共平台。读者和投稿者未必认同基督信仰和伦理,但他们乐意与之互动交流,说明青年协会在搭建文化平台一事上取得了成功。正是这种平台在创生民国新文化的语境,培育新文化的参与群体。

正惟如此,陈独秀在1915年打算创办一份以青年为目标读者的新杂志时,模仿青年协会,取名为《青年杂志》。② 二者不仅名称相近,内容上亦有关联。承载着社会福音的青年会希望以基督伦理拯救世俗道德,具体途径则是以三育或四育培养青年人格。《青年杂志》及《新青年》则希望以反孔、文学革命等具有颠覆性的内容培养新国民、建立公民社会,最终将徒具政治形式的民国变成一个真正的民国。二者在培育"新人"、再造文明的根本话题上具有

---

① "交流循环"指通过作品的生产、发行和消费等事务,将作者、出版商、销售商和读者连接成一体的网络。参见张仲民《出版与文化政治:晚清的"卫生"书籍研究》,上海人民出版社2021年版,第10页。

② 1915年9月,陈独秀在上海创办《青年杂志》。在第1卷第1—6号出完以后,该刊便停刊半年,直至1916年9月才更名为《新青年》继续出版。有关更名的缘由,据汪原放回忆,乃是当时负责发行《青年杂志》的群益书社收到上海基督教青年会的抗议信,"说群益的《青年》杂志和他们的《上海青年》(周报)名字雷同,应该及早更名,省得犯冒名的错误"(汪原放:《亚东图书与陈独秀》,学林出版社2006年版,第33—34页)。后世史家就写信给群益的究竟是上海基督教青年会还是基督教青年会全国协会,有同名可能的究竟是前者所办的《上海青年》还是后者所办的《青年》进行了辨析和争论。杨华丽综合前人判断认为,真正在心理上促使陈独秀改名的,应当还是全国协会所办的《青年》。[杨华丽:《〈青年杂志〉改名原因:误读与重释》,《湘潭大学学报》(哲学社会科学版)2016年第6期]笔者认为此说较准确。

一致性,因此青年协会杂志和书籍所培育的趋新青年读者能够成为《新青年》崛起的社会基础。

二者的差异则在于:建构新文化并非青年会与生俱来的组织目标,而是在其进入中国以后,会中干事为了在广大非基督徒青年群体中拓展青年会而逐渐摸索出的一种策略。这既是青年会传教事业的伴生物,也是青年会事工本土化的体现。历史地来看,青年会的文化改造努力处于晚清以来自由派传教士改良中国社会风俗的延长线上,且有较大增益。因此,青年会的道德拯救更偏向一种常态文明建设,《新青年》则旨在"破旧立新",具有鲜明的时代性。这种差异使《新青年》在思想内涵上具备了后来居上的潜力。五四运动的爆发,使位居北大、已在北大学子中产生一定影响的《新青年》暴得大名,在全国范围内的影响迅速提升。[①] 后第三国际认为基督教事业滋长了中国青年的亲美心理,视基督教为中国走苏俄式革命道路的障碍,于20世纪20年代策动以反帝国主义为指向的非基督教运动,青年会是其首先打击的对象。[②]

这样几番思想变革和政治、社会运动促使青年群体的注意力发生转向,引发思想界的权势转移,曾经是《新青年》榜样的青年协会杂志遂逐渐淡漠于历史记忆。1927年2月,基督教史家王治心在《青年进步》十周年百册纪念特刊上发表《十年来中国新文化运动之结果》。他清楚记得《青年进步》的前身《青年》《进步》比《新青年》创办更早,"所以要说在新文化运动中的地位,恐怕还要让《青年进步》做先锋的先锋",同时承认《新青年》《新潮》在"破坏"——推倒旧文化上力量最大,引领潮流,而《青年进步》则侧重

---

① 参见王奇生《新文化是如何"运动"起来的》,《革命与反革命:社会文化视野下的民国政治》,社会科学文献出版社2010年版,第16、23—27页。
② 参见陶飞亚《共产国际代表与中国非基督教运动》,《近代史研究》2003年第5期。

"建设"的工作。① 王治心这番评价,可谓是对二者历史地位的切实观察。

因此,重访青年协会出版事业中的新文化建构,不仅对了解社会福音派中国精英基督徒的思想主张、丰富民国新文化的面相具有重要意义,而且能够在探究青年协会杂志何以、如何从新文化之先导渐次边缘化的旅途中,寻觅民初思想界结构性变动的线索。

---

① 王治心:《十年来中国新文化运动之结果》,《青年进步》第100册,1927年2月,第59—72页。

"五四"白话文运动的地方化
——以无锡教育界为视域[*]

徐佳贵

摘要: "五四"白话文运动可集中展示新文化运动的"制度"之维,而此制度主要作用于"教育界"。以江苏无锡教育界为视域,可揭示"五四"白话文运动地方化的过程。尽管观念在某些地方早已存在,但推行白话文成为"国策",对地方而言仍有一定的突然性。而"五四"之前,地方教育界对于国文教学操作与白话文价值的一般认识,使其对于此番革新的理解在歧异迭出之余,亦在整体上呈现出某些倾向性。在另一面,表面空前剧烈的革新,却未能、也无意以国家强力保证其细致、准确的施行,由此促成了地方内部各行其是的实践。经由地方能动性与制度的综合作用,趋新者设想的文白"过渡"期,却成为了"五四"后长期延续的一种"常态"。

关键词: 五四,白话文,制度,教育界,无锡,钱基博

徐佳贵,上海社会科学院历史研究所副研究员

近年,五四新文化运动的"地方"研究渐成趋势,研究者也不

---

[*] 本文曾以《五四时期白话文运动的地方化——以无锡教育界为视域》为题,刊于《近代史研究》2021 年第 4 期。收入本辑时有较大修改。

再仅遵从自北京、上海之类的个别中心点向别地辐散的图式,而是开始顾及地方自身的视域。其间,学者较多参考欧美书籍史或阅读史的取径,析论地方知识人(包括新辈与老辈)获取与阅读书刊、接引知识思想的具体方式,以及此类富于能动性的接受行为在地方内外引致的进一步的结果。①

不过应当注意到,在突出书籍与阅读行为以外,新文化运动尚有"制度"之维。至迟到 1920 年代初,时人对于"新文化运动"所指为何,已有了一些相近的看法。关于新文化运动的核心内容,时人或云白话文运动与反对孔教,或云白话诗文与"各派社会主义"等,或云白话与"男女同学",不一而足。② 而相对于另一内容的变化不定,白话文成为核心内容,几成公认意见。后来且有论者断言,新文化运动的各项内容中,"除了白话文成功以外,都没有什么成功"。③ 此种对白话文的格外重视与对运动成效的特别肯定,显然有"制度"的作用。如胡适所言,1920 年教育部通令国民学校改授语体文及后续的一系列改革,"是几十年来第一件大事",这次改制"把中国教育的革新至少提早了二十年"。④

---

① 参见章清《五四思想界:中心与边缘——〈新青年〉及新文化运动的阅读个案》,《近代史研究》2010 年第 3 期,第 54—72 页;张仲民:《种瓜得豆:清末民初的阅读文化与接受政治》,社会科学文献出版社 2016 年版,第 287—316 页;瞿骏:《新文化运动的"下行":以江浙地方读书人的反应为中心》,《思想史》第 6 辑,(台北)联经出版公司 2016 年版,第 48—87 页;徐佳贵:《"五四"与"新文化"如何地方化——以民初温州地方知识人及刊物为视角》,《近代史研究》2018 年第 6 期,第 43—58 页;瞿骏:《勾画在"地方"的五四运动》,《中共党史研究》2019 年第 11 期,第 109—119 页。

② 王奇生:《新文化是如何"运动"起来的——以〈新青年〉为视点》,《近代史研究》2007 年第 1 期,第 39 页;《于鹤年致胡适》(1922 年 10 月 16 日),中国社科院近代史所中华民国史研究室编:《胡适来往书信选》上册,社会科学文献出版社 2013 年版,第 121 页;老圃(杨荫杭):《新文化两种》,《申报》1923 年 9 月 4 日,第 19 版。

③ 王镜铭:《五四运动与新文化运动》,《冀南新声》第 1 卷第 3 期(1929 年);李泽厚:《中国思想史论》下册,安徽文艺出版社 1999 年版,第 867 页。

④ 胡适:《国语标准与国语(〈国语讲习所同学录〉序)》,《新教育》第 3 卷第 1 期(1920 年)。

胡适的这番话亦可提示,在顾及白话文运动相关的"制度"之维时,尚须考虑到制度主要作用的"界别",即"教育界"。以往书籍史或阅读史视野下的"五四"地方研究,通常不甚重视地方人士相关的业界界别问题。① 而顾及制度要素的白话文运动研究,则多在"文学史"或"教育史"之类的专门史视野下,尤重都市知识精英的讨论、都市的教科书出版情形,以及国家或中央视角下的政策出台,②至于"地方"教育界在此过程中的观察体验,仍有不小的发掘空间。

　　本文整合"地方"与"教育界"两个关键词,集中探讨白话文运动这项几近公认的新文化运动核心内容的"落地"过程。因须照顾相应的地方"前史",而"后史"下限又不宜距"五四"太远,时段大致定于1912—1926年,五四新文化初及地方的1919—1920年则为重中之重。而选取的地方,是位于江苏省的无锡县。③ 这基于以下两点缘由:第一,无锡向为苏南经济文化重镇,且近代以来与外界交通甚形便利,汲引外界知识信息,较之上海、南京等地并未多出太多物质条件上的障碍;④第二,反过来讲,无锡毕竟不是全国意义上的中心城市,尤其在国家教育体制中,它的地位寻常,在"五四"之前全县"最高学府"仅为省立中等学校,⑤故而依然无

---

①　按苏南区域的人员流动较为频繁,无锡教育界中人显然不尽是无锡本地人。本文以考察居乡的无锡籍人氏为主,也顾及一些外地籍在锡的教育界人士。
②　参见陈平原《现代文学的生产机制及传播方式——以1890年代至1930年代的报章为中心》,《书城》2004年第2期,第44—49页;陈平原:《知识生产与文学教育》,《社会科学论坛》2006年第2期,第94—97页;陈平原等:《教育:知识生产与文学传播》,安徽教育出版社2007年版。
③　清雍正朝以降同城而治的无锡、金匮二县在民国元年合并为无锡县,即本文所指的无锡,仍属常州府,废府制后隶属苏常道。
④　如1919年,无锡地方报纸是与沪上大报同在5月6日便登出北京"五四"事件消息。见《专电》,《锡报》1919年5月6日,第2版,无锡市图书馆藏。
⑤　此处的"最高"是两层含义的叠加:一是教育等级,如中等高于初等;一是行政等级,如省立高于县市乡立。

法抹除相对意义上的"边缘性"。结合以上两点缘由,择取这样一个"相对"的"边缘"之地,便是要尽力控制"客观的知识信息摄取渠道是否通畅"之类的自变量,以集中考察制度与地方能动性的综合作用,进一步评估新文化运动的某类具体面相在个别都市以外伸展的"上限"。

关于无锡的新文化运动,现已有围绕地方知识人个体的阅读史研究,涉及钱穆诸人。[①] 本文则较多涉及久居无锡县城的钱基博,[②]因其"五四"前后在地方权力网络中的地位应较钱穆更高,下文对无锡教育界的呈现,也将大致以钱基博为线索,带及地方教育界的其他一些要角。最后,需要说明的是,虽然"学校教育是自上而下且具有强制性的传播方式",[③]但制度的"强制性"与地方化进程中的"斟酌损益"实可并存,并互相影响各自的程度;且制度也并非决定白话文运动方向的唯一力量,这两点结合起来,可知"五四"白话文运动的地方化乃是"包含"了制度之维,由此,地方得以呈现出与都市中心同异互见的变迁历程。

一、地方教育场域中的国文

首先介绍无锡"教育"场域的基本情况,以对本文所涉的地方人物作一"定位"。在近代,无锡"地当苏常孔道",农、工、商业均

---

① 瞿骏:《觅路的小镇青年——钱穆与五四运动再探》,《近代史研究》2019年第2期,第35—40页。
② 既有研究见刘桂秋《无锡时期的钱基博与钱锺书》,上海社会科学院出版社2004年版;陈豪:《民国的本土派知识人——论钱基博(1887—1937)》,华东师范大学历史学系硕士学位论文,2020年。以上研究在与白话文相关的方面尚较简略,而其他一些研究专论钱基博的文学、学术或教育"思想",对其身为"地方精英"的面相着墨更少。
③ 胡笛:《1920年代的中小学国语教育与新文学》,《现代中文学刊》2019年第6期,第75页。

甚发达,地方教育也"实为江苏教育界首屈一指"。① 1918 年一份调查报告称,无锡地方"学校渐多,人民心理对于私塾已不甚倾向,其有妨碍学校者则严令解散之,而于距离学校较远之地方亦间取监督主义"。② 1923 年无锡本地刊出的一则材料称,1921 年无锡学龄儿童入学率约为 30%;③稍早见于上海刊物的材料则称江苏全省适龄儿童就学率为 17% 左右,而无锡全县的就学率高达 45% 以上,为省平均值的近三倍。④

　　再具体到"教育界"的人事,除却华、孙、薛、杨等望族人氏,⑤尚有一些家族背景相对不烜赫的人物成为地方教育界中的要角。如清末至民初任县教育会会长次数最多的侯鸿鉴(葆三、病骥,1872—1961,生员)、清末至"五四"一直担任锡邑"最高学府"江苏省立第三师范学校校长的顾倬(述之,1872—1938,生员),堪称县教育界的头面人物。⑥ 复从年龄构成上讲,至民初,地方中小学校数理化等科的教职员多有二三十岁的新辈读书人,管理层及文史等科教职员则多见老辈,但其间也能输入新鲜血液。如 1880 年代末生人钱基厚(孙卿,1887—1975),虽不是出身无锡第一等的望

---

① 侯鸿鉴:《敬贡吾邑教育界之曝言》,《无锡教育杂志》第 6 期(1916 年 8 月)。
② 《江苏第三次省教育行政会议无锡教育最近状况报告》,《无锡县教育会年刊》第 1 期(1918)。
③ 顾倬:《无锡与南通教育上之比较》,《无锡新报·星期增刊》1923 年 1 月 13 日,第 1 版,无锡市图书馆藏。
④ 袁希涛:《民国十年之教育》,《新教育》第 4 卷第 2 期(1922)。
⑤ 参见朱邦华《江苏文史资料第 129 辑·无锡民国史话》,2000 年版,第 2—5 页;钱锺汉:《〈无锡光复志〉拾遗》,《无锡文史资料》第 3 辑,1981 年版,第 11 页;徐新:《20 世纪无锡地区望族的权力实践》,上海大学家庭社会学博士学位论文,2005 年,第 35—62 页;宋佳女:《家族网络、权势精英与地方政治——以民国初年的无锡为中心》,复旦大学中国近现代史硕士学位论文,2008 年,第 7—14 页。
⑥ 裘廷梁曾言,清季侯鸿鉴、顾倬以师范生身份自日本归国,"无锡有新教育自兹始"。见裘廷梁《书顾述之〈春晖杂识〉后》,收入氏著《可桴文存》,无锡裘翼经堂 1946 年版,第 59 页。顾倬出身无锡历史悠久的望族,唯该族至近代的地方权势,似已略逊于前述华、孙、杨、薛诸族。

族,但因母舅方的关系及与其他望族人士的交谊,在民初任县议员(属共和党)、无锡市(即城区)教育会会长,并于1912—1913任县署学务课长,1914—1921年任学务课所改的县公署第三科主任。① 钱基厚的孪生兄长钱基博(子泉、潜庐,1887—1957)在地方上也颇有声名,早年亦曾介入政务(入江西按察使陶大均幕),并参与无锡的辛亥光复,而其主要的社会事业,则是在无锡及苏南别地(如吴江)中小学校担任教职。

钱氏兄弟早岁就学家塾,既无科举功名,也无海外留学经历。虽然钱基博清季在乡曾参与组织"理科研究会",但其自行研求所得新学的水准,不宜高估。② 相对而言,中土文史之学仍是钱氏兄弟的立身之本,而青年钱基博在"文"方面的心得与声名,应要更著于经史方面。钱基博早年已获文名,③且钱氏内兄王蕴章曾在沪担任《小说月报》与《妇女杂志》编辑,这些刊物亦屡次刊出钱氏包括文言小说在内的文章。后来钱基博称自己唯"文事则差有一得之长","集部之学,海内罕对",亦颇以文名自负。④ 1917年,他应顾倬等人之邀,成为省立三师国文、读经及法制经济科教员,以授国文为主,⑤个人治学取向与社会网络相结合,使其得以在"五四"前后的地方国文改革实践中扮演重要角色。

在对教育界"人物"定位之后,再对"学科"的在地情形作一定

---

① 钱基博:《钱基博自传》,《江苏研究》第1卷第8期(1935);钱基厚:《无锡文库》第3辑《孙庵老人自订五十以前年谱》,凤凰出版社2012年版,第452—453页。

② 如据后人忆述,在薛家教授算学的钱氏教完一年数学后便教不下去,只得将原书从头再教一遍,见孙伯亮《钱子泉客串数学先生》,《无锡文史资料》第30辑,1995年版,第81页。

③ 1905年钱基博于《新民丛报》第64—67号连载所著《中国舆地大势论》,同年又在《国粹学报》第12期中刊出摹仿陆机《文赋》的《说文》一篇。

④ 钱基博:《钱基博自传》,《江苏研究》第1卷第8期(1935)。

⑤ 《职员同学录(民国六年八月起)·本校新职员》,《江苏省立第三师范学校校友会杂志》第6卷上册(1917学年)。该杂志中标注的年份应为学年,故出版时间可能在次年或更晚,但具体年月难以考究。本文只标出刊内标注的学年,而非出版年份。

位,即略述地方国文教学的"五四""前史"。如所周知,无锡在晚清戊戌维新时期已办有《无锡白话报》(第5期起更名《中国官音白话报》),主持该报的裘廷梁(可桴、葆良,1857—1943,举人)曾主张一切行文主用白话,其态度之激烈决绝,与"五四"时期的新文化人颇为近似。① 不过,裘氏的激进在当时的无锡更像是特例,亦曾参与《无锡白话报》报务的侯鸿鉴、顾倬等人,在此问题上的态度则较为保守,而与国家制度规定大体一致,即文、白各司其职,白话文主要代表"通俗",用于社会教育,至于学校系统内的"国文"教育,则仍聚焦于训练学生的文言读写能力。

"五四"前后,无锡地方的教育层级基本是中初等教育,除却归类有争议的无锡国专(1920年底设立),②无锡的"最高学府"省立三师属于中等教育,其培养目标则为地方小学教员,故在此一校之中也须兼及中初等教育。据民初制度规定,初等小学/国民学校四年、高等小学三年,国文课时大致稳定在总课时的四分之一到近半比例的区间内。而在普通师范,该比例进一步下降,从预科的约30%降至本科第四年的6%左右。③ 1917年省立三师的一份课表则显示,校内国文占比整体略高于制度要求的比率。④

进言之,国文因关乎"国性""国粹",在民初地方教育主事者

---

① 裘廷梁:《论白话为维新之本》,《中国官音白话报》第19—20合期(光绪二十四年七月十一日),《无锡文库》第2辑《无锡白话报 无锡杂志(一)》,凤凰出版社2012年版,第131—133页。

② 笔者所见1920年代前期的各种教育统计表中,国学专修馆至多被列为"专门"学校,而不会称"大学"。

③ 参见璩鑫圭、唐良炎编《中国近代教育史资料汇编·学制演变》,上海教育出版社1991年版,第671—672、678—684、691—696、807—809页;璩鑫圭等编:《中国近代教育史资料汇编·实业教育 师范教育》,上海教育出版社1994年版,第791—796页。

④ 陈纶:《教授撷要·各科教授实施状况》,《江苏省立第三师范学校校友会杂志》第6卷下册(1917学年)。

的观念中,常有高于其他一切学科的地位。① 在教学实践中,亦如曾在无锡任教的吴江人盛兆熊(爱初,1894?—?)指出的,地方小学"算术尚在轻视之列,其所哓哓焉经日喋喋于儿童之前者,仅一国文耳;而儿童之所疲精劳神竭力以赴之者,亦一国文耳"。② 国文在地方公认重要,然而成效却长期不尽如人意。其中一个关键是,"横向"对比地方学校中的多数学科,国文可能是诸科中最受重视者;但"纵向"对比晚清"新政"之前本国之"文"占据教学核心的时代,原先习文的精力现又大部被别科分去,导致学生国文水准普遍下降。当时锡邑的教育主事者并非意识不到这一下降趋势的"必然性",但他们仍会在有意无意间突出今昔纵向比较,"不甘"于当前国文教学质量的低落。如三师校长顾倬,固曾体谅学生的苦处,以为:"今日之师范生,或毕业于办理未完善之小学,或并未毕业,根柢既至浅薄,在校数年,统计国文教授之时间,既已甚少,而日日纷心科学,自修时刻,又不获增加,自非上智,收效之难,亦固所宜。"但在体谅之外,他又"以文学为各科学之中心",主张理化等科作业亦须注重"文辞",在"科学"教员修改后,甚至还须再交由国文教员批改。可见其主要关心的,仍是如何利用他科资源提升国文一科的水平,即使因此大幅增加各科教员的工作量亦在所不惜。③

而地方人士在改良实践中,也形成了一些旨趣方针,此类方针

---

① 侯鸿鉴:《国学国耻劳动之三大主义》,《中华教育界》第4卷第6期(1915);侯鸿鉴:《对于江苏教育现状之悲观》,《无锡教育杂志》第2期(1913年7月);侯鸿鉴:《上齐省长辞省视学职书》,《无锡教育杂志》第8期(1917年12月)。

② 《职员同学录(民国六年八月起)·附属小学新职员》,《江苏省立第三师范学校校友会杂志》第6卷上册(1917学年);盛兆熊、胡适:《论文学改革的进行程序》,《新青年》第4卷第5号(1918年5月15日)。

③ 顾倬:《本校课程问题之商榷》,《江苏省立第三师范学校校友会杂志》第4卷下册(1915学年)。

系以尊重校中分科体制为前提,而凸显"方法"的重要性。钱基厚即曾以"分科之学"理解"科学",又将"科学"视作褒义的形容词,在称许钱穆等人在无锡梅村镇的县立第四高小的教学成绩时言及,国文既入分科,自需采用异于往昔的"科学"教授方法,以求弥补师生在时间、精力上的不足。① 当时除却参考上海等大都市出版的教育刊物,无锡本地的教育系统也在持续积极地组织研习活动。除各校自行组织外,无锡县教育会刊物亦曾刊出会中同仁的问答,"跨校"分享方法、经验。② 这些关于教学法的思路,常见两个原则:一是"实用"或曰"应用",二是"自动"或曰"自修"。两个原则屡见于民元以来的教育部令,也为江苏省教育界(尤其是江苏省教育会)所力倡。无锡地方在践行这些原则时并未完全照搬教育部与省教育会的意见,但地方能动性与制度要素的综合,却也并未促成教学难题的顺利解决。

所谓"实用"或"应用",便是强调在国文教学中避免"竞尚藻缋","一以实用为贵",这正可应对"近世科学日繁,而文学不过一种"的局面。③ 相应地,在地方教学中追求"实用",往往会与追求"简易"、降低选文难度相联系。但问题是,对于中小学教育具体的难易程度,时人多系自行把握。如钱基博早先在无锡县立第一高小(竢实学堂后身)教国文时,曾悟出"以儿童条理文字、理解事物,自有其儿童之所谓条理理解者",可之后却又致信三师校长顾倬,称应将音韵训诂之学及《说文解字》融入小学教育,以求"学有

---

① 钱基厚:《无锡县立第四等小学校国文成绩序》,《无锡县教育会年刊》第 1 期(1918)。钱基博此期对"科学"的理解与其弟近似,见钱基博《赘辞一·论中国文字内籀之术》,钱基博:《中国文法说例》,1915 年油印本,无锡市图书馆藏。
② 《研究会记事》,《无锡教育杂志》第 3 期(1914 年 1 月);《答研究会会员之条问》《研究会记事》,《无锡教育杂志》第 4 期(1914 年 8 月)。
③ 钱基厚:《〈锡秀〉第三卷序》,《无锡县教育会年刊》第 1 期(1918)。

根柢"。顾倬答以小学教员大多未曾涉猎《说文》,此议无法施行。① 至于地方初等小学/国民学校以上的各等级教育,实已偏向"精英"教育;②尽管省立三师培养的是小学教员,师范毕业生不去教小学而是再升学的比例也并不高,③但在一些人看来,像这样师资可谓"极一时之选"的地方学校,④也更理所应当要以"提高"为教学之主旨。

1914—1918年间的三师国文,在约半数情况下还是尊重部定宗旨,以清季民初的近世文为主,"渐及于近古文",并不时表明"实用""浅显"的选文旨趣。但在其他情况下,从"近世文"到"近古文"的这一制度规定的时间"倒序",却时常被破坏。与校中不少新学学科采用上海等地书局的教科书不同,三师的国文科多用教员自编的教材讲义,而这也就规避了教科书须通过教育部审查的问题。在涉及唐宋诸家以外,教员选文范围且屡屡上溯至汉魏六朝文及周秦文;而钱基博1917年入职后负责的本科一年级国文,更是要着重学习唐虞夏商周代之文。⑤

教授唐代以前的古文,甚至在低年级安排上古文之教授,一定

---

① 顾倬:《覆钱子泉书》,《江苏省立第三师范学校校友会杂志》第4卷上册(1915学年)。

② 如上所述,民初无锡的教育普及程度在江苏省已属于佼佼者,但适龄儿童入学率至1922年也未过半。另据该年地方教育统计,县内国民学校学生约2.3万,但高小学生仅两千余,比率超过十比一,县级及以下行政级别的中学、师范、职校学生合计也仅约一千人。见《无锡县十一年度教育概况表》,《无锡县教育会教育季刊》1924年第1期。

③ 据后来统计,三师自成立至1926年毕业本科第一部十一届共341人,其他126人;其中升学仅38人,"其余大都服务教育",承担教育者中,在无锡136人、宜兴51人、江阴31人、武进18人、靖江8人,大都在无锡周边,见《十五周纪念会记载之片段》,《弘毅月刊》十五周纪念特刊(1926)。

④ 《钱基博原书》,《江苏省立第三师范学校校友会杂志》第4卷上册(1915学年)。

⑤ 《教授撷要(六年九月起七年一月止)·本科一年级》,《江苏省立第三师范学校校友会杂志》第6卷上册(1917学年)。

程度上或是因为古文达到这些教员感知中的合格标准,在教员本身看来并不甚难。民初三师的国文教员,有吴江人沈昌直(颖若,1881？—？)、薛凤昌(公侠,1875？—？)、宜兴人李希文(育斌,1882？—？)、武进人蔡铖(有虔,1877？—？)等,他们年纪虽不甚老,但在晚清"新政"废科兴学以前均已成年,少时似未经受系统的学堂分科教育;相对最年轻的钱基博,也未进过学堂,早年亦以接受传统文史教育为主。自身未有长期分科受学的经验,可能会造成他们在实践"应用与根柢并重"的校内原则时,①低估分科体制下"根柢"的学习难度。如钱基博一面反对文章使用"僻字涩句,谬为高古坚深",一面却又认为《论语》十分易解,"明白如话";②他反对教员用骈体给学生作文下批语,却又声称小学生也完全有能力作赋,只是对于骈偶韵律的要求不必过严。③

学习难度实际的下降幅度有限,于是在"节流"之外,还必须坚持在时间上"开源"。清季以来,中央与江苏教育界力倡提升学生能动性的"自动"教育,这在地方国文教学中的反映,便是积极安排学生课外"自修""补习"。教员开列课外书目,难度通常明显高于课内,默认如此即可缓解国文课内学习不足的问题。④ 但是,对学生"自动"提出高要求,又基本未见具体的保障督促之法,该原则在实践中同样会遭遇莫大困境。如1918年夏,顾倬组织当时的三师国文教员钱基博、沈昌直、薛凤昌召开"暑期国文研究会",

---

① 陈纶:《教授撷要·各科教授实施状况》,《江苏省立第三师范学校校友会杂志》第6卷下册(1917学年)。
② 钱基博:《古文正名》,《无锡教育杂志》第3期(1914年1月)。
③ 《钱基博原书》,《江苏省立第三师范学校校友会杂志》第4卷上册(1915学年);钱基博:《学校文题之讨论》,《教育杂志》第7卷第7期(1915)。
④ 《教授撷要·本科三年级(九月一日起十二月三十日止)》《教授撷要·本科二年级(九月一日起十二月三十日止)》,《江苏省立第三师范学校校友会杂志》第4卷上册(1915学年)。

以求缓解毕业师范生任教各地小学时普遍遭遇的教学困难。① 同时，又倡办"国文函授社"，由钱基博介绍来的无锡县城人士徐彦宽（薇生，1886—1930）担任讲师，学生可在课余向徐彦宽请教国文，也可以就徐氏所出题目作文应征。无奈师范生们表现出的"自动力"，令倡办者大失所望，顾倬号召诸生应以能够"每日读文四十篇"的钱基博为楷模，屡次作函催钱催稿，却始终应者寥寥。至1919年1月，国文函授社因半年来"入社人数至少"，宣告停办。②

综上，地方国文教育改良的原则方针，关乎制度要求与地方感知的外界教育趋势。但这些原则在执行中的因地制宜，却又往往意味着向度多歧的理解运用；地方教育界人士一直有意降低国文教与学的难度，但又需要兼顾"提高"的诉求，其结果，便时常是在"制造"难度。这不仅是新旧观念的交锋与交融，更是理念与操作间联系与张力的表现。地方人士诚能普遍感到国文教学困局的存在，但各人各方形成的合力，却更像是在维持而非打破这一困局。

二、变革初期的地方理解

从上节同样可以看出，在社会教育之外，文白问题很难说属于民元以降无锡教育界的焦点议题。当然，地方学校的国文科原先亦有白话成分，集中于层级最低、"普及"教育意味最浓的初等小学/国民学校。1916年，江苏吴县人陈懋治在东南首倡初小国文

---

① 顾倬：《序》，薛凤昌、钱基博、沈昌直编著：《戊午暑期国文讲义汇刊》，序第1页。

② 《函授国文概要》，《江苏省立第三师范学校校友会杂志》第7卷上册（1918学年）。

改国语科,其思路相当程度上也是本于这一现状。① "近语"往往意味着"浅显",涉及晚清业已发轫的"言文一致"观念。不过,这并不意味着白话文在地方已被"自然"地视作纾解教学困局的首选丹方,在求实用与谋提高并存拉锯的氛围中,"白话"往往仍被默认为较"文言"更低一等。在此,文白之别可被理解为"书面"与"口头"的分野,"提高"国文程度,理所当然地意味着要促成文字"远离"语言。② 在1918年的暑期国文演讲中,钱基博更是声称中国文盲多是教育不普及本身的问题,与言文是否一致无关,总之,不可变更高级的文字以"迁就"低级的语言。③

钱氏作此论断时,可能已对外界关乎白话文的讨论有所感知。1918年6月22日,三师部分师生举办首次"普通话"演讲,除鼓吹社会改良、传播科学知识外,还曾演讲"白话是否可代文学之商榷""普通话之重要"等主题,此处"文学"当指"文言"。④ 此外据称在"五四"之前,受苏州省立一师附小编写白话文教材的影响,三师附小教员薛天汉、魏冰心等也已力倡白话文,却受到三师校长顾倬及国文教员钱基博、薛凤昌(薛天汉之叔)的劝说阻挠。⑤ 不过,到"五四"爱国运动后,文白问题已成地方教育界的一个热点议题。1919年7月18日,省立三师召开"国文研究会",其中便提到"采用国语已为教育家所公认",会中需要商讨地方具体的应对

---

① 陈懋治:《国民学校改设国语科意见书》,《中华教育界》第5卷第8期(1916);王建军:《中国近代教科书发展研究》,广东教育出版社1996年版,第249页。
② 《教授撷要·本科二年级(十一月一日起三月三十一日止)》,《江苏省立第三师范学校校友会杂志》第3卷第2册(1914学年)。
③ 钱基博述:《国文研究法》,薛凤昌、钱基博、沈昌直编著:《戊午暑期国文讲义汇刊》,第12页。
④ 葛承训辑:《校内记事(七年二月至七月)》,《江苏省立第三师范学校校友会杂志》第6卷下册(1917学年)。
⑤ 吴研因:《旧中国的小学语文教材》,《文史资料选辑》第40辑,中国文史出版社2000年版,第223页。

办法。① 唯须指出,到这一阶段讨论依然只是讨论,如热烈支持白话的无锡县立高小教员周澂(哲准,1893？—？,江苏武进人)、潘渊(梓年,1893—1972,江苏宜兴人),便对白话文迅速、全面的推广不抱乐观,称地方校中学生"是读书门第的多,家属是信仰文言的多","我们也就不能硬反众意去改用白话了"。②

据此,推行白话成为"国策",在地方视角下或仍有一定的"突然性"。1919年10月的全国教育会联合会,议决国民学校尽用语体文。次年初,中央教育部决定先从1920年秋季起国民学校一、二级改授语体文。不久又通告国民学校国文科改国语科,国民学校各科文言教科书亦在1922年前分期废止,全改语体。③ 其间,江苏省教育会对推动这一制度变革出力甚多;可是,省、县教育会在制度上并无隶属关系。如民初屡任无锡教育会长的侯鸿鉴,甚至不是苏教育会会员;三师校长顾倬虽是省教育会会员,但在"五四"前后并非职员,在苏教育会中并无重要地位。结合此次教育制度变革,无锡教育界头面人物对于当前的白话文运动,便存在以下理解:其一,白话文无疑居于所谓"新文化(运动)"的核心位置,如1920年顾倬在校内演讲中明言当前的新教育、新文化风潮"于高等小学及国民学校之儿童影响最大者"有二端,一为"(学生)自治制",另一便是"语体文"。④ 其二,无锡本地教育界本无紧密追

---

① 《国文教授讨论会报告》,《江苏省立第三师范学校校友会杂志》第7卷上册(1918学年)。

② 周澂、潘渊:《怎么样去教授国文》,《无锡县立第二高等小学校杂志》第2期(1919)。

③ 《第五届全国教育会联合会议决案》,《教育杂志》第11卷第11期(1919);《1920年1月12日教育部令行各省改国文为语体文》,朱有瓛主编:《中国近代学制史料》第3辑上册,华东师范大学出版社1990年版,第158页;《国民校文体教科书分期作废》,《申报》1920年3月16日,第10—11版。

④ 顾倬:《四告毕业同学》,《江苏省立第三师范校友会丛刊》第4期(1920年5月)。

随北京或江苏省级教育界所倡之潮流的人事基础,在此条件下,行政命令更有"不得不然"的意味,在这些地方人物的表述中,分量往往会更重于北大趋新教授的言论,毕竟制度规定所在,无论早先是否了解、认可白话文运动的相关舆论,他们都已需要直面白话文在地方学校系统内部落地生根的前景。

1920年2月,无锡县知事杨梦龄向江苏教育厅厅长胡家祺呈交无锡国文改授语体拟订办法,并陈具意见。该办法意见系无锡县署第三科主任钱基厚所拟,而呈文中也提到,将由钱基厚之兄、省立三师教员钱基博编辑《语体应用辞典》及《文范》"以为研究之资"。① 7月,钱基博编著的《语体文范》出版,发行即为县署第三科,而据书中新撰文章所署时间,成稿约在该年4—5月间。

1920年初教育部令所示的改革措施,直接针对的是国民学校低年级。如前所述,这一层级教育"普及"意味最浓,所用教材原本"近语",在教学中本也提倡白话辅助,从这个意义上讲,初期部令的变革力度实际算不上有多大。然而,变制发生于举国热议"新文化"并渐以白话文为"新文化"之核心内容的氛围中,有限的改革力度在时人观感中,尚可被认作更大变革的"预演"。对于"新文化(运动)",钱基博自认立场并不十分保守,且因深度嵌入地方权力网络,他时常流露出作为地方"经纪人"或曰"守门人"的自觉,在肯定"新"之于"旧"的延续性的前提下,充当面向本地老辈与青年评介新说的角色。② 1920年这部短期内编成的语体"文范",便非特别针对某一教育层级,而是要借机给出其对于当前白话文运

---

① 《无锡县知事杨呈江苏教育厅长胡并陈具意见谨祈鉴核施行文》(1920年2月4日),钱基博编著:《语体文范》,无锡锡成印刷公司1920年版,栏页第3页。

② 钱基博这方面的详请俟另文。"经纪人"(broker)与"守门人"(gatekeeper)在此是指沟通地方社区与外部世界的人物,见 Peter Burke, "The Microhistory Debate", in Peter Burke ed., *New Perspectives on Historical Writing*, University Park: The Pennsylvania State University Press, 2001, p.117。

动的整体理解,"和现在一般热心做语体文的人,商量商量"。①

《语体文范》请得上海《小说月报》前主编恽树珏(铁樵,1878—1935,江苏武进人)作序。该序的立场堪称保守,其中称白话只适合浅陋日常的表达,在学理上求深、修辞上求美,则都必须换回文言。恽氏且肯定被当时不少人斥为"无用"的骈体文,甚而称若司马迁、陆贽再世,以"古文四六"翻译西书亦不在话下。而钱基博对白话文的理解评价,有更多新旧杂糅之处,与恽氏立场并不完全一致。该"文范"编选的白话文门类,参考了曾国藩辑《经史百家杂钞》的体例,但未照搬文言的相关分类,而是尽力契合钱氏所认为的白话自身的文类状况。钱基博有意与蔡元培、胡适、陈独秀、刘半农等作白话文的"新文化"名家"商量",文间的白话夹注较多溢美之词,多系与古文文法相通的文法评点,在文末则以白话集中进行批评。而新文化人着力标榜的白话小说也有陈列,但却被纳入记载门的记事、写景两类,且选篇限于《红楼梦》《儒林外史》两种旧小说。至于鲁迅等人新近创作、被今人誉为开创白话文学新局面的小说作品,钱氏则与商务印书馆《白话文范》的编者类似,并未给予重视。②

在地方沟通内外与新旧的钱基博撰作白话文,曾引起地方保守人士"足下才能入古,何乃效之"的质疑。③而《语体文范》出版后,钱氏曾寄一册给时已常居上海的裘廷梁,可裘氏对于该书亦感到不满,鉴于钱基博"在教育界里很有文名",此书恐怕"影响不

---

① 钱基博编著:《语体文范》,例言第3页。
② 李斌:《民国时期中学国文教科书研究》,第106—111页。据陈岸峰《五四复调——疑古思潮与白话文学史的建构》中的分析(中国社会科学出版社2020年版,第209、216—219页),后来钱基博在《现代中国文学史》中将鲁迅划成"右倾"作家,可能也是摘抄左翼青年攻击鲁迅的只言片语所致,说明至少在1920年代,鲁迅的作品钱氏似未详加品读。
③ 陈澹然:《致钱子泉》,《无锡新报·文学月刊》1922年9月1日,第4版。

小",①裘氏稍后接连致信批驳,引发二人之间的一场论争。② 这场论争,主要基于《语体文范》对白话文的批评部分。钱氏自承,他的批评并非文派相轻,"林琴南、姚叔节诸人的非难,是根据他桐城派古文家的义法;而今我非难语体文,却是根据着我日常做语体文的经验"。③ 他主要针对的是白话文在地方的理念与操作问题,据此,此番论争不只能反映二人各自的新旧思想倾向,结合其他一些资料,尚可反映出"五四"白话文运动初期在无锡教育界被理解的具体角度与程度。

事实上,当时文白之争看似激烈,但一些基本的定义问题却始终存在模糊性。如文言与白话二者的界限究竟何在,始终聚讼纷纭;而始自晚清、盛倡于"五四"的"言文一致"一语究竟何意,时人也各有理解。新文化人对"言文一致"的态度较为暧昧,他们使用过这一口号,但大致在胡适撰作《建设的文学革命论》之后,一些同人便认为其口号乃是"国语的文学,文学的国语"。据此,胡适、罗家伦等均曾否认自己的主张是"言文一致"。④ 但1919年的全

---

① 裘可桴:《再致钱子泉论语体文书》,《无锡县教育会年刊》第2期(1921)。
② 二人往来共四封信件,曾刊于无锡本地报纸,见《裘葆良与钱子泉书》,《新无锡》1920年11月9—15日,均为第4版;《钱止潜复裘葆良先生书》,《锡报》1920年12月19—20日,均为第3版;《裘葆良覆钱子泉书》,《新无锡》1921年1月27日至2月4日、12—13日,均为第4版;钱基博:《复裘葆良先生》,《锡报》1921年1月31日,第4版。稍后四信又一并收入《无锡县教育会年刊》,见裘可桴《致钱子泉书》、钱基博《复裘葆良先生》、裘可桴《再致钱子泉论语体文书》、钱基博《复裘葆良先生》(与钱氏前信同题——引者注),《无锡县教育会年刊》第2期(1921)。因报纸上的连载显得散碎,本章均引用《无锡县教育会年刊》的版本。另,刘桂秋《无锡时期的钱基博与钱锺书》中称裘廷梁的第一封信登于1921年1月27日的《新无锡》,是误将裘氏的第二封信当作了第一封信,且未言及连载问题。
③ 钱基博编著:《语体文范》,例言第2页。
④ 《与胡适之博士之谈话(澹庐问胡君答)》,《时事新报》1919年5月8日,第3张第4版;罗家伦:《驳胡先骕君的〈中国文学改良论〉》,《新潮》第1卷第5期(1919)。其中一个考虑,是若"言"指口语,"文"指书面语,则说与写显然不会全同,言、文本不能一致,易贻反对白话者以口实。见胡适《建设的文学革命论》,《新青年》第4卷第4号(1918年4月15日)。

国教育会联合会议决案、1920年初的教育部令,却又明言"言文一致",此应是指口说与书写均用"国语",属于白话文运动与国语运动思路的融汇。而各方讨论中,不同的思路看上去又都像是在说"同一个"运动,地方人士基于自身观察阅读的参与,便使得此种状况更添"治丝益棼"之感。

具体到此次钱裘之争,涉及的一大关键是,"五四"前后提倡主用白话文者,一直面临一个现成的白话"不足用"的问题。若欲表达高深"学理"与彰显"美感",当前的白话也必须加以改造。除却促使白话"欧化"与吸纳方言,1918年,傅斯年已深入讨论过"文词"入"白话"的可行性。此后引文言入白话的一般思路,就是行文大体必用白话,而不排斥掺入不甚冷僻的文言语词。① 然而一方面,文白二元对立,成为"五四"之后传入地方的常见论调;另一方面,新文化人着力否定的"文言"究应专指通篇"之乎者也"的文言文,还是包括了"局部性"的文言("文词"与文言短语等),在倡言与传播中也鲜少明确。而当前尚须(局部性地)援用文言以济白话文之穷这一点,正可被另一些人视作白话无法取代文言的明证。如钱基博即在所选胡适《〈中国哲学史大纲〉导言》一文之末所作的批评中称,此文虽大体属白话,但"也着实带文言的色彩",其中有些"竟是不能用白话写出来,不能不夹着文言",这一点正可印证白话文实际无法像胡适自己主张的那样取文言而代之。

如前所述,钱基博对过于艰深的文字亦向来反感,他在"五四"以前的允执厥中之法,与不少自认不甚"顽固"的教育界老辈及杜亚泉等报人类似,在于提倡所谓"普通文"。② "普通文"本来

---

① 傅斯年:《文言合一草议》,《新青年》第4卷第2号(1918年2月15日)。
② 伧父(杜亚泉):《论通俗文》,《东方杂志》第16卷第12期(1919)。

是教育部的主张,①大致是不甚古奥繁难之文言的同义词。1919年暑期,省立三师征集附小及毕业师范生任事各校之国文成绩举行展览会,由钱基博总评,其中他便提到"普通文"介于"古文"与"白话文"之间,若写得好,便既无"贵族文学""古典文学"之嫌,也"不致兴老师宿儒'斯文将丧'之叹"。普通文可用于官方文告、新闻小说,且较白话文更形简洁。除援引早先的部令以外,钱基博还举了自己的亲身经历为例。他曾向一位商人朋友推荐《时事新报·学灯》中的议论文,商人却答称,《学灯》中"多白话文,棘舌刺眼,不如《时报》《申报》之一气读下,明快便易"。商人似未明言个中原因,钱氏则由此推断出白话之《学灯》不如文言之《申报》《时报》"明快易读"的两个理由:一是白话难以表达"理之深奥",二是《学灯》之类的白话实是基于官话标准的白话,而在苏南这样的方言区,语法、语助词均与官话不同,官话白话对"普通人民"而言,"反不如普通文之循口顺诵,不限于方隅"。②

方言—官话问题下文再论,这段对"普通文"与"白话文"的评价,与钱氏此后在《语体文范》中对白话文的质疑理由大体相通,可证钱氏对于白话文表达"高级"事理的可能性,向来缺乏信心。除却向来对文言的熟悉与偏好,这可能关乎其对外源性思想学理本身可以"高深"到何种程度的估计。当时北大的趋新师生改造白话,目的之一正是要使白话文能够表达较高深的"逻辑""哲学"与"美术";③而今人的一些研究亦表明,近代以来文言在译介西方学理与文学书籍时遇到一些难以克服的困难,转用白话文即是在

---

① 《教育部订定小学校教则及课程表》(1912年12月),璩鑫圭、唐良炎编:《中国近代教育史资料汇编·学制演变》,第691页。
② 《国文成绩展览会概要》,《江苏省立第三师范学校校友会杂志》第7卷下册(1918学年)。
③ 傅斯年:《怎样做白话文?》,《新潮》第1卷第2期(1919)。

此方面另辟蹊径。① 但问题是,一方面,即便对西学的了解有一定深度、切身体会到"译事之难"者,也不见得必会支持白话文(如严复);另一方面,多数在文化养成阶段及之后的人生中主要阅读片段性汉译文字、对西学原典接触有限的读书人,恐怕更难意识到此种困难的存在。如前引恽铁樵以为以骈文翻译西书,亦可顺畅无碍;而钱基博这样的地方读书人多能看到当前白话的"不足用",然而似也很难理解当前文言在表达外来学理上的、更深层次的"不足用"。②

反之,裘廷梁对《语体文范》的批评,重点也是落在"文"的社会应用层面。他视文字为求学的"器具",称文言像"金类的鼎彝",白话像"磁类的壶碗",由此强调壶碗比鼎彝"实用",而白话文自身应该、也能够变得"高级"这一点,裘氏似未予以重视。③ 据笔者所见,截至此时,无锡中初等学校中支持白话文的师生通常也是就白话文入门更易、更为"实用"一点立论,有人且以宋儒语录意在"新民",来证明当前推行白话文就是要"使得老妪都解"。④ 至于白话文比文言更"美"或更"深"的可能性,则并未成为地方中青年思虑的重点。

此处进一步涉及的问题是,钱、裘二人自身的身份定位,与设想中白话文在地方的主要施教对象。这些身份定位,关乎其时新文化人力倡的"平民文学"一语。钱基博强调,"文字革新"不能只靠"几个大学学者"的"放言高论","还要靠着我们中学以下的多数国文教员,实施国文教授的人,实地的实验,虚心的商榷,或者有

---

① 参见沈国威《一名之立 旬月踟蹰:严复译词研究》,社会科学文献出版社2019年版,第239—278页;陈平原:《现代中国的述学文体》,北京大学出版社2020年版。
② 钱基博:《复裘葆良先生》,《无锡县教育会年刊》第2期(1921)。
③ 裘可桴:《致钱子泉书》,《无锡县教育会年刊》第2期(1921)。
④ 朱杰:《白话与语录》,《弘毅日志汇刊》1920年第1期。

些希望"。他区分"我们"地方教员与"他们"大学学者,称后者虽然"树着一块'平民文学'的招牌",但"天然与普通一般平民是不切近的"。"他们"大学学者可以用"平民文学""哄吓"北京城里的教育总长,"我们"却"不能拿来搪塞学生家属的责备"。① 他指责蔡元培、钱玄同因为高高在上,严重低估小学生的国文学习能力;②而相对新文学家在提倡"平民文学"时却使用"中国官阀的一种话法"(即官话),钱氏特地将1917年自己原本用作方志材料的、收集地方里谚歌谣的暑期学生实践成果附在书后,"供研究平民文学的材料"。③

在另一方面,地方教员身为"秀民",地位、见识高于一般民众的意识,却也为钱基博所坚持。④ 其设想的白话文施教对象主要是异于校外民众的学生,此外他也顾及"社会""普通人民"的态度需求,但在此他通常凸显的是社会阶层偏中上的学生家长,即身为地方学校(尤其中等学校)教师"对口"接触的"社会"民众类别。部令下达后,钱氏已不反对白话文在学校体制中的存在,还曾在校中组织本科生讨论白话文做法,对学生指出的一些旧文学的缺点,也能大体认可,并将这些论说公布于校友会刊物。⑤ 只是他在著作中与引导学生讨论时,强调但凡是"文"便须注重章法与修辞,这却被裘廷梁指为"文章家"趣味的表现。相比之下,裘廷梁较多沿袭其在晚清时的启蒙旨趣,所谓"社会"主要泛指全体或"多数"民众;至"五四"时期,裘氏所言的"多数"已经包含了多数校内学

---

① 钱基博编著:《语体文范》卷上,第30—31页。
② 钱基博编著:《语体文范》卷中,第25页。
③ 钱基博编著:《语体文范》,附编目录第1—2页。
④ 钱基博:《江苏省立第三师范学校国文科教授进程之说明书》,《无锡县教育会年刊》第3期(1922)。
⑤ 钱基博:《本科三年级语体文作法的讨论》,《江苏省立第三师范校友会丛刊》第27期(1920年7月)。

生,但多数学生与校外民众对白话文的需求差别,则非其关注重点。他强调只有专研(狭义的)"文学"者才需关注"美"的问题,而这却又忽略了钱基博作为地方中等学校教员的身份及相关的教育需求。如前所述,中等教育在地方已属于"精英"教育层级,此间教学虽不及大学研究精深,但也确有在"文"之表现力上的"提高"要求,这一要求且不宜被可以摊入别科的智识提高要求所全然覆盖。

再论方言—官话问题。结合这一问题,钱基博认为白话文与文言的学习难度相等,甚至白话文还会更难学,一大理由便是无锡属于南方吴方言区,在他看来"教白话文,不可不先使之略知官话",这便意味着在苏南"教白话文之费事,或且甚于普通文"。①后来他又援引之前已屡次引用的南京高师教授陆殿扬(步青,1891—1972,江苏吴县人)的说法,②称文言文不会掺杂土语,故而易懂。③

习白话文,需要先习官话,这是一种"先语后文"的思路,或是受了某些国语运动提倡者的影响(即先有口说之国语的统一,后有国语"文"的普及)。该思路因吴稚晖等人与无锡的联系而向来为锡邑教育界所分享,④将在下节略述。在此需要指出的是,钱基博的这一论断,多少是将白话文"入门"的难易与按学校国文教师期

---

① 《国文成绩展览会概要》,《江苏省立第三师范学校校友会杂志》第 7 卷下册(1918 学年)。

② 陆殿扬演讲,周邦道笔记:《修辞学与语体文》,《东方杂志》第 17 卷第 12 期(1920)。实际上陆倾向于提倡白话文,其原意与钱氏对他的理解有异,裘廷梁在《再致钱子泉论语体文书》中已指出这一点。

③ 钱基博:《江苏省立第三师范学校国文科教授进程之说明书》,《无锡县教育会年刊》第 3 期(1922)。

④ 吴稚晖讲,秦凤翔述:《名人讲演会纪录·注音字母》,《江苏省立第三师范学校校友会杂志》第 7 卷下册(1918 学年)。吴稚晖籍贯为江苏武进,但其生地靠近无锡,平生也时常自许无锡人,只是他与无锡地方的新老辈均有交谊,并非仅为新派奥援。参见朱邦华《无锡民国史话》,第 10 页。

许"写好"的难易混为一谈。就"入门"难易而言,今人业已指出,晚清白话报除谣讴以外,多半使用官话白话而非方言;尽管江浙吴方言区有自己的方言文学传统,但晚清以来该区涌现的白话报刊大部分使用的乃是官话白话。① 大而言之,"五四"之前可以通行中国各地之"文",实不仅指文言文,也应至少包括一部分主采官话语法的白话文;而默认官话白话文在表达浅显的思想与在转译口头方言上比文言文容易,也几乎是晚清以来意在"启蒙"普通民众的白话文运动的一大逻辑前提。据此,钱基博似是放大了方言土语在白话文中的存在,高估了官话白话文"入门"的难度,也几乎是在质疑晚清白话文运动的这一逻辑前提,这自然是裘氏难以接受的。在第一封复信中,裘氏甚至认定钱基博是受了什么"刺激","人人都知道的白话比文言容易做,改用白话,是大多数人的便利,你都不信"。在第二封复信中他又劝告钱氏要多"替别人想想",意识到四万万人不都是有钱氏一样的"天才"或"境遇";对钱氏作语体文和作文言文难度一样的论点,裘氏大呼"稀奇",字里行间,颇有指斥钱基博"不可理喻"的意味。②

总之,在此番辩论中,钱基博是一定程度上混同了白话文"入门"的难易问题与"提高"的必要性问题,同时又对白话文提高的"潜力"缺乏信心;而争论的另一方,却也对白话文"高深化"的潜力缺乏探讨。争辩双方存在相近之处,即都延续了晚清既有的观念,白话文本身依然被默认为难以变得"高级"——只是一方认为"高级"是"文"之教育理所当然的努力方向(文言应比白话"高级",故"文"之进阶,正常来讲仍应是从白话进阶至文言),另一方

---

① 王风:《世运推移与文章兴替——中国近代文学论集》,北京大学出版社2015年版,第194—195页。

② 裘可桴:《致钱子泉书》《再致钱子泉论语体文书》,《无锡县教育会年刊》第2期(1921)。

认为"高级"意味着专属于少数人,而教育更应考虑大多数"民"的便利。而白话文"高深化"的潜力优于文言(故而普及文化与提高文化两方面的价值均优于文言)的认识,正是"五四"白话文运动倡导者的重要新意所在,以及他们乐观精神的一大源泉;无论相对激进还是保守,关切无锡地方教育的人士起初均缺乏此种认识,遂促使此番白话文运动的"落地"过程,具有了更多的以新风潮"助推"旧思路的意味。

进一步讲,白话文在"提高"方面的潜力问题,在开初通常是北大师生及其他一些大都市高等学校师生才认识得到,而像无锡之类地方的教育界,基本属于中初等教育的世界。也即某些时候,对"五四"白话文运动的思路有多少理解,本不取决于接引外界知识信息有多少客观障碍;一地读书人能否迅速、顺利地"吃透"新文化人提倡的改革思路,实受其"五四"前后身份与事业攸关的"问题意识"影响。如当时的江苏省教育会副会长黄炎培,久驻上海,信息通畅,但多少由于平日主要面对的是各地中初等教育界的人员和问题,对于北大胡适等人较新的思路,他一开始也未深入了解。1919年在组织江苏各地小学研究白话文时,他只强调白话比文言简单易学,并赞同南京的江苏省立四师的反馈意见,称应令升学者从语体学到文言,而对将来学习农工商的学生单教白话文,两厢区别对待。[①] 后来任教南京高等师范的俞子夷向黄氏指出,区分升学和就职就是存了划分"我们"和"他们"的阶级思想;且白话还要"提高",不能满足于简单应用,至此黄氏方才认识到自己早先思路的问题。[②] 身在上海省教育会或南京省立普通师范、接引

[①] 黄炎培:《小学校用白话文的研究》,《新教育》第2卷第1期(1919年9月,实10月)。

[②] 黄炎培:《小学校白话文教授的讨论》,《新教育》第2卷第4期(1919年12月,实1920年3月底或4月)。

外部信息顺畅无碍的人士，一开始也不免沿用晚清的思路理解当前已然更新的思路，无锡地方教育界的上述理解倾向，也便无足称怪。

而对于地方争论双方共性以外的种种"曲解"，当时有制度性的"修正"手段，但此类手段通常也未能、或无意向地方教育界充分说明白话文求美求深的潜力。钱基厚所拟出无锡县知事致江苏教育厅的呈文，与其兄观点相近，而江苏教育厅厅长胡家祺、省长齐耀琳并未察觉该意见有何不妥，且将呈文分送各县及省立师范，以资参考。① 最后，当呈文交到中央教育部所属的国语统一筹备会，文中内容才遭到了逐条批驳。这些批驳与裘廷梁的看法相近，如对于所谓普通文与语体文难度相近的论调，驳称语体文显然较普通文易解；对"先普及口说国语，才能言文一致"的观点，驳称国语教育也在推进中，且官话白话文本来"各地之人能解"，推行国语，亦非以废除方言为代价。对于文言较白话文更"简易"之说，则驳称若以"简洁"而非"简单"理解"简"，则"简"与"易"是两回事，文言过"简"，反而会导致学习"不易"。②

之后，这一辨正态度且以部令形式下发，以图消除《语体文范》在东南地方造成的"消极"影响。③ 但揆诸后事，此番在新制"落地"初期发生的争辩，并未导致"真理越辩越明"，而可能只是冷却了钱氏兄弟本就不甚高的研讨白话文的热情。在经过中央"辨正"（辨正意见他们也应当看过）的问题上，他们此后依然愿意、也能够坚持己见，这种坚持也继续影响到了无锡地方的白话文实践。

---

① 《江苏教育厅训令》(1920年3月17日)，钱基博编著：《语体文范》，栏页第5页。
② 《教育部发无锡县知事杨国文改授语体文原呈交国语统一筹办会核议辨正文》(1920年5月13日)，钱基博编著：《语体文范》，栏页第6—13页。
③ 《咨浙江省长〈语体文范〉与推行国语教育宗旨不合文》(1920年9月21日)，《教育公报》第7年第11期(1920年11月20日)。

三、新界线的生成与延续

在1920年的变制之后,白话文与新教育风潮进一步结合,中央推出了一系列的后续措施。至1923年,教育部颁布了新学制下的中小学各科课程标准纲要。其中语言文学一块,"国文科"多改"国语科",而主攻白话与主攻文言的分界线已较旧制为高,大致定在初级中学阶段。然而,部令并未配套足够具体的实施细则,也缺乏各级行政部门的强力保障。除却既有的行政能力问题,尚有理解问题,如上所述,县知事、江苏省长、教育厅长等各级官员,对此变制命令都不见得有多理解。略如钱基博所讽刺的,教育部"冒冒失失的"下一个"语体文实施"的令,可是也"仅能"下达这样一个原则性的命令。①

这一局面也不完全是国家"无力",也可能是国家顺水推舟的"无意"。新课程纲要以1922年明文规定"多留各地方伸缩余地"的新学制为基本背景,②地方对制度的斟酌余地,相当一部分正是制度本身所赋予甚至放大的。而上节论及的"辩驳"行为,并无太多强制力可言,各地的批驳者或不知驳斥意见的存在,或知晓此类意见但仍不理解,或理解了但仍坚持前见,因此某些在新文化人看来已被"驳倒"或不值一驳的观点,在地方实践中仍能持续造成影响。例如身为1920年成立的无锡国学专修馆馆长的唐文治(蔚芝,1865—1954,江苏太仓人),至1923年左右仍以"白话与文字必不能合而为一"、国语难以定出"标准"、白话文"戕贼本国之文化"为由,主张"严行禁绝"白话文,而国专中的教学,亦无甚疑义地尊

---

① 钱基博编著:《语体文范》,卷上第31页。
② 《大总统颁布施行之学校系统改革案》(1922年11月1日),璩鑫圭、唐良炎编:《中国近代教育史资料汇编·学制演变》,第990页。

奉古文为正道。[1]

　　而相对江苏省教育会领导人认为新学制采用"纵横活动主义","其妙处几等于无学制",[2]无锡教育界的一些头面人物,则从另外的角度理解这种制度本身允许乃至放大的地方能动性。早先三师校长顾倬在面向该校毕业生的演讲中便指出,国家鼓励地方自行摸索革新不见得是好事,因这等于是在师资、教材均不到位的情况下拿学生做试验,即使三五年后能有"标准语模范文",在此三五年中"全国儿童所为牺牲者,殆已不知凡几"。据此,便须以另外的方式发挥能动性:一方面,当前势成骑虎,师范毕业生务必研习普通语和语体文;另一方面,国民学校一、二年级改语体文"实际能否励行全国,要在不可知之数",因此"与其不能而牺牲无限之儿童,毋宁暂缓而违背部令,问之良心较可以自安",[3]也即地方不应"放任"白话文的依令推行,地方能动性的发扬正是对来自中央的"乱命"聊作"补救"。

　　可以说,前引1920年钱基厚起草的地方实施语体办法,正是依循了寓"补救"于"遵奉"之中的思路,唯"遵奉"的意味较顾倬的意见更强一些。国民学校一、二年级用语体文,呈文表示将予遵守,只是基于白话文更不受当前"社会"欢迎的判断,又强调国民学校至第三学年增加"普通文"三分之一,第四学年增加普通文三分之二,以便"应用"。[4] 同意地方低年级教学语体,或是因为低年级主授单字单句,而离真正"成文"尚远,故此尚可妥协。但到了

---

[1] 唐文治:《学校论》(1923),邓国光辑释:《唐文治文集》第2册,上海古籍出版社2018年版,第683—685页。
[2] 沈恩孚:《准备施行新学制之意见》,《新教育》第4卷第2期(1922)。
[3] 顾倬:《四告毕业同学》,《江苏省立第三师范校友会丛刊》1920年5月。
[4] 《无锡国民学校教授语体文暂定施行办法》,钱基博编著:《语体文范》,栏页第5页。

需要"成文"的阶段,就必须学习读写"普通文"。1920年刊出的三师附小国文部研究报告,亦称国民科读法"首宜授以与语言一致之简单文字,渐授以简易之普通文及应用文"。① 在高等小学层级,则更须讲求"文学'美'之意味","'美'之意味"即由文言来保证,如钱基博的三师国文讲义中开列高小国文教材目录,注重引发"儿童兴味",但选文均为文言。②

需要说明,无锡此种因应在整个苏省诚然偏于保守,但也非独一无二。如在苏北海州,约至1920年下半年除省立八师附小外,其余小学均未添授国语,"至我研究国语的同志,仅限于校内几位,大有吾道太孤之势"。③ 一些主张白话文的苏南地方教员,对白话文迅速取得针对文言的"完胜",同样未抱奢望。④ 国家制度也认可沿学级的增高白话比重递减,甚至中学的较高学级仍主授文言,这或有引文言以济当前白话之穷的考虑,也应是为减轻各地的变革阻力;而事实上,正式部令有时亦可被地方人士选择性地引用。如在向安徽滁县教育会介绍三师国文教授状况的报告书中,钱基博即援引了民国元年及五年的教育部定师范学校规程,却未及1920年推行语体文的部令,以证校中"国文要旨在通解普通语言文字"的合法性。这可能是稍早三师国文的状况,但该文登于1922年的县教育会年刊,或可表明钱氏以为旧时部令与相应的地方经验,至此仍未"过时"。⑤ 1922年,三师教员陈纶出任三师校

---

① 《国文教授纲要》,《江苏省立第三师范附属小学校国文部研究报告》1920年第2期。
② 钱基博:《江苏第三师范学校国文讲义》。
③ 朱仲琴:《吾国小学之实际问题》,《新教育》第3卷第1期(1920)。
④ 黄炎培:《小学校白话文教授的讨论》,《新教育》第2卷第4期(1919年12月,实1920年3月底或4月)。
⑤ 钱基博:《复滁县教育会询省立第三师范学校国文教授报告书》,《无锡县教育会年刊》第3期(1922)。

长,钱基博升任教务主任。1923年秋钱氏辞去教务主任之职,转任上海圣约翰大学国文教师,但仍在无锡三师授课。在三师的教授实践中,钱氏涵纳了白话文的内容,唯其着力重点仍在文言。① 对于胡适改订后的高中国语课程纲要,他也着重阐发其中练习文言能力的内容,彼之"过渡"方案,在此依然可为文言价值长存的确证。②

当然,在另一面,中央政令可被理解为对于变革大方向的"预示",促成白话文真正成为地方需要接受的"大势所趋"。1920年初,江苏省教育会致函本省各师范及附小,引用1919年全国教育会联合会议决的推行国语案,成立"国语研究会",组织各师范及附小教职员到会传习。③ 在无锡,由县公署及省立三师等政学机构牵头,县属市乡亦纷纷组织国语研究会、国语讲习所等,教员中有毕业于南京高等师范国语讲习科者,据称一时间地方听者甚众。④ 1920年末,无锡劝学所又奉省教育厅及县知事令,筹备地方的国语统一筹备会分会。⑤ 而原对白话文改革颇有微词的三师校长顾倬,也于1921年初的寒假开办"国语研究会",除三师毕业生外,地方小学教员"须由县署第三科主任、劝学所所长、县教育会会长、各市乡学务委员一人之介绍方得与会",意图将此番活动限定

---

① 参见钱基博《三师国文课余自修文钞指导书》,《无锡新报·思潮月刊》1922年12月16日,第1—3版;傅宏星校订:《钱基博集·国学必读》,华中师范大学出版社2012年版。

② 钱基博:《国文科正名私议》,《申报·教育与人生》第25期(1924年4月7日)。

③ 《省教育会定期开国语研究会》,《申报》1920年2月8日,第10版;《省教育会二届讲注音字母纪》,《申报》1920年4月13日,第10版。

④ 《国语讲习所续招第二班学员》,《锡报》1920年5月6日,第2版;《筹设国语讲习会》,《新无锡》1920年5月7日第3版。

⑤ 《筹备国语统一分会》,《新无锡》1920年11月9日,第2版。

在地方教育界既有之权力网络的控制范围内。①

在校中,1920年春假返学后或秋季学期开始,无锡的小学也推广了听说读写各层面的白话练习,唯因处于草创阶段,有学校反映教国语"和教外国语差不多"。另有高小学生缀文时或用语体或用文言,因为早年所习为文言,也存在语体命题而以文言作答的状况。②

小学文体革新在地方围绕制度要求的摸索中前行,而在其他教育层级或场合,基于书刊信息流通未被立场相对保守的"守门人"垄断的状况,不少青年师生也坚定了白话文代表文体改革方向的判断,对相应革新内容的理解,也逐渐接近都市的新文化领袖。1920年三师学生负责的《弘毅日志汇刊》中已登出一些白话新诗,但思路较接近同期苏教育会与东南国民党人对白话诗文的理解,即注重"社会性"或"应用"价值,而较忽视对"美"的追求。后来在《弘毅月刊》等校刊中,学生虽然依旧通过白话文关注社会问题,但其白话文已渐有求美求深的意识。1922年9月起,《无锡新报》创设由钱基博主持的《文学月刊》,③该副刊多用文言,偶见白话,对于"文学"大致取传统的较广义,在起首文论以下,有史料、文苑、词林、联丛、笺存、诗文话等门类。④ 同在1922年9月创刊的《无锡新报·星期增刊》,则与之形成对垒之势,曾登出钱玄同、周作人、梁实秋等名家的白话作品,此外多刊载居乡或外出求学(多在上海、南京两地)的无锡青年的白话文论、小说与新诗(包括自

---

① 《三师开办国语研究会志闻》,《新无锡》1920年12月28日,第2—3版;《国语研究会》,《新无锡》1921年1月3日,第3版。
② 《实行说普通话》,《江苏省立第三师范附属小学校月刊》1920年第3—5期;女子师范附属小学文艺教学部:《国语教学概况》,《无锡县教育会年刊》第3期(1922)。
③ 另有钱基博负责的副刊《思潮月刊》,此不赘。
④ 钱基博:《发端》,《无锡新报·文学月刊》1922年9月1日,第1版。

作与译作),反映出编作者对文学研究会与革新后的上海《小说月报》的旨趣较为熟悉。刊文定义"文学",以为"文学是用文字的形式表示生命的流动的纯粹的情感",大致是理解为"纯文学",相比钱基博的定义更"新",却也更形狭隘。①

其中,曾为"文学"下定义的县立高小教员潘渊(梓年),在1922年11月间《星期增刊》的义学专号中登出该期中最长的一篇文章,批评钱基博在该年三师暑期讲习会上题为"我之中国文学的观察"的演讲。中称钱氏对所谓"现实文学"与"浪漫文学"的判别标准过于随意,往往自相矛盾;以"简而尽"评判文学作品是否有价值,却没有区分"简"有"简单"与"简括"两义;针对钱氏的几条文学史性质的判断,如认《尚书》为古白话文、《诗经》为古白话诗、"文言创于老子"、"《论语》属于文言"、"孔子作而文言兴白话废"、"欧西各国语不同而文同"等,潘氏一一驳斥,指其判别文白标准混乱,且又缺乏历史证据,属于臆断。② 钱基博对于这些质疑,并未具体回复,而是引经据典,大力论证对方不应剥夺自己在此问题上持异议的自由。③ 钱氏自居持"异议"者,似是默认当下的"主流"已在鼓吹白话文一方。而《星期增刊》后续对《文学月刊》的批评,也颇有自居"多数"以批评"少数"的意味。有作者固然"佩服"钱氏对现代思潮有所采纳,因此不同于一味守旧的"鸿儒硕彦",但月刊终归内容过时,这也在相当程度上导致了投稿之人太少。此文作者自认并非极端趋新,但钱氏这种基于"五四"前的认知形成折衷观念的人士,也已在"多数"地方青年的对照下,

---

① 健人:《文学究竟是什么?》,《无锡新报·星期增刊》1922年10月15日,第4版;潘梓年:《文学是什么》,《无锡新报·星期增刊》1923年2月18日,第1—2版。
② 梓年:《关于"中国文学"的几个问题》,《无锡新报·星期增刊》1922年11月12日,第1—3版。
③ 钱基博:《论衡篇告逸民》,《无锡新报·文学月刊》1922年12月1日,第1版。

成为外于"现代思潮"的"少数"。①

而在合乎"现代思潮"的前提之下,纠结于文白、新旧之别,在稍后的一些师生看来也已显得不合时宜。1924年1月,《无锡新报·星期增刊》定于每月第四周的周日发行"文学特刊"(实际有失期),由设在《无锡新报》报社内、由无锡青年学生组成的"慧社"编辑。② 特刊主用白话,但提倡所谓"真的文学",主张文学只有真与假、好与不好,而没有新旧之别。③ 另有文章称,新旧文学家理应放弃无谓的新旧争执,而同去"整理国故"。④

较温和的论调并未一统天下,地方文白之争复有更激烈的表现形式。这一部分关乎国共两党在无锡地方的发展,通常是将文白问题与针对地方既有权力网络的斗争联系起来,地方激进青年对文言的攻击常与对中老年"士绅"的攻击共存伴生。⑤ 另一部分,则表现为教育界内部的激进与稳健/保守之争。多少由于制度规定所在,原先在政治上并不激进的某些教育组织,也可以在文白问题上持续表现激进。如由江苏省教育会重要成员俞子夷、吴研因(新学制小学国语科课程纲要起草者)等人发起成立的"江苏省立师范附属小学联合会",便成为无锡提倡白话文者的有力"外援"。1925年末,江苏师范附小联合会在无锡召开大会,合议取缔

---

① 炯:《读〈文学月刊〉以后的一篇拉杂话》,《无锡新报·星期增刊》1923年6月10日,第1版。
② 《本刊启事》,《无锡新报·星期增刊》1924年1月20日,第1版。
③ 《宣言》、孙荆楚《真的文学是什么?》,《无锡新报·星期增刊》文学特刊第1期,1924年1月27日,第1—2版;孙荆楚:《文学上的"新"与"旧"》,《无锡新报·星期增刊》文学特刊第3期,1924年3月30日,第1—2版。
④ 炯:《国故与新文学》,《无锡新报·星期增刊》文学特刊第2期,1924年3月2日,第1版。按,苏州教育界此时也有类似见解,见张圣瑜《五年来对于国文教学上之一些经验》、王炽昌《师范学校第三四学年国文教学的管见》,《江苏省立第一师范学校年刊》第1卷第1期(1923年)。
⑤ 参见则民(秦邦宪)《随感》,无锡市史志办公室编:《秦邦宪(博古)文集》,中共党史出版社2007年版,第1页。

文言教科书办法。据称顾倬到场劝说,称小学不应废止文言,但未获响应。复经俞子夷等提议,会场中集中三师附小捐出的约200册旧文言教科书,当众焚毁,这被一些人戏称为"秦始皇后之第二次焚书"。之后,顾倬、侯鸿鉴、钱基博等以县教育会与劝学所名义,邀附小联合会主事赴宴,席间侯鸿鉴等再论文言绝不可废,后经无锡县知事调停,双方未当场发生冲突。① 据笔者所见,到这一时间点,至少无锡城区的小学似已普遍采用外界(主要是上海)出版的白话国语教科书,顾倬、侯鸿鉴、钱基博等人虽有保留意见,但对于邑中风气开通之区初等教育层级白话文的普及态势,基本已无能为力。

上述后续变化,整体上是制度变革与既起的思想文化风潮互相激荡,使白话文得以真正在地方学校系统中立足。不过,此类制度在执行中,很大程度上要靠地方自行摸索,产生的种种乱象也难以及时得到解决。其中,听说层面的国语与书写层面的白话文如何结合的问题似乎尤为突出,因"言"与"文"的改革双管齐下,一些地方学校听与说层面的国语教学须在某些年级的课外进行,推行白话后课时紧张的问题,依然未得缓解。② 改革任务繁重,成效也不甚佳,一些地方教育界人士遂希望国家与官方更强力地介入。如早先顾倬在三师校内演讲中,曾提出即便要在学校推广白话文,也要"由中央政府,组织国语调查会,调查各地方言,而决定一种最通行之标准语,颁行海内,设立传习所,强迫全国师范学校之学生,及各地方中小学校之教员,以操同一之语,作同一之音",即由国家

---

① 《第三届苏浙皖三省师范附小联合会在锡开会纪》,《申报》1925年12月5日,第7版;吴研因:《旧中国的小学语文教材》,《文史资料选辑》第40辑,第223—224页。按,吴研因将此事误系于1921年,因吴氏回忆中提及的无锡县知事杨天骥(千里)应系1925年到任。

② 《女子师范附属小学文艺教学部报告》,《国语教学概况》,《无锡县教育会年刊》第3期(1922)。

主导,"先语后文"。① 至1922年他又指出,在国语推广中,教育部向省、省向县逐级推卸责任,部办、省办国语传习所"为期至短",县办者"尤短",大都仅为"涂饰门面",国语音标读法确否"在所不问",而国语语典至今无善本,官方执行力如此低下,"岂真以《水浒》《红楼》为度尽金针,可一任小学教员人人之自习乎"?② 他虽主张在中央下达"乱命"的情况下,地方要尽力补救,以减少学生的"牺牲";可是在他眼中,"应然"状态下国家、官方的强力角色,却依旧不可或缺。

1923年《无锡县教育会年刊》中又刊载一文,作者提到江苏省内师范大都将国语科"视作部令式的技术科,虽列此科,却不能与别科并重,甚或有不设此科,看作无足轻重的"。"不设此科"当指仍设维持言文分离的"国文科",其中,"国语"在听说层面的推广问题更大。省内中学对于"国语"更是"几乎是十九不加注意,尤不如师范学校之稍有研究"。至于小学,则"因教本和教师的缺乏,不能根本改革",只能教出"非驴非马"的语言。对此,作者一方面建议"现代文学家"在文白问题上不要太过操切,一方面又着重建议官厅须"彻底觉悟,严定考成",督责地方教育界厉行国语,教员上课、官场谈话、洋人来华都要责令使用国语,如此实施十年,方有真正改良的希望。③ 与顾倬不同,该文作者明确支持白话文,面对成效不彰的局面,更是大力呼吁"以国法易风俗",全面动用

---

① 顾倬:《四告毕业同学》,《江苏省立第三师范校友会丛刊》第4期(1920年5月)。
② 顾倬:《推行国语》,《义务教育》第12期(1922)。
③ 吴蒙:《国语不能统一的原因》,《无锡县教育会年刊》第4期(1923)。有学者提到,不少国语运动的提倡者实际默许"蓝青官话"的广泛存在,见王东杰《"打折"的统一:中国国语运动中的"不统一主义"》,《社会科学研究》2017年第2期,第144—166页。但需要说明,一种足够在本方言区内使用的"国音乡调"出了该方言区,其"蓝青"的程度很可能会导致其难以被外人听懂(尤其在南方)。也即在实际操作中允许"蓝青"到什么程度,各人各地标准各异,这可能会给国语运动造成难以忽视的消极影响。

行政强力。但在声音储存与广播设备远谈不上普及的1920年代，广泛的语音刺激困难重重，此种较书面白话推广所需程度更高的国家强力，也几乎不可能实现。于是进展迟缓的听说层面的国语推广，尚可被偏保守的地方人士用以佐证言文"不可能"一致之类的既有判断，从而对地方的白话文运动持续造成消极影响。

概言之，截至北伐成功、江南易主之前，在无锡地方教育界，白话文主要是实现了在学校教育系统内的"立足"，而难言取得了宰制性的地位。尤其在一些较高、也往往被认为仍旧属于"精英"教育的层级，文言的重要性甚至主体地位依然难以动摇。新的文白分界线得以在地方生成并延续，而这很难说是某一方有意安排出的"理想"局面，而是一种在制度与多向度的地方能动性综合作用下形成的各行其是的状态。无锡国专的馆长唐文治坚决反对白话文，在国专校内尚可专攻文言；而无锡面向普通民众的社会教育，白话文的使用向来无碍；顾倬、钱基博等原则上已不反对白话文入校，但主要致力于文言能力与价值的代际传播；地方青年师生中，有坚决主张白话文者，也有视文白之争为无谓者，这种部分肯定文言的态度可以理解为"折衷"，但折衷的具体表现又异于钱基博等。大体而言，据1926年无锡地方教育调查，白话文在地方小学中的主体地位似已稳固，只是仍有少数人称教学中是"文语并用"或纯用文言，以及在乡村地区依然难以推广语体文。[①] 而到这一年，尚未改办新制中学的省立三师，入学考试不单考查通篇文言译白话，且考查通篇白话译文言，要求小学生不仅具备句读与读解文言的能力，还应具备文言写作能力，其对文言水准作为更高学级门

---

① 石民佣：《研究小学国语教学法的调查》，《江苏省立第三师范学校校友会月刊》1926年第11—12合期。

槛的坚持,堪称一以贯之。①

结　　语

本文力图通过个案考察,揭示"五四"白话文运动地方化的动态过程。而现今的五四新文化运动研究,仍多着力于当时书报言论本身的内容与传播,此番结合"言"与"行"的考察,或可借以在制度化实践的层面进一步评估新文化运动能够达致的影响限度。

今人已然提出,"五四"文学革命应可被视为"把不同的思路捆扎在一起的绳子"。② 本文借用这一譬喻,是指晚清通常区分"我们"士大夫和"他们"普通民众的白话文运动,与胡适等人的白话文运动思路存在差异,但都被视作白话文运动;而国语议题与白话文议题相关而不尽相同,但也常被晚清到"五四"的时人混为一谈。胡适、罗家伦等人有意与"言文一致"之类的既有口号保持距离,但1920年引发整个教育系统改革的教育部令中却赫然写着"言文一致"。对于这一制度变革,胡适诸人的评述也颇暧昧,有时他们会据为己功,但有时又认为此种变革并非他们所倡的"国语文学"的思路,而只可算是晚清白话文运动思路的一个延伸。③

大都市以外的地方对于"五四"白话文的理解及相应的地方实践,则令白话文运动的整体面貌更趋复杂。不过,这样的情形不

---

① 《本校十五年度入学试验标准及方法通告》,《江苏省立第三师范学校校友会月刊》1926年第9—10合期;《十五年度新生入学试验题》,《江苏省立第三师范学校校友会月刊》1926年第11—12合期。

② 王风:《文学革命的胡适叙事与周氏兄弟路线——兼及"新文学"、"现代文学"的概念问题》,《中国现代文学研究丛刊》2006年第1期,第49—53页。

③ 胡适讲,严既澄、华超记:《国语运动的历史》,《教育杂志》第13卷第11期(1921)。

宜一味归因于地方接受知识信息的客观障碍——如前所述,无锡这样的地方接受外部新知新潮的物质条件颇为优越,地方读书人(尤其是久居城区者)获取新思潮、新文化的书刊,客观上并无多大困难。故此,白话文的"落地"普遍伴随着(在新文化人眼中)被"打折"、被"扭曲"的情况,尚须着重从"地方能动性"的角度予以理解。

此种能动性,也不纯是出于主观任意,而是关乎地方权力网络、学科教育实践、文白议题在此类实践中的地位,以及地方人士对于"制度"的总体应对方式。大致来说,民初以来地方教育界甚为重视国文教育,又常以为国文成绩不彰,但在"五四"之前,主用文言与主用白话之间的界线基本仍在学校教育系统的"入口"处,也即社会教育与学校教育之间的位置。换句话说,普遍意识到教学困难、人心思变,不等于会"自然"地统一朝着后人所见的特定方向变;以白话代文言的思路在吸收外界新知无甚障碍的地方虽已存在,但也一向缺乏源于地方本身的普遍化动力。

据此,1920年推行语体的中央行政命令,对于地方或仍有一定的"突然性"。而教育部令的措辞旨趣混合了国语运动与更"新"的白话文运动的思路,地方教育界对此番革新的理解更加不免歧异迭出。再进言之,这样一场表面空前剧烈的文教革新,却又伴随着维持、扩大地方能动性的规定。这原应是为鼓励地方自行探索具体的革新之道,但事实上,这也允许乃至鼓励了阻遏革新的地方能动性之发挥。这并不意味着地方教育界人士在根本上倾向于轻视制度的作用或官方的角色,相反,制度与官方的作用通常被认为不可或缺,只是面对各自观念中官方作为的"应然"与"实然"状态之间的张力,地方人士或强调地方的自主空间,用于探索具体的革新或"补救"之方,或因手足无措或某方面成效不佳,而呼吁国家细化政策,在执行中变得更强力。① 实际发生的情况是,教育部国语统一会等中央机构仅能提供辨正意见,地方上的歧异难以"自然"消弭或走向融合,而是化入了各行其是的实践。一方面,趋新者利用这一制度变化指示的变革方向,巩固了白话文在地方学校教育中的地位;但另一方面,具有"过渡"意味的、在高学级保持较高比重文言的制度设计,在一些地方人士看来恰可证明文言仍比白话"高级",价值足堪长存,文言在地方教育系统内,也保有至少不小于而时常更高于制度规定的生存空间。

质言之,文白议题属于乍看逻辑简单但内里思路实际相当复杂的一个议题。而整体上看,新文化人提倡精英与大众均用白话文,不等于认为当前白话文已然足用;白话文不单"需要"在"提高"意义上的改造,且"能够"如是改造,这一逻辑一开始在地方却没有太多理解与应和者。早先地方上更多是顺延了晚清时的思路,以为白话文适于社会应用与教育普及,如此不免忽视白话在"提高"方面的潜力。新文化人所掀动的风潮,开初多是作为将晚清的旧思路顺延并普遍化的"助推器",而为地方趋新者所接受。之后,白话文求美求深的潜能,才渐为部分地方人士所认知。在无锡,民初教育界头面人物的权势在"五四"后也未被取消,一些锡籍的趋新者与相对保守的人物也能基本尊重言论自由,②因此无锡似未曾因文白议题爆发大规模的地方冲突。然而,在部分地方读书人"吃透"外界重视"提高"不亚于"普及"的具体思路之前,文

---

① 裘廷梁曾言,地方上的"保守"分子其实也向来"靠着部章作护符",只是此番护符"竟失了效力"而已。见裘可桴《再致钱子泉论语体文书》,《无锡县教育会年刊》第2期(1921)。

② 钱基博的情形见上文,而裘廷梁在1927年亦曾致书攻击唐文治的无锡青年,称:"士各有志,不必强尽同,周秦诸子学说各异,而思想发展,卓绝古今,今安有在民主政体之下,人与人干涉信仰自由者?"见丁福保《可桴裘先生家传》,裘廷梁:《可桴文存·家传》,第2页。

白二元对立的观念已然"落地",偏好白话与偏好文言者在此之后,也再难有合作无间、共同细致研求言文改良的意愿与可能性。

新文化人曾根据"教育制度是上下连接的"一则判断,期盼"牵一发而动全身":"第一二年改了国语,初级师范就不能不改了,高等小学也多跟着改了。初级师范改了,高等师范也就不能不改动了。"①可是,断然变革,诚然是"从下手处下手",以打破无从下手的僵局;②唯"断然"在当时情况下又易于促成壁垒,坐实或者强化某些阻力,从而影响到改革的推进与深化。实际的结果,是白话从地方学校系统的"入口处"涨到门内后再未退出,主授白话与主授文言的界线大致在小学高年级与初中之间浮动,但白话从未有望将文言完全"淹没"。诚然,因文言被从低学级"釜底抽薪",学生文言功底将一代不如一代,文白之间的势力消长会持续向有利于白话一边变化;但这一进程是缓慢的,其中地方与制度因素的综合,对这种"慢速推进"的状况存在未可小觑的影响。

据此而论,恐怕不是古文在国民党掌权后"死灰复燃",③因古文即便在地方教育系统内也从未成为"死灰";原先新文化人希望不会太长的文白"过渡"期,其实成为了"五四"延至国民政府时期的一种"常态"。至1930年代,对本国国文教育质量低下的批评声浪不断,但或归咎于未臻完善的白话,或归因于未予灭绝的文言,各方开出的"药方"依然可能截然相反。当时,学校中白话文的比例继续有所增加,但从初一到高三,语体递减、文言递增以至成为主体,仍系制度要求并常见于苏南与无锡地方中学的课表。而已不再于锡邑担任教职的钱基博,在任教湖南国立师范学院时编撰的《国师文范》中也再次抬出部章,以白话文"照教部规定,初中已

---

① 胡适:《五十年来中国之文学》,欧阳哲生编:《胡适文集》第3册,第260页。
② 适(胡适):《后努力歌》,《努力周报》第4期(1922年5月28日)。
③ 胡适:《新文化运动与国民党》,《新月》第2卷第6—7期(1929)。

告段落,而高中以上,即渐注重文言",佐证选文主采文言的合法合理。① 到这时,文白之争的终局仍未可确知,此问题实际一直到民国完结后,方才有了一个足够确凿的答案。

---

① 钱基博:《国师文范》(约1939年初),傅宏星校订:《钱基博集·文范四种》,华中师范大学出版社2012年版,第391页。

"卖国贼"的生意:"五四"时期上海《新世界》和新民图书馆的经营策略

王 琳

摘要: 五四运动发生后,国内报刊充斥着声讨"卖国贼"的声音,"爱国"成为热门论述。上海的出版市场也紧跟风潮,开始以"卖国贼"为题材出版一些通俗性刊物,其中《新世界》和新民图书馆的表现尤其显著。本文即试图呈现"五四"民族主义话语背后的商业塑造一面。

关键词: 五四运动,"卖国贼",《新世界》,新民图书馆,书籍广告

王琳,兰州大学2019级硕士研究生

1919年5月4日,北京大学等十三校学生三千余人举行示威游行(因被阻未得入使馆区),捣毁交通总长曹汝霖赵家楼住宅,殴伤驻日公使章宗祥,房屋起火,学生被军警捕去者三十二人,是谓五四运动。① 此事在言论界即刻引起轩然大波,紧接着声讨"卖国贼"的通电见诸报端。通电有政党机关的背后推动,也有商人、学生出于爱国积愤自发而行。在民族主义情绪汹涌澎湃,众声斥

---

① 郭廷以:《中华民国史事日志》第1册,台北"中研院"近代史研究所1979年版,第437页。

责"卖国贼"的舆论氛围下,"爱国"与"卖国"成为时论炒作的热点话题,同时也给商人带来机会,这在当时上海的出版行业中体现明显。

不过,目前学界对"五四"时期文化出版业生产"卖国贼"这一现象并未多加关注。[①] 有鉴于此,本文拟以"五四"时期郑正秋、周剑云等人围绕《新世界》小报和新民图书馆展开的文化出版活动为中心进行讨论,希望藉此呈现既为《新世界》小报的编辑及作者,又是新民图书馆经营者的郑正秋、周剑云等人如何借"爱国"之东风整合资源,靠生产大量"卖国贼"文字而实现名利双收的过程,由此进一步思考文化、政治与消费的关系。

一、《新世界》与新民图书馆

因特殊的地理位置和政治环境,近代上海出版业和媒体业兴盛,带有浓厚娱乐色彩的"小报"业尤其发达,据学者祝均宙研究,

[①] 前人研究多从戏剧史与电影史的角度聚焦于郑正秋、周剑云的戏剧家及电影人身份,对于其在"五四"时期的文化出版活动着墨甚少。李廷龙的硕士学位论文对郑正秋、周剑云等人编辑《新世界报》在"五四"期间的刊文风格给予关注,林慧真则从文学角度探讨游戏场小报《新世界》及其演艺活动,对于郑正秋等人的编纂风格同样有所涉猎。日本学者小野信尔在论证上海知识分子实业救国的部分对周剑云等人经营新民图书馆时期的出版活动亦有涉及。参见李廷龙《〈新世界报〉(1917—1927)研究》,上海师范大学硕士学位论文,2016年,第46—51页;林慧真:《近代上海游艺场之小报及演艺活动研究——以新世界与大世界为核心(1915—1930)》,(台南)"国立"成功大学博士学位论文,2019年,第83—99页;[日]小野信尔:《五四运动与上海的知识分子——以周剑云等人为中心》,郝斌、欧阳哲生主编:《五四运动与二十世纪的中国——北京大学纪念五四运动80周年国际学术研讨会论文集》下,社会科学文献出版社2001年版,第1077—1096页。

民国时期上海曾出版过千种小报。①

小报之所以称为"小报",盖因其内容为小道消息,且不论国事。据《申报》载《中宣会解释取缔小报标准》:"所称小报,系指内容简陋、篇幅短小、专载琐闻碎事(如时人轶事、游戏小品之类)而无国内外重要电讯记载之类报纸而言。"②包天笑在《记上海〈晶报〉》一文指出,小报的内容以"趣味"为中心,所载多是街谈巷议、轶事秘闻。③清末李伯元创办的《游戏报》被尊奉为中国现代小报的始祖,该报发展出以讽刺挖苦的笔法针砭时事的风格,兼具"隐寓劝惩"与娱乐休闲色彩,与政论型的报刊风格迥然相异。④ 1910、1920年代的小报皆以《游戏报》为基本范式,并且进一步发扬其讽刺性幽默的风格,为市民提供娱乐消遣。其中,揭露政坛秘辛、社会黑幕乃至鸡毛蒜皮之事又尤为读者所津津乐道。

在众多小报中,"游戏场报"扮演着特殊角色,它一方面是游戏场的机关报,具有广告宣传的作用,另一方面也是文艺性刊物,为大众提供文化娱乐的谈资。⑤游戏场报的生产与消费本身就是

---

① 根据祝均宙的约略统计,1920年代初期出现60余种小报,1926—1932年是小报出版的高峰,达70多种,1932—1937年亦有近百种小报,抗战期间减至60余种,战后又出现近百种。另根据秦绍德的估计,晚清小报有40种之多,总计在中华人民共和国成立之前,上海曾发行过千种小报。各时期小报种类数字,参见祝均宙《上海小报的历史沿革(一)》,《新闻研究资料》1988年第42期,第175页;《上海小报的历史沿革(中)》,《新闻研究资料》1988年第43期,第137页;《上海小报的历史沿革(下)》,《新闻研究资料》1988年第44期,第212、214—215、217页;秦绍德:《上海近代报刊史论》,复旦大学出版社1993年版,第196页。
② 《中宣会解释取缔小报标准》,《申报》1934年1月16日,第8版。
③ 包天笑:《钏影楼回忆录》,中国大百科全书出版社2009年版,第443页。
④ 杨词萍:《李伯元〈游戏报〉、〈世界繁华报〉研究》,(新北)花木兰文化出版社2013年版,第178—179页。
⑤ 连玲玲:《出版也是娱乐事业:民国上海的游戏场报》,连玲玲主编:《万象小报:近代中国城市的文化、社会与政治》,台北"中研院"近代史研究所2013年版,第65页。

市民娱乐生活的一个环节。当编辑、写作及阅读小报都成为一种娱乐方式时,主编与作者均必须更加敏锐于阅读市场的脉动,才能及时了解读者的需求和品味,以提高报纸的销售量。① 近代第一份游乐场小报当为 1916 年 12 月 14 日创刊的《新世界》,②"游戏场有报,始自新世界,新世界有第一游戏场之誉,《新世界》报有第一游戏报之称"。③游戏场报成功与否,主编扮演着关键角色,故而游戏场报所属意的主编人选,多偏重于文艺界名人。1917 年,《新世界》打出的广告词云"本报材料多撰述、精议论、新价值为各小报冠,销数几与大报相埒",今则"益求完美",故而聘定"郑君正秋为总编辑"。④ 不久后,《新世界》扩充篇幅,由正秋、鸱雏、东海、三郎、瘦鹃、小蝶、常觉、义华、燕子、禹门、豁公、天放、瘦菊、草率等分任编辑,意欲"今后之本报更聚精会神,发生异彩"。⑤ 而《新世界》之所以选中郑正秋任总编辑,这恐怕与郑氏在上海这个十里洋场所具有的影响力有关。

郑正秋,字芳泽,别名伯常,笔名药风,广东潮阳人。⑥ 包天笑称其是地道的"老上海"。⑦ 清末时期,郑正秋接连在《民呼日报》《民吁日报》《民立报》等报刊发表戏剧评论,开上海剧评之先。除

---

① 连玲玲:《出版也是娱乐事业:民国上海的游戏场报》,第 66 页。
② 据祝均宙研究,1909 年创刊之《会场捷报》与《劝业会报》,前者为上海出品协会借张园举行实业展览会而临时刊印小报,后者为南洋劝业会上海协赞会事务所编辑发行,内容报道会场状态,游戏琐谈及诗文词曲,然随着展览会结束即停刊,直至新世界成立,才正式出现游戏场小报。参见祝均宙《图鉴百年文献:晚清民国年间小报源流特点探究》,(新北)华艺学术出版社 2013 年版,第 53—54 页。
③ 《正秋主任〈新世界〉报革新启事》,《新世界》1919 年 3 月 2 日,第 2 版。
④ 《申报》1917 年 6 月 18 日,第 1 版。
⑤ 《申报》1917 年 7 月 25 日,第 1 版。
⑥ 参见赵骥《郑正秋与上海早期新剧演出》,《云南艺术学院学报》2017 年第 2 期,第 49 页;胡非玄:《郑正秋新剧活动编年稽述》,《戏剧文学》2013 年第 7 期,第 123—124 页。
⑦ 包天笑:《钏影楼回忆录》,中国大百科全书出版社 2009 年版,第 544 页。

了写作剧评,郑正秋还参与了大量编演新剧的活动。如1916年袁世凯复辟帝制失败后,郑正秋领导民鸣社先是排演了《新华毒》《八十三日皇帝梦》《孙中山先生伦敦蒙难记》等,之后又排演了《共和精神》《杀身成仁》《拿破仑》等新闻时事剧。1918年6月,郑正秋约合一众志趣相投的同伴,秉持"世风日竟,各处地方风俗,不可不有以药之耳"的立场,针对当下"剧人不德,不以剧场为教育场,竟以戏台作吊台"的风气,成立药风新剧社,①自我标榜"所编剧营业性质与教育主义并重"。② 剧场开幕之初,郑正秋声称"必多排有益世道之新剧,以为社会之药石,国民之棒喝",③陆续编演"爱国"主题如《卖国奴》《窃国贼》《秋瑾》《石家庄》等剧。然而这些新剧并未激起观众的热烈响应,现场气氛寥落。某剧评人感慨:"今日民气太弱,人心已死,对于国事尚多不顾,对于国事戏更鲜注意,致使盗国各贼,从容卖国,毫无顾忌。"④不久,因"奸人败坏而渐失社会信任"的缘故,⑤郑正秋发表声明暂别药风舞台,表示未来将"拟编行药风说部,以斫丧国人道德之鼠辈哉"。⑥

作为新旧戏的剧作家,郑正秋在当时上海的文人圈子已颇具声名。郑氏于1918年担任《新世界》编辑时,正值其"三十寿辰",报上同仁刊载《郑子正秋三十为寿小启》为之祝寿,并订定在新世界游乐场举行宴会,与会名单包括:

包天笑　叶楚伧　杨了公　奚燕子　孙雪泥　刘豁公

---

① 《申报》1918年6月2日,第2版。
② 同上。
③ 半狂:《药风社之石家庄》,《民国日报》1918年10月13日,第8期。
④ 昔醉:《新剧杂话(三)》,周剑云主编:《鞠部丛刊》,上海交通图书馆1918年版,第91页。
⑤ 剑云:《郑正秋小传》,《明星特刊》1925年第3期,第2页。
⑥ 《申报》1918年10月27日,第2版。

戚饭牛	姚民哀	何启嶽	姚鹓雏	王钝根	郑鹧鸪
冯叔鸾	姜侠魂	王玉书	闻野鹤	穆诗樵	郑锦峰
周剑云	杨秋孙	詹禹门	吴绮缘	孙颂权	钱病鹤
沈默仙	沈木公	葛月亭	管易华	汪切肤	陈鸳春
绍仲辉	刘知白	王剑秋	庞独笑	宋谶红	孙漱石
张蚀川	陈小蝶	平襟亚	但杜宇	张心燕①	

细究此名单，既有如叶楚伧这样的革命党人；也有诸多被归类为"鸳鸯蝴蝶派"的民初著名小说家，如包天笑、姚鹓雏、王钝根、孙玉声、陈小蝶、平襟亚等人；还有新剧剧评作者周剑云，以及同郑正秋一道出演新剧的郑鹧鸪等人。而且，名单中大部分人也是《新世界》的主要撰稿者。从郑正秋的交友网络来看，其交游之人多数具有传统文化根柢，又同时接受了新文化，身上多有新旧思想交杂的情况。学者熊月之认为，这群文化人的共同特点是：有较新的知识结构，主要是具有西学修养；有比较相近的价值观；有比较相近的人生观，不再把读书做官视为实现人生价值的唯一取向，往往凭借新知识服务于新式文化机构。② 这些"新型文化人"以"知识"为谋生的本钱，无论是写作或编辑校对，或都可以理解为一种"操弄文化的技能"。过去以科举安身立命的文人士子，在科举制被废除之后，无论有多少理想抱负，以其仅掌握的操纵文字符号的能力而积聚在华洋杂处的上海，纷纷投身于商业性质的文化出版行业。③ 清末，这些"新型文化人"笔下的通俗文学原本用以宣传"革命"思潮。当"革命"热潮退去后，文学成为消遣娱乐的手段。加之近代

---

① 桐花：《郑子正秋三十为寿小启》，《新世界》1918年2月1日，第2版。
② 熊月之：《略论晚清上海新型文化人的产生与汇集》，《近代史研究》1997年第4期，第257—272页。
③ 李仁渊：《新式出版业与知识分子：以包天笑的早期生涯为例》，《思与言》2005年第43卷第3期，第91页。

上海的都市化与商业化，广大市民需要寻求娱乐与放松的出口，是以，趣味与娱乐兼具的通俗性文字作品适应了十里洋场市民精神生活的需求，故而深受读者喜爱。

1918年底，《民国日报》刊载一则由郑正秋、周剑云、钱琴东、陈啸庐、郑鹧鸪、钱笙南、杨雪筠、施济群、盛春浪发起的招股简章，言："同人抱力挽狂澜、革除海淫书籍之志，以新思想、新学说应世界潮流，定名新民图书馆。本馆基本金暂定一万元，分为二百股，每股五十元，发起人先认一百股，招足即行开办。"①次年3月，《新世界》的革新启事在《申报》亮相，启事宣称：

> 今也，淫秽新剧社虽已经药风推翻，第恶劣新书店，方大张其毒焰，欲与之战。爰有新民图书馆之设，且请尘因赶于开馆前杀青《儒林外史》一集。尘因恐为书误报，将报是还以诸药风。药风睘现今各小报，类皆守成勿竟，乃受之，特约剑云相与振作之。剑云本本坛健将，所编《鞠部丛刊》尤为名重南北，俾总本报笔政，固属大小才用。顾欲成药风之志，将以本报与书馆相辅而行，冀励薄俗也。②

4月，《申报》头版广告栏刊出《新民图书馆股东公鉴》，经过筹备，新民图书馆定址上海英租界麦家圈交通路98号。此处需说明的是，自清末以来，麦家圈交通路一带无疑是上海文化咨询产品的交流与集散地。③ 新民图书馆选址麦家圈交通路，不为无因。经股

---

① 《创办新民图书馆招股简章》，《民国日报》1918年12月18日，第8版。
② 《药风主干新世界报革新启事》，《申报》1919年3月4日，第14版。
③ 自晚清以来，上海的出版业大多聚集在福州路及其周边，这个被时人称为"文化街"的区域，是指河南中路以西、福建中路以东的福州路，以及周围的山东中路麦家圈、河南中路的棋盘街、山西南路和昭通路一带。参见上海黄浦区档案局编《福州路文化界》，文汇出版社2001年版，第102—103页。

东会投票决议,"总董郑正秋,董事陈啸庐、朱吉人、施济群、杨雪筠、盛春浪、顾子祥,总理钱笙南,总编辑周剑云,监察顾锡元,协经理郑鹧鸪、钱琴东"。① 招股简章上明确人事分工:"总理管理本馆一切事务;经理为发行所主任,负责营业全责;协理辅助经理,遇经理有事缺席时代行其职;编辑主任负审查出版书籍全责;总董及董事有监察提议之权;查账员专司查账。"② 若仔细观察的话,不难发现新民图书馆所招得的股东与《新世界》的编辑及作者群有莫大关联。如郑正秋、周剑云先后担任《新世界》编辑,郑鹧鸪、施济群、陈啸庐等人都是《新世界》《药风日刊》(《新世界》的改名刊物)的主要撰稿人。后期郑正秋因新剧的事务羁绊,日刊的编辑工作便全权委托周剑云负责。

据学者连玲玲的研究,游戏场报主编很难单靠这份工作的薪津谋生,均另有职业。③ 而且小报编辑的收入与大报编辑的收入相比,更是大相径庭。那么,在没有丰厚物资报酬的前提下,为何郑正秋、周剑云等人还愿意辛苦担任每日出刊的《新世界》编辑或撰稿人? 从小报的销量来看,不可否认的,它的确是文人建立知名度并发挥影响力的重要平台。同时,小报还可以传达编辑及作者的个人观念,是自我表达的场域。文人可以借助小报这块园地,寻觅"知音",扩大社交网络和人脉关系。除此之外,《新世界》《药风日刊》还成为新民图书馆进行销售的"广告场域",为其出版的商品做宣传。故而,郑正秋、周剑云、施济群、郑鹧鸪等人即是小报的编辑及作者,同时又是经营管理新民图书馆的商人。《新世界》报的编辑部在5月下旬搬入新民图书馆,此举进一步显示出《新世

---

① 《申报》1919年4月3日,第1版。
② 《创办新民图书馆招股简章》,《民国日报》1918年12月18日,第8版。
③ 连玲玲:《出版也是娱乐事业:民国上海的游戏场报》,第70页。

界》与新民图书馆的紧密关联。① 换言之,郑正秋、周剑云等人不仅是小报文案及广告的编辑,也是广告的投放者。《新世界》和新民图书馆在"五四"时期的确实现了其预想的,"以本报与书馆相辅而行"的目标。②

二、话题选择:嬉笑怒骂皆"卖国贼"

《新世界》每日出版一张,共分四版(图1)。第一版提供游客游戏场每日的节目信息,第四版及两版夹缝间专设商品广告。尽管《新世界》报可以视为新世界游戏场节目单或者广告,但真正吸引读者的却是第二、三版刊载的短小文字评论。为了凸显游戏场报的特色,小报主编均挖空心思,丰富第二、三版面的内容,以便在竞争激烈的小报市场上崭露头角。③ 在"五四"时期社会弥漫着浓重的声讨"卖国贼"的氛围下,"爱国""卖国"的标题极容易引人注意。如经历过"五四"的人曾言:"数年前吾国学潮初发生之顷,凡驰中外举国若狂,无不声罪致讨曹、陆、章诸贼之卖国以快人心,不啻疾视卖国为大逆不道,罪若不可。"于是之,某公司于此潮流澎湃之一瞬,披露"卖国"二字于各报之书面。令人啼笑皆非的是,该段广告词实际所写却是"上海滩唯一贩卖国货商店字样之标题","一行小字中特有黑底白字之'卖国'两大字杂夹期间",令"阅者之眼帘有不惊心动魄、有细阅下文者乎"。④ 由此不难看出,时人对"卖国贼"话题的浓厚兴趣已经让商人乐此不疲地利用该话题的情况。

正如《新世界》编辑部宣称:该报"注重觉民,言论一栏,素不

---

① 《本报启事》,《新世界》1919年5月23日,第3版。
② 《药风主干新世界报革新启事》,《申报》1919年3月4日,第14版。
③ 连玲玲:《出版也是娱乐事业:民国上海的游戏场报》,第88页。
④ 解殳伯:《商业广告之研究(下)》,《保险与储蓄》1924年第8期,第19页。

图 1

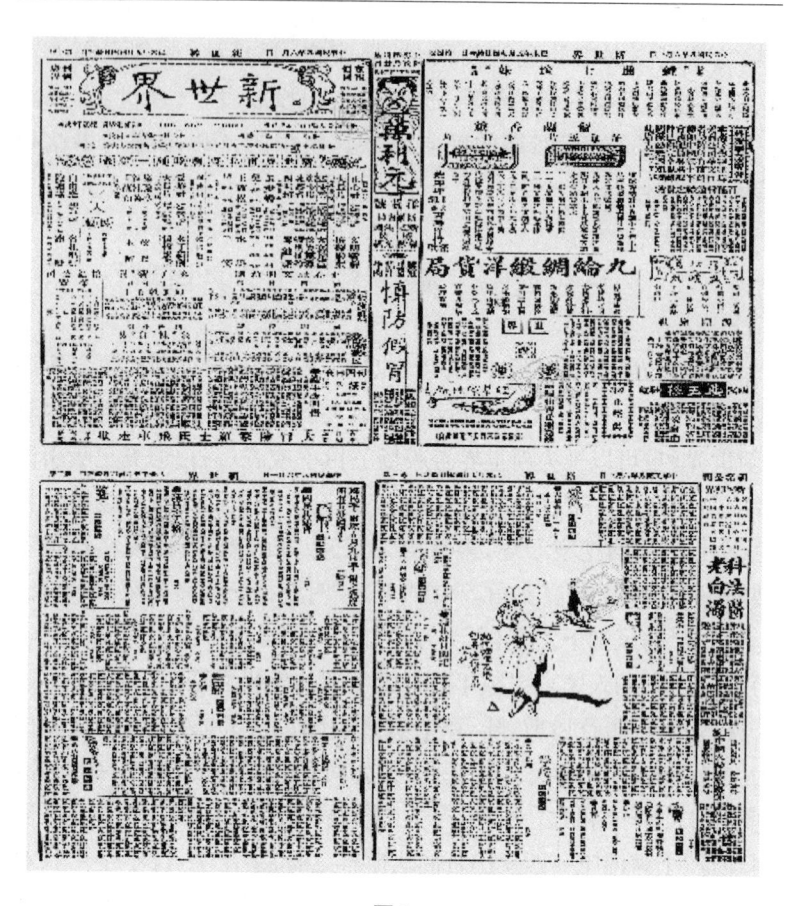

资料来源:《新世界》1919 年 6 月 1 日。

敢以报小自菲,大局危殆,心绪恶劣,救国之责,惟力是视。各项游戏文字不过聊资点缀,无多地位可容",希望投稿诸君"在此风潮未平定期内,请以有关时事之作见赐"。① 此则启事或可表示,《新

---

① 《本报启事》,《新世界》1919 年 6 月 9 日,第 3 版。

世界》编辑及作者群并不以小报不问国事立场自居,而是有意关注此话题。在得知北京学生示威游行的消息后,编辑周剑云首先向"卖国贼"发出责难,称:"国民与卖国贼势不两立,忧愤所积势不可遏,于是有旅京学生三千人之示威运动,于是而曹汝霖之宅焚毁,章宗祥之身死。"①其后接连发文呼吁:"国民,国民,事急矣。起!起!起!速除卖国贼,速争青岛!"②称曹汝霖、徐树铮、陆宗舆、章宗祥四人"皆奴性天成,别具肝肺,认贼作父,为虎作伥,以亲日为为心,以殃民为志,以卖国为荣,以亡国为快……比之石敬瑭、张邦昌、吴三桂、李完用,其罪恶尤过之"。③《新世界》还专门开设专栏,"药风、剑云同启",以斗大字体,连续数日刊载"国民乎,尔忘五月九日乎,尔之热度仅有五分钟乎","愿大家各凭良心、牺牲私立、自救救国、严守秩序、维持治安",以及"卖国贼未死,外交仍失败,今非志得意满之时,愿国民永保自立之精神,共争最后之胜利"等标语,批评"北洋"当局,鼓舞学生,要求严惩"卖国贼"。严谔声的《章宗祥该打》一文,用汉打匈奴和唐打突厥比喻学生对章宗祥的痛打,夸赞"吾辈男儿好身手"。④ 尤佩楚的《命令什么话?》赞扬学生的热血,批评总统纵容曹、章等的"卖国"行为以及加罪名于学生头上的行为。⑤ 在上海罢市期间,《新世界》第3版"言论世界"的文章数量由1篇增至3篇,周剑云、谷剑尘等人围绕挞伐"卖国贼"、抵制"日货"等内容,纷纷发言以警世人。即使是"卖国三贼"曹、陆、章已经"去职",但"国贼尚死,外交仍失败,今非志得意满之时",仍旧号召国民"永保自立之精神,共争最后之胜利"。⑥

---

① 剑云:《民气》,《新世界》1919年5月8日,第3版。
② 剑云:《青岛问题敬告国民》,《新世界》1919年5月13日,第2版。
③ 剑云:《江浙人之羞也》,《新世界》1919年5月16日,第2版。
④ 谔声:《章宗祥该打》,《新世界》1919年5月15日,第2版。
⑤ 佩楚:《命令什么话》,《新世界》1919年5月19日,第2版。
⑥ 药风:《卖情面罪浮于卖国》,《新世界》1919年6月13日,第2版。

所设"言论世界"栏目外,《新世界》还刊载《时事五更调》《新小热昏》《劝用国货五更调》《时事新滩簧》等民间小曲体式撰写的救国曲调,如《时事五更调》唱词提到:"国内出奸佞,徐陆章及曹汝霖,生成奴隶性,将青岛呀,献与日本人,呀呀得唉,枉为中国人。"①《新小热昏》用唱词讲述:"曹章卖国,北京学生,热忱爱国,去打曹贼,人人快乐,惜乎阿瞒,被他逃匿,章贼宗祥,生死未卜,警察总长,实在可恶,拘拿学生,关入监狱。"②《时事新滩簧》在辱骂"卖国贼"的同时,亦劝国人勿用日货:"眼下三个卖国贼真可杀,就是卖国求荣章陆曹……千万勿学亡国奴,为人总要志气高。如其再勿来抵制,反被倭奴国耻笑。国耻二字似海深,诸君勿要忘记了。"③更有极尽讽刺能事的《滑稽戏单》一出,演出班社拟为"东亚超等文物艺员",于"中华第一舞台"上演,戏称有段祺瑞、靳云鹏演出之《全本卖国求荣》、南方政府代表唐绍仪与北京政府代表朱启钤合演之《新南北和》,以及学生圈票友演出之《捉曹放曹》,此"曹"指的便是被舆论谴责的"卖国贼"曹汝霖,这些戏单以戏谑讽刺方式表达对政局的不满。④《戏拟卖国贼联合会章程》讥讽徐树铮、曹汝霖、陆宗舆、章宗祥"阴谋结合,互相提携","运用秘密手段",集会"卖国"。⑤ 文字作品外,郑正秋还在新世界游戏场夜间排演新编的新剧《隐痛》,该剧共分三幕,第一幕秘密订约,第二幕倭人虐待朝鲜,使吾国人见而生畏,第三幕吾国人民击杀"卖国贼"。对此剧的上映情况,《新世界》不无夸张地记录到:"当击杀卖国贼时,众喙争鸣,掌声四起,犹同排山倒海一般,于此足征人民

---

① 亚雄:《时事五更调》,《新世界》1919年5月21日,第3版。
② 鼎元:《新小热昏》,《新世界》1919年5月26日,第3版。
③ 独云:《时事新滩簧》,《新世界》1919年6月11日,第3版。
④ 《中华第一舞台无年月日戏一览表》,《新世界》1919年5月24日,第3版。
⑤ 陈鼎元:《戏拟卖国贼联合会章程》,《新世界》1919年6月4日,第2版。

爱国热诚已达沸点。"①

不仅如此,《新世界》刊载的小文章还给不同式样的人物、活动赋予"爱国""救亡"属性。例如《爱国童子殉侠记》就刻画了一个年仅9岁的童子,他参与"五四"示威游行,返家后患疾,忽闻章宗祥已死的消息,"从榻跃起,仰首狂笑曰:噫,国贼死矣,国贼死矣"。次日竟然"精神朗爽,倍于常时",但在听闻学生被捕的消息后"立变容色,怃然寡欢",作出"遽出利刃自刎"的举动。以今日之眼光看待这则故事,读者或许会觉得荒谬可笑,也很难切身体会当时读者看到"此事新从北京来者言之"的文稿,会作何感想,是否有"今儿知口言爱国者,爱囊中物耳,而小学生侠义干云愈可敬矣"的慨叹。② 其时,连学校举行的运动会亦被《新世界》称之为"救亡声中之复旦大运动会"。③ 就是连街头的"理发匠"亦热心"爱国"诸名词而"诵不绝口"。④

此外,《新世界》另外一项富有吸引力的内容,或许是在第3版面中央经常性刊登的漫画。"五四"期间,《新世界》登载多张单幅漫画讽刺时政。如但杜宇绘有漫画,勾勒了一名着和服的日本人,手持"青岛"的牌子,暗喻日本侵占青岛,后方一小子对之修理抵制。⑤(图2)光宇则画一人躺于钱枕上,讽刺其甘心"卖国"而亡的情态。⑥(图3)其他还有丁悚的作品,讽刺少年脑中只有金钱与肉欲,因此容不下爱国思想;⑦(图4)以及斥责趁机哄抬

---

① 豸:《正心社隐痛》,《新世界》1919年6月4日,第3版。
② 《爱国童子殉侠记》,《新世界》1919年5月14日,第2版。
③ 《救亡声中之复旦大运动会》,《新世界》1919年5月18日,第3版。
④ 鸱鸮:《理发匠亦知爱国》,《新世界》1919年6月8日,第3版。
⑤ 《新世界》1919年6月7日,第3版。
⑥ 《新世界》1919年6月9日,第3版。
⑦ 《新世界》1919年5月28日,第3版。

物价之奸商全无心肝可言;①(图5)他画的《小胜利》一图,用民气吹翻三个小人,喻指吹翻"曹陆章",号召国人继续声讨"卖国"之人。②(图6)还有人绘砍掉"国贼"手足以"救国"一图,四个"卖国贼"分别为"曹、章、陆、汪"。③这些漫画与文字对比形成强烈的视觉效果,使读者在会心莞尔间,达到或娱乐或教化的目的。④还需说明的是,在《新世界》上初试啼声、绘制"讽刺画"的丁悚、但杜宇等人,凭借"五四"期间绘制的"时事"作品声名鹊起。但杜宇甚至还专门出版了以"五四"时期政治事件为主题的《国耻画谱》,交由民权出版社发行出售。⑤某种程度上,这也是时代和漫画家个人创作互相借重的结果。

或因《新世界》报的立场过于激进,给新世界游戏场的营业带来困扰。6月15日,《新世界》宣称:"本报一切评论由报社负责,与新世界戏场无涉。"⑥尽管有此声明,《新世界》还是在6月16日宣布停刊,由编辑郑正秋发布停刊词:

> 本报之停,停得其所,停得其时,得时其所,我不以为不幸,我窃以为大幸,幸得脱离游戏场关系,此后可无顾忌也……药风、剑云之热忱,未尝为权利、情感所劫也,舌犹存、手未折,口可授、笔可述,救国救民、纠风正俗之志愿,不随《新世界》报以俱没也。三军可夺帅,匹夫不可夺志也。《新世

---

① 《新世界》1919年5月28日,第3版。
② 《新世界》1919年6月15日,第3版。
③ 《新世界》1919年6月12日,第3版;心芜:《民气丹产生之历史》,《药风日刊》1919年6月24日,第2版。
④ 王奇生:《北伐中的漫画与漫画中的北伐》,《南京大学学报》2004年第3期,第79页。
⑤ 《申报》1919年7月12日,第15版。
⑥ 《本报启事》,《新世界》1919年6月15日,第3版。

图 2　　　　　　　　　图 3

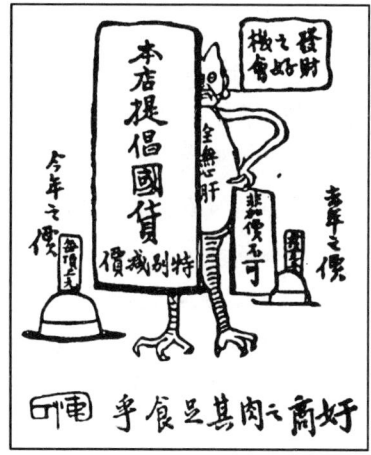

图 4　　　　　　　　　图 5

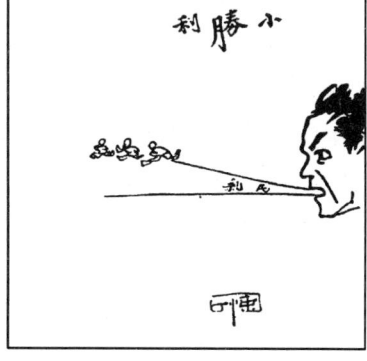

图 6　　　　　　　　　图 7

资料来源：图 2 出自《新世界》1919 年 6 月 7 日，第 3 版；图 3 出自《新世界》1919 年 6 月 9 日，第 3 版；图 4、5 出自《新世界》1919 年 5 月 28 日，第 3 版；图 6 出自《新世界》1919 年 6 月 12 日，第 3 版；图 7 出自《新世界》1919 年 6 月 15 日，第 3 版。

界》报今日为末日,《药风日刊》明日即出版也。①

郑氏于17日在《申报》首版发布"药风日刊出版"的消息,自我定位:"报小宗旨不小。""内容丰富,庄谐并重,能兼大小报之长。"②《药风日刊》之创立初心如下:

> 世风变野,公理不公,强权终强,不以药之,和平安可期?国风险弱,官绅奸猾,民权不张,不以药之,共和安可期?世风乡风,非欺诈相尚,即依赖成习,不以药之,民德安可期?学风之守旧,大家小户之门风多浑浊,不以药之,教育何由良,淫风何由息?《药风》因以演剧余暇,从事笔墨,双方并进,以药颓风,相与剑云,共兹肩荷《药风日刊》,乃与诸君子相见于今日。唯是凭药遍颓风之志,恐乏药遍颓风之力,尚祈与有同心者,源源赐教,匡我不逮。且也一人之才识有限,心欲无良药风二字之命名,手或有背夫对症下药之良意,则以药药药也,益有所望于诸君子。③

名称虽改,但理念未变,报刊所设之内容也沿袭自《新世界》,依旧"分十二门,评论、邮电、新闻、笔记、谐著、歌曲、剧谈、花事、文艺、闲话、小说、余沈",社长郑药风,编辑主任周剑云,编辑部设在新民图书馆,发行部及广告部门位于自克路国民大药房,寄售处仍设在新世界游戏场。撰稿者一如往常,仍请"蜃影、破园、忏红、病鹤、小隐、谔声、秋星、民哀、义华、豁公、鹓鹐、瘦菊、绮缘、散人、济群、杜宇、慕琴、光宇、昔醉、潜厂、君博、芳尘、啸庐、佩楚、

---

① 药风:《本报停刊词(一)》,《新世界》1919年6月16日,第2版。
② 《申报》1919年6月17日,第1版。
③ 药风:《本报宣言》,《新世界》1919年6月17日,第2版。

秋侠、天受、之奇、纾庵、剑尘诸先生分任撰述及插画"。① 版面设置上也还是维持着刊登斗大警语来强调文章演说重点的风格，以期唤醒国人的爱国心。至于《新世界》停刊的原因，周剑云曾发文提到："《新世界》日报之停刊，新世界总理实有志不得已苦心。我侪谅之，愿阅者诸君亦谅之。"②此停刊词透露出游戏场经营者决议停刊乃情非得已，来自游乐场背后的压力实为造因。

尽管此时"卖国贼"曹汝霖、陆宗舆、章宗祥已于1919年6月10日被北京政府"罢免"。但《药风日刊》承继《新世界》的刊文风格，一如既往，照旧抨击时政，发文谴责"卖国贼"。编辑部仍以斗大字体，连续数日刊载"五九耻，犹未雪；东鲁魂，犹见劫；树未倒，泉未竭，密约未废，宪法未立，国民肩负何能息"。某文章宣称：在打倒"财派"的"曹陆章"后，"声讨国贼之第二步"就是铲除"军派"所隐藏的"日本之走狗""段张徐"。③《擒贼擒王》一文表示："曹章陆人都称他是国贼，但是这几个不过是小贼，他们还有一个贼头，这贼头就是鼎鼎大名的段某……同胞倒要注意一些才好。"④还有作者讥讽今日"前门逐出曹章陆，后门又进徐树铮。狼固毒矣，虎又如何。同时国贼，一则方免职下台，一方则畅所欲为……国人为何薄于彼而厚于此也"。⑤长期为《药风日刊》撰稿的谷剑尘发文言："今非吾人民志得意满之时，愿勿以此小小结束，即以为目的已达，自馁其志。卖国贼不死，终当争最后之胜利也。"⑥呼吁民众"保持恒心"，发扬"抵制"之精神以对政府。⑦诸

---

① 《药风日刊明日出刊》，《新世界》1919年6月16日，第2版。
② 剑云：《本报停刊词（二）》，《新世界》1919年6月16日，第3版。
③ 《讨伐国贼之第二步》，《药风日刊》1919年6月17日，第2版。
④ 沈求己：《擒贼擒王》，《药风日刊》1919年6月20日，第2版。
⑤ 恨呆：《偶谈》，《药风日刊》1919年7月15日，第3版。
⑥ 谷剑尘：《民气最后之胜利》，《药风日刊》1919年6月20日，第2版。
⑦ 谷剑尘：《同胞们把抵制两字忘了吗》，《药风日刊》1919年6月25日，第2版。

如此类的文章屡见不鲜。其余"歌曲"等版块仍秉持前调,称:"卖国奸贼应该打,曹汝霖、徐树铮呀,黑心黑肚肠,咦呀呀得哙,情愿投东洋。"①漫画一栏继续讥讽"国贼",如民气吹到"连带关系"的"卖国四凶",②(图 8)鼓励《药风日刊》保持"振聋发聩之风格"等画。③（图 9）

图 8　　　　　　　　　　图 9

资料来源:图 8 出自《药风日刊》1919 年 6 月 20 日,第 3 版;图 9 出自《药风日刊》1919 年 7 月 8 日,第 3 版。

在嬉笑怒骂皆"卖国贼"的一众文章中,7 月 5 日登出的一则讯息尤其值得注意。该则消息预告时事新剧《隐痛》将在上海大戏院上演。《隐痛》的作者为郑正秋,故事主要讲述某一"爱国学生在花园中入梦,变其初志,竟为卖国贼。梦中惝恍迷离,新奇万状,最后寓人类真和平之意"。周剑云、恽秋星、郑鹧鸪、凤昔醉、姚民哀、徐半梅、但杜宇、尤半狂、丁悚、范君博等人均参与了该项活

---

① 《爱国五更调》,《药风日刊》1919 年 6 月 19 日,第 3 版。
② 《连带关系》,《药风日刊》1919 年 6 月 20 日,第 3 版。
③ 《发聋振聩》,《药风日刊》1919 年 7 月 8 日,第 3 版。

动,并饰演了剧中的主要人物。① 据周剑云言,《隐痛》的上映并非为了谋利,主要目的是为上海学生联合会筹款:

> (一)是对于学生表示敬意,尽个人的义务,代学生筹些款子,使学生稍微得点帮助。
>
> (二)是聚我们几十个同志浅陋的见识,合演一台戏,就正于今晚到场的热心来宾,演的是,或者可以感动人心,使国民爱国的热度增高。演的不足,便请在座的诸君,指导我们。②

同日,《药风日刊》刊载一篇小文,以发起者的名义向买票观剧支持上海学生联合会的宾客表示感谢。③ 可是,看似与上海学生联合会无甚关联的《药风日刊》诸位撰稿者,为何要亲自帮助上海学生联合总会筹款?究其原因,恐与周剑云居中安排筹备不无关系。周氏在五四运动期间曾担任上海学生联合会秘书。④ 日本学者小野信尔发现周剑云等人在"五四"期间不仅支持学生运动,而且积极参加各路商界总联合会等各种市民组织。⑤ 此外,尽管周剑云、郑正秋等人没有加入革命党,但他们与叶楚伧、邵力子有着密切联系。⑥

---

① 《今晚上海大戏院之义务戏》,《申报》1919年7月1日,第11版。
② 剑云:《今晚之上海大戏院》,《药风日刊》1919年7月5日,第2版。
③ 秋星:《致谢来宾》,《药风日刊》1919年7月5日,第3版。
④ 周剑云:《怀正秋兄》,李亦中、张荣、李庆阳编:《昨夜星路》,上海交通大学出版社2018年版,第170页。
⑤ [日]小野信尔:《五四与上海的知识分子——以周剑云等人为中心》,《五四运动与二十世纪的中国——北京大学纪念五四运动80周年国际学术研讨会论文集》下,第1077—1078页。另外,郑、周等人经营的新民图书馆还参加了上海罢市活动,宣称"凭国民良心为学界后援",参见《邮电世界》,《新世界》1919年6月7日,第2版。
⑥ 参见[日]小野信尔:《五四与上海的知识分子——以周剑云等人为中心》,《五四运动与二十世纪的中国——北京大学纪念五四运动80周年国际学术研讨会论文集》下,第1078页;[日]小野信尔著,殷叙彝、张允侯译:《救国十人团研究》,中央编译出版社1994年版,第104页。

可以说,《新世界》的编辑与作者群,虽然并非"革命党人"的同路人,但他们普遍接受了时人呼吁声讨"卖国贼"的主张。尤其是在民族主义情绪异常激昂之际,对市场敏锐的游戏场报人更是不可能视若无睹。选择刊登大量的关于"卖国贼"的文章,可以看作是郑正秋、周剑云等文人对五四运动的回应与适应。即便小报刊文的出发点是为了娱乐大众,但从其对讥讽时事文章叙事方式的偏好,仍一定程度反映出郑正秋、周剑云等小报文人"不为利所诱,不为威所屈,无偏无党"以"唤醒"国民为己任的时代关怀。①

《新世界》的零售价为每份铜元 2 枚(约合 0.01 元),对比当时上海的物价,大概可以买 1 个馒头,以当时工人的日工资情况,如上海丝厂工人最多三角六分,最低一角五分;织布厂工人最多每日两角六分,最少每日八分,书报可以说是一项奢侈的消费。② 识字与物价两项因素,便清楚地区隔出该报读者的社会阶级。学者林培瑞(Perry Link)指出,晚清、民国时期鸳鸯蝴蝶派小说的读者,以"小市民"为主,包括店员、公司职员、中学生、小商人及家庭主妇以及受过教育且生活富裕的都市人,其中尤以学生为最主要成员。③ 这些"小市民"正是购买《新世界》的主要人群。从《新世界》征求启事的地址如"苏州平望街六十一国民学校"④"宁波江东路甘白学校"⑤"戈登路捕房"⑥"福州卜内门公司"⑦等,可以看出,

---

① 绮缘:《报纸的责任》,《药风日刊》1919 年 6 月 27 日,第 2 版。
② 李次山:《上海劳动状况》,《新青年》第 7 卷第 6 号,1920 年。
③ Perry Link, *Mandarin Ducks and Butterflies: Popular Fiction in Early Twentieth - Century Chinese Cities*, Berkeley: University of California Press, 1981, pp. 189 - 194.
④ 《征求本报》,《新世界》1919 年 5 月 13 日,第 3 版。
⑤ 《征求本报》,《新世界》1919 年 5 月 25 日,第 3 版。
⑥ 同上。
⑦ 《征求本报》,《新世界》1919 年 6 月 11 日,第 3 版。

公司、店铺职员及学校师生是《新世界》的主要读者。那为何这些人热衷于购买此类报纸,或与当时都市人群的消费心理有关。1920年代的上海,作为刚刚迈入现代化门槛的城市,上海的城市化和工业化为带着梦想而来的异乡人提供了大量的工作机会,也造就了上海繁忙而有秩序的都市职业人群。在现代都市里,固定、紧张、单调、苦闷的职业生活,以及刚刚脱离中国传统乡村生活,却置身于陌生都市的孤寂,使这些职业人群产生了强大的文化消费需求。① 城市不同于乡村的最大特点之一,在于人口密集程度高和人口异质化程度高,由此导致了都市市民人际空间距离的缩小,人际心理距离却在拉大。② 因此都市人往往需要一些文化消费形式来调节紧张忙碌的生活,并期望通过对外界环境的了解来营造一个精神交往的空间,以此弥补人际交往的不足。

可以说,《新世界》于"五四"时期宣示爱国、声讨"卖国贼"的做法,与郑正秋、周剑云等编辑及作者群体的爱国情感有关,这一点毋庸置疑。但作为久经"娱乐"沙场、熟悉营销套路的老手,他们就"五四"制造话题,刺激报刊销量一层也理应作为行为动机之一被考虑在内。迎合时尚,心系国家,应该是郑正秋和周剑云等编辑及作者群所采取的办刊策略。此外,郑正秋、周剑云、恽秋星、郑鹧鸪、凤昔醉、姚民哀、徐半梅、但杜宇等发起的筹款活动同样也可视为郑正秋、周剑云等文人群体,尤其是备受批评的鸳鸯蝴蝶派作家的自我形象塑造工程,即向学生和社会展示本群体"爱国"的一面。毕竟在当时的文坛,鸳鸯蝴蝶派诸文人风评欠佳,"罪恶极

---

① Mei Qionglin and Zeng Qian, Constructing the Sense of Modernity: Shanghai Press in the 1930s, *Journal of Oriental Studies*, Vol. 41, no. 1 (June 2006), pp. 123 – 166.
② 张仲礼:《近代上海城市研究》,上海人民出版社1990年版,第1066页。

深""无思想""陈词滥调"等骂名动辄被加诸其身。① 果不其然，"五四"时期的郑正秋、周剑云却因声讨"卖国贼"的实践活动备受褒扬，有人赞美郑正秋"慷慨悲歌唤国魂，剧场印编雪泥痕，异军突起如椽笔，哀钺森严大义存"，赞扬周氏"剑气凌云十丈高，周郎辞笔泻秋涛"，称两人"贤豪"相伴，"魑魅闻风合遁逃"。② 还有人称："(《药风日刊》)药石良言，风行千里……遗世独立，民气民生司之喉舌，天职所在，嘉言孔彰。聪明正直，翰墨流芳，出类拔萃。"③通过这些给予郑正秋、周剑云以及《药风日刊》的"崇高"评价与极度赞美的肉麻之词，我们不难看出郑正秋、周剑云等人的确通过系列声讨"卖国贼"的文化活动，获得了一种特殊的"文化资本"——"声誉"。

对比同时期上海小报如《大世界》《先施乐园报》等，我们会发现以辛辣之笔讽刺时政并非《新世界》一家独有的风格。当时上海诸多小报不约而同选择对"卖国贼"这一话题大加发挥，发表诸多支持学生运动、讥讽"卖国贼"、鼓舞国民抵制日货的小文章。如《大世界》"滑稽世界"一栏刊载为"诛卖国贼"而作的《一半词儿》讥嘲："卖国四金刚，一姓曹，一姓章，徐陆通同送地忙，气昂昂，一半儿含糊一半儿亮。"④《时事五更调》唱道："可恨四金刚，呀呀得哙，徐陆与曹章，贪财卖国，勿应当，好混账。"敬告国民："坚持须恒心，提倡爱国储蓄金，家业兴。制造厂呀，设得密层层，咿呀

---

① 志希：《今日中国之小说界》，《新潮》1919年第1卷第1号，第106—110页。"五四"以后，鸳鸯蝴蝶派就开始沦为骂名，它几乎成了一切庸俗肤浅、游戏消遣作品的统称，甚至被斥为"文丐"。参见余夏云《雅俗之争：新文学与鸳鸯蝴蝶派的场域占位斗争考察》，(新北)花木兰文化出版社2014年版，第4页。

② 《药风日刊借小报伸大义为沪滨特起之军赋此美之》，《药风日刊》1919年6月23日，第3版。

③ 耳似吴听猿：《恭祝药风日刊》，《药风日刊》1919年6月30日，第3版。

④ 《一半词儿》，《大世界》1919年5月16日，第2版。

呀得唅,商战大功成。"①《先施乐园日报》刊发《道德与卖国贼》斥责"曹章陆三卖国贼"假公济私,损人利己;②《讨国贼檄》则提醒国人虽"国贼去矣",但"区区罢职岂足以谢国人哉"。③ 采用这类旁敲侧击的方式对政局黑暗和官僚腐败进行抨击,显示了小报少有的政治属性和面向。民国以来,一直有相当多的受众热衷于宫廷秘辛、官场八卦,直言不讳痛骂时局及当朝官吏的文字,更是深受热捧。但较之《新世界》所刊登的讥讽时事的言论,《大世界》《先施乐园报》等在数量上和言语犀利程度上要逊色得多。曾为《药风日刊》撰稿的作者忆及"虽则也是四开式的小报,可是宗旨却很正大,顾名思义,不愧'药风'二字",并且报纸"编制方面十分精美,文体新旧兼采,不拘一格。而议论精警透辟,尤为同时刊物之冠"。④

正如上文所示,无论是《新世界》,还是《药风日刊》,两者所刊载的文章承继了小报一贯的风格,即便是评论时政,也抱着幽默消遣的写作态度。这在"邮电世界"一栏尤甚突出,该栏时常刊登一些如"阴间"严惩"卖国贼","阎王"不肯收"卖国贼",曹汝霖、章宗祥的"相面"情况等"阴阳怪气路电""阴界来函""阴曹专电"的文字,饶有趣味。不过这种"消遣"式笔法也遭到一些读者的质疑,曾有某君公开向撰稿人发出责难,言其笔下"国民迁怒曹、章,群往搜捕、放火殴人等语于事实绝然不符,且曹汝霖、章宗祥两贼卖国,人所痛恨,食其肉而寝其皮,其罪上不足赦,安得轻轻以迁怒两字了之",并进一步诘问作者燕子,称"对于曹、章两贼果有何种关系,燕子是否中国人,燕子是否有热血

---

① 铁根:《时事五更调》,《大世界》1919年5月29日,第2版。
② 《道德与卖国贼》,《先施乐园报》1919年6月19日,第1版。
③ 《讨国贼檄》,《先施乐园报》1919年6月25日,第3版。
④ 彬簃:《纪念郑正秋先生》,《上海报》1935年7月24日,第6版。

者乎。"①对此批评,撰稿者奚燕子也不甘示弱,称:"鄙人亦国民一份子,曹、章之恶,固尽人所共知之,亦尽人所共愤之。鄙人何人,乃敢强庇耶!"并解释道:"讽林一阅实为游戏之作,游戏文必求其诙谐。"委婉批评来函者"吹毛求疵强作解人","以字面见责,不去从文义上着想,鼓一往无前之气责人,岂尚无读书养气功耶",劝其"稍安勿躁,整顿精神,共讨卖国奴也"。②

那么,《新世界》所刊载的调侃嘲讽之"卖国贼"与疾言厉色挞伐之"卖国贼",在读者眼中是否为同一个"卖国贼",时至今日,答案已无从知晓。但读者和作者间这样一来一往的函信往复,或许可以引发进一步思考:以"趣味"为中心取向的小报,是否在某种程度上消解了政治正确性。当时甚至出现商人来函,表现颂扬《新世界》"主持舆论……引人入轨","仰见先河","贵报提倡之功永垂宇宙矣",真正意图是为自家生产的"纯粹之国货"——"民气丹"作宣传叫卖之语。③ 其余因消闲而演绎"卖国贼"的文字在小报中诸栏中也是屡见不鲜,如谷剑尘所创作的《北京归客谈》的连载,以听者身份记录五四运动:

(学生)到了曹汝霖宅中,劈头就遇见陆宗舆。陆氏是善于看风色的人,见了我们知道不是话便手中拿了白旗(从学生手中夺去),说曹阿瞒卖国该打,该打得以前溜走,后来有人认出已经不及。未几,室中火起,章宗祥也逃了出来,我们便问是谁,他说我是章宗祥,不是曹汝霖。这时就有人说章贼卖国该打,于是拳足交下,打得个不亦乐乎……曹汝霖配

---

① 《来函照登》,《新世界》1919年5月15日,第3版。
② 燕子:《复范肇基》,《新世界》1919年5月16日,第3版。
③ 《来函照登》,《新世界》1919年6月4日,第3版。

与顾维钧的女儿容貌真生得端丽,倾国倾城这句话真实不虚。我们进了曹宅即与这女子相遇,害得他吃了两拳,娇皮肤上一阵红一阵白煞是好看。后来总干事传言不要害及女子及小孩,才把拳头收下,我说这样标致的照会实在打不下手……①

寥寥几句,将"五四"当天"火烧赵家楼"的情节完美演绎了出来,还不无英雄惜怜美人的经典小说情节。② 周剑云在其后评论道:"闻曹女颇贤淑,文学亦优。平日极不满乃父所为,自闻提婚顾氏之说,私幸得偶。当代名人顾氏因地位所限,名誉攸关,恐招致国人诘责,通电否认。曹氏羞愧交加并自伤身世,遂入教堂为尼。"感慨曹女"何不幸而为小阿瞞之女哉"。③ 这种文人间一唱一和式的文稿看似可信度很高,实则不然。以后见之明观之,该段文字阅读体验极佳,但所言几乎只保留了曹、陆、章三个人名而完全小说化,离事件本身相去甚远。但饶是如此,我们也不应该忽视这些"卖国贼"文字涵盖下的爱国呼声,这种以讽喻"卖国贼",寓针砭于嬉乐、八卦之中的内容,既融入了时代,也在无形中渲染了"五四"时期的政治文化语境。

三、竞逐爱国红利:新民图书馆与"卖国贼"刊物的出版

1919年4月30日,新民图书馆企图"荡涤社会旧染之污面,

---

① 谷剑尘:《北京归客谈》,《药风日刊》1919年7月4日,第2版。
② 关于鸳鸯蝴蝶派行文风格的分析,参见鲁毅《从国家叙事到娱乐话语:鸳鸯蝴蝶派流变研究(1909—1920)》,商务印书馆2019年版,第170—171页。
③ 谷剑尘:《北京归客谈》,《药风日刊》1919年7月4日,第2版。

期革新民志"的成立宣言书见于《申报》《民国日报》,并多天登载:

> 天下事有一利必有一弊,图书之作亦复如是。出之以正可曰万能,出之以邪不免万恶。年来吾国图书界每倩无行文人撰述不道德之新书,其于新学、旧学两皆未尝渊博,即行东摭西拾,竟将丛书杂出搜辑片段,空谈什九,不切实用,贻误学子,遗患靡穷。甚乃骈四俪六,叠床架屋,明写艳情,实诲淫欲。尤甚者,乱伦兽行等事取来载满篇幅,黑幕向壁虚造,淫画手来附属,使之风行社会,忍令转辗流清。呜呼,图书万能乎! 图书万恶乎! 言之殊堪痛哭。今且有正义其外而邪说起内者矣,仍是盗淫之作,自称救时良药,徒以恶人得恶果之几句结语,即谓吾亦劝善惩恶。险矣哉! 此而可以药人,国民道德必且日见堕落,尤恐已。具万能功用之图书,亦将缘是以蒙影响焉。同人于此忧愤不复能遏,爰集同志股开新民图书馆起而以药药药。凡所刊印悉本旨:第一肃重载道,二则国取觉民,三则文章游戏必轨与正,四则记录见闻必寓之劝征用。①

不仅于《申报》《民国日报》投放广告,新民图书馆也在自家《新世界》上持续十数日刊登成立宣言书及出版书籍预告,进行造势。除述及"新民"图书馆成立初衷外,仍不忘夸赞"总司编辑者为周剑云","生平为文饶有侠气,学行兼优,名重当世,文字之交,编于南北,以道德取材,不涉偏私,不为利劫,则其鉴别力已高人一等矣"。② 5月6日,新民图书馆正式开幕。③《申报》《民国日报》《新世界》三报同时摇旗呐喊,夸饰本馆"延请当代名流编辑经史子

---

① 《新民图书馆宣言书》,《申报》1919年5月2日,第15版。
② 药风:《新民图书馆宣言书》,《新世界》1919年5月4日,第4版。
③ 《申报》1919年5月6日,第1版。

集,暨各种小说笔记静刊发售。文情并美,有益身心。力矫时下诲盗导淫之弊,本挽救颓风之心,以立言不敢作投时祸世之谬举,略述优点用质大雅"。① 自我标榜所发行的出版物在内容上"精心结撰,价值名贵,绝无敷衍塞责名实不符之病。宁缺毋滥,宁言毋苟,庶达传布文化、灌输教育之旨",印刷上"墨油色重,句读分明",装订上"封面倩名人题书,间绘小影,一遵原著,精彩夺目,高雅绝伦",价格上"不伤廉货,真价实优"。② 然而已出版的作品如《战地莺花录》《小凤杂著》《然藜奇彩录》《孤鸿影弹词》《当代名人小简》《毒手》,并非如广告词中所言,系与新思想、新学说有关的书籍,而是备受新文化人诟病的鸳鸯蝴蝶派文人的作品。③

为何新民图书馆以"新民"为宗旨,却出版质量和口碑并不上佳的鸳鸯蝴蝶派作品呢？这恐怕与当时民营出版商所面临的生存困境有很大关联。中国现代出版业肇始于19世纪早期辅助传教的教会出版机构,发展于19世纪60年代以翻译西书为目的、由洋务派创建的官办书局,到了19世纪末20世纪初,以营利为导向的民营出版社开始成为行业主流,④其中商务印书馆(1897)、中华书局(1912)、大东书局(1916)、世界书局(1921)等综合出版社凭借在编辑、印刷、发行方面的优势,占据了垄断地位。⑤ 虽然郑正秋在成立宣言中寄语"凡所刊印悉本旨:第一肃重载道,二则国取觉民,三则文章游戏必轨与正,四则记录见闻必寓之劝征用",⑥然而

---

① 《新民图书馆书籍出版露布》,《新世界》1919年5月6日,第4版。
② 同上。
③ 《申报》1919年5月6日,第15版。
④ 李泽彰:《三十五年来中国之出版业》,庄俞、贺圣鼐编:《最近三十五年中国之教育》下,商务印书馆1931年版,第260—265页。
⑤ 陆费逵:《六十年来中国之出版业与印刷业》,张静庐辑注:《中国近现代出版史料》,上海书店出版社2003年版,第272—284页。
⑥ 《新民图书馆宣言书》,《申报》1919年5月2日,第15版。

民国时期的出版竞争十分激烈，一些实力较弱、规模较小的中小书局为了在夹缝中求生存，不得不在选题上独辟蹊径。① 类似于新民图书馆这样刚成立不久的出版社自然竞争不过中华书局、商务印书馆等业界巨头，其书籍选题往往见机行事，编辑多采取满足读者的猎奇心理的经营之道以求提高图书销量。

还需要提及的是，与美国、日本等出版印刷业发达的国家不同，当时国内出版业并不自办印刷厂，知名如商务印书馆也在实际上承担着从书稿售卖的整个制作与流通的过程，遑论成立不久的新民图书馆。该馆虽名为"图书馆"，实系出版商，因"图书馆"一词为后来从日本传入，当时在中国并未有此名称，故以"新民图书馆"自谓。从1920年代上海商业名录来看，当时麦家圈一带不仅有新民图书馆，还有诸如"交通图书馆""亚东图书馆""泰东图书馆""振华图书馆"等多个以"图书馆"命名的民营出版社。② 这种命名方式显示出其时业界并未有明确的印刷与出版分工概念，故而新民图书馆在某一程度上既是书籍商品的包装员，又是推销员，商业性色彩颇重。职是之故，新民图书馆选择出版鸳鸯蝴蝶派作品的原因就不难理解了。一方面，与政治性著作相比，鸳鸯蝴蝶派作家所创作的"消闲""游戏"类作品更受都市读者欢迎；③另一方面，所谓"近水楼台先得月"，郑正秋、周剑云等人凭借其在上海文人交际圈中的人脉关系，就近向鸳鸯蝴蝶派文人约稿。综合稿源稳定与商业盈利两方面的因素，鸳鸯蝴蝶派文人的作品便成为新民图书馆的优先选择。

"五四"期间，斥责"卖国"、提倡"爱国"成为社会主流言论，声

---

① 吴永贵：《民国出版史》，福建人民出版社2011年版，第321页。
② 佚名：《上海商业名录》，商务印书馆1920年版，第116—117页。
③ 侯如绮：《寻找位置——鸳鸯蝴蝶派作家论》，《彰化师大国文学志》2013年第27期，第115—116页。

讨"卖国贼"更是时下舆论的热点话题。如上文所述,郑正秋、周剑云等人在为《新世界》撰稿时期,紧跟潮流,以辛辣笔法嘲讽"国贼",凭借其熟悉消费"卖点"的经验之谈,不难发现当下上海市民对于"卖国贼"的好奇程度。故此,新民图书馆在五四运动发生后不到一周时间,就迅速抓住机会追赶"潮流"。在《申报》《民国日报》上抢先对未来将出版的《卖国贼之一章宗祥》进行预告,标题开门见山:"请看外交界四大金刚之一章宗祥历史。"广告内容直切书籍主题:

> 折冲樽俎,力卫国权,端赖外交家之手腕。外交家而倾心外向,则主权失,国家危,人民奴。是非外交家,直卖国贼耳。章宗祥为吾国外交界四大金刚之一,别具肺肝,为虎作伥,丧权弱国,久著劣名。此次山东问题关系吾国前途至巨,国民无不自爱其国者,天怒人怨,章氏于是乎死矣,民不可侮于此可见。本馆为鼓舞民气,促国人一致救国,特搜集章氏一生历史,述其行为心术,旁及家庭轶事,惩既往而劝来兹。俾外交家之具奴性者,知众怒难犯、专欲难成,一一效忠于祖国,是则中华民国无疆之休也,凡我国人其共鉴之。①

该段广告词中,新民图书馆一方将自己——书籍出版者——的行为置于爱国的立场之上,从而获得话语权,以爱国者的身份对民众进行言说。以"爱国"为切入点,表达了撰述者刚正不阿的"爱国"初衷,希冀消费者购买该书以章宗祥"卖国"行为为鉴,发扬国民的"爱国心"。5月9日,该馆还专门增加版面宣称"国耻纪念日,

---

① 《申报》1919年5月7日,第14版。

本馆休业一天,以志不忘"。①"爱国"是高尚的道德情操,即使是用于广告也并未让读者产生疑虑。通过"卖国贼"的广告,新民图书馆将"鼓舞民气,促国人一致救国"的感情倾向传达给读者,同时也引起或刺激了书籍消费者对于谁是"卖国贼"及如何"卖国"的好奇心理。

无疑,新民图书馆广登预售广告的目的,自然是将新出《章宗祥历史》一书销售出去。这样以"卖国贼"为主题的广告,的确可以勾起读者的阅读兴趣,起到引导读者购买的效用。而此类"卖国贼"的广告文字之所以引人注目,乃是因为其契合了当时社会上谴责"卖国贼"行为的愤激表达,以及由此激起的民族主义心理。新民图书馆恰当地对此进行了转化利用。

5月26日,《章宗祥历史》一书正式发售的广告见于《申报》《民国日报》,用词更是夸张:"欲知卖国贼生平历史者不可不读此书,欲知卖国者阴谋手段者不可不读此书,欲知青岛问题前因后果者不可不读此书,欲知北京学生讨贼真相者不可不读此书,有爱国之心者不可不读此书,有除贼之志者不可不读此书,欲见卖国贼面目者不可不读此书。"②令人颇为不解的是,广告注明该书由大中华国民编辑,爱国社发行,新民图书馆只是总寄售处,然实际情况却是《新世界》刊文所言:"本埠交通路新民图书馆玻璃窗内悬挂卖国贼章宗祥、曹汝霖二人放大肖像。凡行经彼处者多驻足以观,无论贤愚莫不交口唾骂于此,足觇一般人民爱国之热忱。该书馆已将章宗祥毕生历史及其卖国阴谋编辑成书,促国人一致讨贼救国。书已印成,定于本月念五日出版。"③6月时,新民图书馆内又

---

① 《申报》1919年5月9日,第14版。
② 《民国日报》1919年5月25日,第12版。
③ 豸:《章宗祥》,《新世界》1919年5月23日,第3版。

悬挂"曹、章、陆、徐(树铮)四人放大肖像",附有题句,文曰:"内倚军阀,外媚强敌,阴谋鬻国。呜呼!国人皆砍杀。"从橱窗摆放曹汝霖、章宗祥、陆宗舆、徐树铮等"卖国四凶"的策略来看,新民图书馆希望借此"响阅者未见四凶者曷往观之",以吸引消费者阅读书籍之意图。① 或许是出于政治敏感性的考虑,作为《章宗祥历史》出版方的新民图书馆,在该书正式出版时,做出"大中华国民因章宗祥之媚日卖国一击不死,积愤愈深,搜集其一生历史及其卖国密约,附以北京学生讨贼真相,编辑成书。由爱国社出版,归交通路新民图书馆发行"的调适,用以自保。②

作为新民图书馆的主打出版物,该馆不但将《章宗祥历史》在《申报》《民国日报》两大报同时投放广告,更在自家小报《新世界》连日推广。此外,还采取了低价预售的方法,"全书一册定价三角,事关救亡,但求普及,仅收成本两角",③可谓价廉。果不其然,新民图书馆制造的"卖国贼"的读物顺利搭乘"爱国"列车,加之宣传和预售的营销策略,《章宗祥历史》一举成为出版社的"明星产品"。

就其书而言,《章宗祥历史》一书封面顶端横排一行"卖国贼之一"五字,接下来横排一行为"章宗祥"黑体粗字,这两行占据封面版面的三分之一;封面中间是章宗祥照片,照片左右为一副对联"士颜奴性甘为伯寮,击汝不死呆肆市朝"。尽管时人对于"卖国贼"这样的字眼很敏感,但是"卖国贼"的具体样貌并不为大众所知晓。由于其他书业的书籍封面并未采取展示肖像的做法,因此封面的"别出心裁"也成了新民图书馆的独特之处。一定程度上,与其说新民图书馆是一家民营出版社,倒不如说其延续了《新世

---

① 豸:《四凶肖像》,《新世界》1919年6月13日,第2版。
② 一介:《章宗祥人人欲得而诛之》,《新世界》1919年5月27日,第3版。
③ 《申报》1919年5月27日,第14版。

界》报的风格，贩售娱乐与遐想，以此作为出版社营运的动机与目标。①

全书共103页，主要叙述了章宗祥的官场履历、"卖国"罪行以及五四运动后各界发动的爱国运动和各类型声讨"卖国贼"的通电。主要内容为：一、章宗祥之肖影；二、章宗祥之家庭；三、章宗祥之官阶；四、章宗祥之诨号；五、章宗祥卖国之成绩；六、章宗祥卖国之手段；七、章宗祥卖国之反动；八、章宗祥卖国之鳞爪；九、学生讨贼之真相。前四节描述了章宗祥的成长经历、血缘婚姻及人际关系，集中笔墨揭露章宗祥如何费尽"心机"搭上与载振的关系等官场"秘辛"。第五节章宗祥之"卖国成绩"实为外交部4月陆续公布的"中日密约"，②首先罗列"济顺高徐密约两国各种交换文件"，③该条款项有"欣然同意"四字"卖国罪状"；其次引"满蒙四铁路之合同"，④牵出章宗祥与曹汝霖、陆宗舆一同"卖国"；"吉黑林矿之合同"⑤"中日无线电台合同"⑥"汇业垫借款之附件"⑦依次序排列，为章宗祥之"卖国成绩"。书中所列章氏的"卖国"证据均来自《申报》刊布的中日"密约"。第六节讲述章宗祥与曹汝霖、徐树铮、陆宗舆、靳云鹏等人的关系，斥责几人的"卖国"行为。第七节篇幅较长，讲述了5月4日当天北京学生是如何运动起来的，学生示威游行发生后，多家报纸如何记载，以及各界发表的或同情学生、或声

---

① 余芳珍：《阅读消永日：良友公司与近代中国的消闲阅读习惯》，《思与言》2005年第43卷第3期，第248页。
② 唐启华：《五四运动前之公布中日密约问题》，《近代史研究》2021年第1期，第15页。
③ 《要闻：北京通信宣布济顺高徐路筹款预备合同》，《申报》1919年4月12日，第6版。
④ 《要闻：满蒙四路合同之披露》，《申报》1919年4月13日，第7版。
⑤ 《要闻：吉黑林矿合同之披露》，《申报》1919年4月18日，第6版。
⑥ 《中日无线电台合同之披露》，《申报》1919年4月17日，第6版。
⑦ 《汇业垫借款之附件》，《申报》1919年4月16日，第6版。

讨"卖国贼"的通电。此外,还介绍了上海国民大会及广州国民大会的情况。"留日学生之继起"一小节的文本更是直接摘录《申报》5月15日刊载的《留日学生国耻纪念日报告》一文。① 就实际层面而言,署名为"大中华国民"的作者只是将别人的叙述重新包装,"改头换面",此举在版权意识强烈的今天极易遭受诟病,但在当时却成为人们了解"卖国贼"的管道之一。

《章宗祥历史》一书成功后,新民图书馆很快采取相同的方式如法炮制了姊妹篇"卖国贼之二曹汝霖"。广告词一如既往称:"曹汝霖爱国之罪十倍于章宗祥,人之欲知其历史者,亦更急于章宗祥。本社自发行章贼历史,即承爱国同胞垂询,谓罢学、罢市、罢工绝大之牺牲,皆为对此之国贼而发。曹实巨魁,今虽免职,依然生存;苟不将其历史宣布天下,使国民晓于国贼之前因后果,则后之类于曹、章、陆者何惧不卖国,即曹、章、陆又谁敢担保无死灰复燃之日。"②《曹汝霖历史》一书虽声称由粤东闲鹤编辑,③华民书社发行,新民图书馆寄售,但实际上该书仍由新民图书馆出版和发行。广告词声称《曹汝霖历史》一书"搜集曹贼历史,博征远求,必详必尽……较章贼历史增多一倍。因求普及,仍旧定价三角,门售大洋两角",④已将"曹贼历年所积之财产确数及其手订各项卖国密约咸详载靡遗",望"购者从速"。⑤ 该书籍封面样式与《章宗祥》如出一辙,亦采取顶端横排两行,上为"卖国贼之二",下为"曹汝霖"二字,黑体加粗。中间为曹汝霖照片,左右两侧对联一副:"欲

---

① 《留日学生国耻纪念日报告》,《申报》1919年5月15日,第7版。
② 《民国日报》1919年6月29日,第12版。
③ 木子在1989年1月《当代电影》发表的《郑正秋生平系年》一文中认为:"粤东闲鹤疑为郑正秋之化名,郑为粤东潮阳籍,自视亦高。"参见木子《郑正秋生平系年》,《当代电影》1989年第1期,第99页。
④ 《曹汝霖历史出版》,《申报》1919年6月29日,第14版。
⑤ 《民国日报》1919年6月29日,第12版。

已鲁难速去庆父,腼然面目厥心孔污。"正文内容分为上、下两卷,上卷主要采取"趣谈"的方式,夸张曹汝霖的人生经历,使用如"好色惧内""瘠国肥己""一日三迁"等词汇引作标题,以吸引购者眼球。下卷集中笔墨刻画了"五四"期间国内弥漫的"爱国"氛围。关于曹汝霖人生经历的书写主要集中在上半卷,例如书中提及曹氏年幼时将"烂桃"置于"席垫","购巴豆投壶中"等捉弄老师的情节,说明"小阿瞒"的罪恶可追溯至年幼,或写曹氏小妾以"密约"要挟并索要金钱,或言曹氏与载振有"断袖之癖"类的内容,这些故事大多无直接证据,而是作者的猜想虚构或故作闪烁之言。

新民图书馆建立在"爱国"话题的《章宗祥》《曹汝霖》类型的读物,无疑迎合了上海越来越多的小市民的阅读趣味,故其销行颇广。据《药风日刊》载"章贼历史未及一月销数已达万余册",虽然因为是广告之故在数量上或许有夸大之处,但《章宗祥历史》一月间共出7版,《曹汝霖历史》一书6月底出版,到7月共发行4版,足见其销量确实不容小觑。据时任新民图书馆校对的严谔声回忆:"新民图书馆约开设于1915年,由郑正秋、郑鹧鸪、周剑云等集资创办,周任编辑……五四运动时,'新民'出版的刊物,如《章宗祥》《曹汝霖》《王正廷》等小册子,风行一时,大获其利。"①营销"政治人物",主打"爱国"卖点,消费"卖国贼"热度模式的成功,大概也是后来新民图书馆接连发行诸如《安福首领王揖唐》《吴佩孚》《李纯》《王正廷》的重要原因。一年后,新民图书馆召集全体股东大会,发给股东息银及红利,也侧面印证了严谔声"大获其利"的说法。②

尽管新民图书馆一再隐藏自身出版者的身份,但还是被公共

---

① 严谔声:《我与商界联合会》,《档案与史学》2002年第2期,第39—41页。
② 《申报》1920年5月1日,第1版。

总巡捕房刑事稽查处查悉其幕后生产者的角色。巡捕房认为《章宗祥历史》一书有提倡"反对中华民国政府及妨碍治安之字意",以违反"刑律第二百二十一条"为由,"被告所发行之书籍内有去章句语,言辞激烈,不特反对中政府且含有扰乱治安之性质",传唤新民图书馆经理郑介尘,提交公廨。① 新民图书馆援请的律师以书籍乃自由言论,"去章之文字外,陆宗舆、曹汝霖亦在去字之内。盖曹、章、陆三人,凡属中国人民皆鄙其人,中政府亦已与民同好恶,命令罢斥。故当事人书馆内所售之章宗祥小史万群系载中国过去之政治,与租界毫无关系"回应之。② 这场风波最终以捕房所控难以成立而宣告该案"注销"结束。

虽然"卖国三贼"曹汝霖、陆宗舆、章宗祥在辞职后已渐渐远离舆论的风眼,但由此引发的舆论风潮并未止歇,而出版市场围绕"爱国""卖国""祸国"的"国"字类作品却还在持续性增多。可供购买者选择的读物如泰东图书局的《段氏卖国记》、上海交通图书馆出版的《金刚卖国记》、中兴书局出版的《段氏卖国秘史》,宏文图书馆出版的《安福秘史》等陆续出版。③ 面对同类竞争性读物大增的现象,新民图书馆在1920年将《章宗祥历史》的价格降至一角三分出售。《章宗祥历史》《曹汝霖历史》看似章宗祥、曹汝霖的个人传记,实际采用的却是饱受时人诟病的黑幕小说之写法。如使用"诨号""鳞爪""好色惧内""瘠国肥己"的标题,用以吸引购书者的眼球。而其文章内容也多道听途说,或直接摘录自报纸,从5月7日预告将有书籍出版,到25日正式发售,20天不到,可以称得

---

① 《新民图书馆被控案注销》,《申报》1919年7月20日,第11版。
② 同上。
③ 这些书籍的作者、编者主要是与直系或者南方关系密切的人士,因而主导的倾向就是揭露批判段祺瑞、安福部首领徐树铮以及与段派联系密切的曹、陆、章等人。参见桑兵《"北洋军阀"词语再检讨与民国北京政府》,《学术研究》2014年第9期,第99—119页。

上是速成作品。类似操作如新民图书馆将李涵秋所著《战地莺花录》打造为"爱国"小说。① 并且郑正秋等人还将小说改编为新剧,广而告之曰:"此戏借普通社会大家欢迎的机会,拿双簧同道场来劝爱国。"更有如"这部小说是新民图书馆出版的。好极好极,不可不看"等王婆卖瓜、自卖自夸之语。②

如果将诸如此类"卖国贼"文字出版影响的层次从文本直接传达出来的信息,扩大到文本传输运作的方式的话,其无疑在五四运动的当下同其他媒体一道,共同塑造出"五四"时期独特的"爱国"政治文化(political culture)。③ 所谓的政治文化重点并不在于某种特定主义、特定政治制度的施行与采用,而是在广义的政治运作形态,诸如统治者与被统治者如何定位彼此的关系,政治决策如何产生与施行,政治意见如何形成、如何产生效果,政治相关事务对大众或特定群体的意义等,都是政治文化中的各个环节。从这个角度来看,不仅是先行或极端的政治信息,各种传播媒体都在形塑当代文化上具有影响力。④ 或许正如学者王德威"被压抑的现代性"的观点所阐释的那般,自晚清、"五四"及 1930 年代以来,种种不入(主)流的文艺体验,如果文学作品不感时忧国,或者呐喊彷徨,便被视为无足可观。⑤ 然而就政治性著作与商业出版品在政治文化上的影响力而言,后者流通程度较高,其影响力也稍大,

---

① 《新民图书馆出版书籍露布》,《新世界》1919 年 5 月 9 日,第 4 版。
② 《申报》1919 年 12 月 21 日,第 8 版。
③ 有关"政治文化"的概念,参见 Keith M. Baker, *Inventing the French Revolution: Essays on French Political Culture in the Eighteenth Century*, Cambridge: Cambridge University Press,1990。
④ 李仁渊:《思想转型时期的传播媒介:清末民初的报刊与新式出版业》,王汎森等编:《中国近代思想史的转型时代:张灏院士七秩祝寿论文集》,(台北)联经出版事业股份有限公司 2007 年版,第 31—32 页。
⑤ [美]王德威著,宋伟杰译:《被压抑的现代性:晚清小说新论》,(台北)城邦文化事业出版有限公司 2003 年版,第 25—26 页。

尤其考虑到政治性著作往往需要较高的智识门槛，且并非所有人都对政治性的出版品有兴趣，而商业化出版品将各种政治概念化转成更有亲和力的方式流传，不管是出自有意的二手传播，或者是无意的转述携带，其造成的影响当更为深远。①

职是之故，无论是《新世界》报，还是诸如《章宗祥》《曹汝霖》等小册了，这些商业出版品所制造生产出的大量"卖国贼"文字，都即时地将"卖国贼"信息化为商品在市场上流通，让曹汝霖、陆宗舆、章宗祥等远在北京中枢的国家高级官僚的经历，变为现实中可以接触且切身可闻的消息。类似于郑正秋、周剑云，诸多文人用无数只"秃笔"生产出大量讥讽"卖国贼"的文字，将"我者"与"异己"的边界明晰化，于无形之间引导了读者对于"卖国贼"的仇视，而这种仇视又反过来催生了国人的民族意识。即通过排斥民族内部出卖国家利益的"卖国贼"，得以实现民族认同的建立和维持。从长远的眼光来看，"卖国贼"类型的出版品背后的商业运作，对"五四"时期乃至之后的"卖国贼"文化在近代中国的传播以及这一词汇的普及，意义重大，或许直到今日，中国人仍要借助五四运动及"卖国"三贼"曹、陆、章"以便更好地理解"国家"与"爱国"之所在。

结　　语

五四运动发生后，"爱国"成为当时最火热的话题之一，声讨"卖国贼"成为标榜"爱国"一题的应有之意。《新世界》报与新民图书馆同时借这股"爱国"之东风，生产大量斥责"卖国贼"的文

---

① 李仁渊：《思想转型时期的传播媒介：清末民初的报刊与新式出版业》，王汎森等编：《中国近代思想史的转型时代：张灏院士七秩祝寿论文集》，第33页。

字。作为《新世界》报的编辑及作者、新民图书馆经营者的郑正秋、周剑云等人,更是完美平衡文字生产者和文字贩卖者两个身份,借批评"卖国贼"表达他们关于时事的看法,备受称赞之余;又通过经营新民图书馆,出版《章宗祥》《曹汝霖》等刊物获得了经济效益,实可谓名利双收。

虽然"五四"时期文化出版行业生产的"卖国贼"文字在中国近代思想史上的地位恐微不足道,无法与《百科全书》对法国及欧洲其他国家的影响相提并论,但这些商业出版品亦有其重要作用和象征意义。例如由 19 世纪末、20 世纪初,中国知识分子自日本的汉字新词中辗转假借而成的政治术语"卖国贼",经五四运动的冲击和洗礼,成为曹汝霖、陆宗舆、章宗祥终其一生难以摆脱的负面形象,这与"五四"时期"卖国贼"文字的大量生产不无关联。或许可以说,与商业运作纠缠在一起,《章宗祥》《曹汝霖》等"爱国"类型小册子的出版,同《新世界》等小报上登载的"卖国贼"文字一道,成为时人的新知识资源与文化政治操作资本,对当时的国家意识、民族观念等普及方面产生了不小的影响,颇值得我们关注钩沉。

胡绳早期的史学创作
——以《二千年间》为例

唐益丹

摘要：胡绳早年写作集中于哲学领域，史学成果并不丰富，且多为普及性著作，尚未形成较为完整的理论体系，其中《二千年间》是较具代表性的作品。该书以纵剖的视角，选择历史上几个重要问题进行讨论，并以其简洁明快的语言和创新的写作体例在当时取得了热烈的反响，甚至影响了一代青年的历史观念。《二千年间》的观点承继唯物史观史学研究，将中国传统社会政体定性为君主专制，批判正统派史家的"中国式民主"观点。此书作为20世纪40年代出版的唯物史观中国史著作，影响颇大。借此书可以窥见当时社会对唯物史观史学的接受情况。然而《二千年间》这类书籍大多诞生于动荡的战争时代，政治宣传色彩强烈，具有明显的"时效性"，逐渐进入被遗忘的场域。

关键词：胡绳，《二千年间》，唯物史观，抗战，史学创作

唐益丹，复旦大学历史学系硕士研究生

1944—1945年，胡绳以"蒲韧"为笔名在《中学生》杂志刊载"本国史丛谈"系列文章。抗战胜利后这些文章由开明书店编辑成《二千年间》一书出版，此后几年又多次再版。既往对唯物史观

史学的研究聚焦于"马克思主义史学五老(郭沫若、吕振羽、范文澜、翦伯赞、侯外庐)"的史作,较少关注《二千年间》一类篇幅较小的作品。对于胡绳史学成就的研究,也多着力于其中晚年时期,对其早年学术成长经历着墨不多。《二千年间》在当时以其独特的写作视角、简明的叙述语言以及强烈的现实关怀,在青年人中引起热烈的反响,故此书成书背景、观点的形成、出版后学界的评价,以及在当时历史教育中发挥的作用等问题,都需钩沉史实进行探究。

一、成书背景

中国马克思主义史学在抗战时期得到迅速发展并走向成熟。为配合全民族抗战,聚集在延安和重庆两地的学者们创办刊物、组织学会,发表并出版了一系列马克思主义史学著作,提倡加强历史学习,以动员社会力量应对危难时局。在重庆,胡绳、翦伯赞等借助《新华日报》等报纸杂志,抨击当局黑暗统治并参与国内思想界论争。1942年杜国庠与侯外庐发起成立"新史学会",进一步促进重庆方面史家互相切磋交流。这一时期,特殊的时代环境以及社会氛围,促使马克思主义史家在历史研究中探索中国的前途,用历史经验指导革命,完成了大量的历史著作。

抗战期间高校、科研机构为避战火,西迁内地。延安、重庆、成都、昆明、桂林等地一时人才济济,"日寇的入侵,把大家挤到一起,空间缩小了,彼此见面的机会多了,了解和认识随之加深,志同道合者之间交流频繁了,不同观点的矛盾也浓缩了"。[①] 这一时期史学界交流往来频繁,争鸣也非常激烈。国共两党学者在不同史观指导下完成的史作之间观点迥异,双方亦常撰文相互批评。中共

---

① 侯外庐:《韧的追求》,生活·读书·新知三联书店1985年版,第127页。

学者在这一时期撰写了大量通史读物,这些读物畅行国内,广受青年人欢迎,使得国民党方面的史家羡妒交织。胡绳总结抗战时期的史学特征时,认为不同派别在历史研究方面的"斗争"符合现实要求:"有人从历史研究中证明中国不能实行民主或中国早就有了民主;也有人从历史研究中证明'法统''道统''正统'之神圣由来,为一党专政的政权辩护。这种'历史研究'其实不过是对历史的玩弄,是新的《资治通鉴》。正确的历史研究为了扩清这些错误的历史观念,在这几年间进行了激烈的斗争,这斗争是具有强烈的现实性意义的。"①

1942年胡绳自香港返回重庆,任职于《新华日报》社。抗日战争进入相持阶段后,陪都情形日益艰苦。胡绳曾记述自己在重庆的经历:"一个月来,重庆遭遇到敌机十六次的轰炸。大量的重磅炸弹、燃烧弹倾落在市区中。每次在薄暮的光下,走出防空洞,踏着满地的瓦砾废墟,四望着冲天的浓烟,人人心里的感触是深而且剧的。前天我才从城里跑到乡下,想使因受空袭影响而致紊乱了的工作重上正轨。"②身处重庆的学者们面对愈加困苦的环境,情绪逐渐低沉。胡绳等人认为这是一种精神危机,故而写文章提倡改变生活态度。文章发表后,③董必武致电周恩来和中宣部点名批评胡绳等人,认为他们"偏重感情,提倡感性生活,注意感觉,强调心的作用",对于理性与感性的理解存在偏差,在工作中表现出

---

① 胡绳:《近五年间中国历史研究的成绩》,《新文化》1946年第2卷第5期。
② 胡绳:《战争与文化——在世界战争的炮火声中纪念我们的抗战三周年》,《读书月报》1940年第2卷第5期。
③ 1943年胡绳以"项黎"为笔名写作《感性生活与理性生活》《论艺术态度和生活态度》,乔冠华以"于潮"为笔名完成《方生未死之间》《论生活态度与现实主义》。这些文章发表在郭沫若主编的杂志上,后来与茅盾的《论所谓"生活的三度"》结集为《方生未死之间》一书出版,颇受读者欢迎,多次再版。(郑惠:《师门忆语(四)》,《百年潮》2001年第5期,第40页)

了自由主义的倾向：

> 我们依据中宣部指示，对不正确观念作进一步检讨，对于最近有问题之文章，如《中原》创刊号于怀（按：原文有误，即于潮）"论生活态度与现实主义"、项黎"感性生活与理性生活"，八月二十四日《新华》四版康怀的"怎样研究时事问题"，七月二十二日四版"人的发现"，《群众》第十二期"论中国民族新文化的建立"。第十六期xxx的"唯物论与唯物思想"仍加注意。①

这里提到的"项黎"即是胡绳的笔名。胡绳在《新华日报》社整风运动中受到了党内批评。自此胡绳文笔转向现实关怀层面，将写作重心放在对历史问题的讨论上。

《二千年间》的出版还得益于胡绳的编辑界友人的支持。胡绳在少年时期就是《中学生》杂志的读者，并且与《中学生》杂志主编叶圣陶很早相识，私交甚佳：

> 《中学生》杂志创刊在一九三〇年，那时我是个初中三年级学生，我对《中学生》的印象很深。它创刊时，我就是它的读者。五十多年前它的创刊号封面，我还记得。我很早就在《中学生》上投稿。那时《中学生》上有《读者之页》的栏目，我在那个栏目里投过稿，写的什么题目，用的什么名字，记不起来了。因为给《中学生》杂志投稿，我认识了叶圣老。一九四三年叶圣老五十岁时，我在《新华日报》上发表过一篇祝圣老五十寿辰的文章，讲到他教我写文章，给我改文章。抗日战争

---

① 董必武：《关于检查〈新华日报〉、〈群众〉、〈中原〉刊物错误的问题致周恩来和中宣部电》，1943年12月16日，中国社会科学院新闻研究所编：《中国共产党新闻工作文件汇编》上卷，新华出版社1980年版，第139—140页。

爆发以后,《中学生》杂志从上海搬到内地,先后在桂林、重庆出版,也起了很大影响。我在上面写了一组讲历史的文章,一九四六年,开明书店给我出版了一本书,叫《二千年间》,就是由这些文章编成的。①

叶圣陶也曾在日记中记述他和胡绳的友情:"云彬、胡绳来,共饮于酒肆,闲谈各事,历二时许,颇舒适。"②在叶圣陶的帮助下,胡绳将自己写作的中国古代历史文章发表于《中学生》杂志。③ 抗战胜利,开明书店把这些文章编辑成书出版,定名《二千年间》。因胡绳在《新华日报》上发表文章所用的笔名不适于在《中学生》杂志上使用,故而登载杂志和结集出版时均将署名改为"蒲韧"。④

胡绳的知识储备亦影响到了《二千年间》的写作。胡绳的父亲是苏州当地"半新半旧的师范毕业生",曾在胡绳入学前教其读

---

① 胡绳:《我和〈中学生〉》,《读书》1985 年第 11 期,第 135 页。
② 叶圣陶著,叶至善整理:《叶圣陶日记》(中册),1945 年 12 月 11 日,商务印书馆 2018 年版,第 785 页。
③ 胡绳发表在《中学生》杂志上的"本国史丛谈"系列文章包括:范蒲韧:《怎样弄清楚中国历史上的年代》,1944 年第 71 期,第 52—53 页;蒲韧:《中国历史上的"分"与"合"(本国史丛谈之二)》,1944 年第 72 期,第 40—45 页;蒲韧:《从地理形势上看中国历史(本国史丛谈之三)》,1944 年第 74 期,第 23—28 页;蒲韧:《谈皇帝及其皇族(本国史丛谈之四)》,1944 年第 75 期,第 39—44 页;蒲韧:《谈君主政治下的官僚》,1944 年第 77 期,第 12—20 页;蒲韧:《封建时代的军队(本国史丛谈之六)》,1944 年第 78 期,第 27—33 页;蒲韧:《不安静的北方边塞(本国史丛谈之七)》,1944 年第 80 期,第 21—26 页;蒲韧:《不安静的北方边塞(本国史丛谈之七)》(续前一期),1944 年第 81、82 期合刊,第 35—39 页;蒲韧:《当胡骑踏进中原的时候(本国史丛谈之八)》,1944 年第 81、82 期合刊,第 40—47 页;蒲韧:《一切寄托在土地上(本国史丛谈之九)》,1945 年第 83 期,第 28—31、33 页;蒲韧:《一切寄托在土地上(本国史丛谈之九)(续上期)》,1945 年第 84 期,第 27—30 页;蒲韧:《大地下的撼动(本国史丛谈之十)》,1945 年第 85 期,第 21—25 页;蒲韧:《大地下的撼动(本国史丛谈之十续完)》,1945 年第 86 期,第 20—24 页;蒲韧:《逃不了的灭亡命运(本国史丛谈之十一)》,1945 年第 88 期,第 25—31 页。
④ 《第五卷引言》,胡绳:《胡绳全书》第 5 卷,人民出版社 1998 年版,第 2 页。

唐诗、古文与算术。① 胡绳自幼年便酷爱读书，能诵读不少中国古典诗词，喜欢看小说。"他从小就喜欢看小说，《水浒》看了好几遍。中学时从读平江不肖生的《江湖奇侠传》、礼拜六派文人用文言翻译的《福尔摩斯侦探案》，逐渐过渡到读新文学。先看冰心和郭沫若的作品，然后接触到鲁迅的著作，接触到19世纪俄国和法国的小说"。② 《二千年间》中也有多处引用小说的例子。如胡绳在第二章《在"万人之上"的人》，就列举《三国志演义》中汉献帝出宫避难，在夜幕中萤火虫为其引路以及《岳传》中宋高宗"泥马渡康王"的故事，说明传统历史叙事常常将帝王形象"神化"，以证明其皇权合法性。③ 又如第三章论述中国古代官僚制度，胡绳引用《儒林外史》中"范进中举"的故事来反映时人对于官的看法：

> 范进家里虽然本来是三餐饭都不周全的，但是一中了举就踏进做官的门，就是"老爷"，就能在社会上享有特殊尊荣的地位了。无怪乎像胡屠户这样的人以为中举做老爷的都是天上文曲星下凡了。④

再如第四章《又一种特殊职业——当兵》例举《三国志演义》中关于古代战争的描写，引出对古代兵制的论述。在分析唐代兵制时，胡绳通过杜甫《新安吏》以及白居易《新丰折臂翁》等诗歌来说明废弃府兵制，改行募兵制时"强拉硬派"的情形。《二千年间》常用《红楼梦》、《三国演义》、《西游记》、孟姜女传说等小说、演义及诗

---

① 金冲及：《一本书的历史：胡乔木、胡绳谈〈中国共产党的七十年〉》，中央文献出版社2014年版，第262页。
② 郑惠：《胡绳的读书和治学生活》，《湘潮》2001年第1期，第17页。
③ 胡绳：《二千年间》，开明书店1946年版，第18页。
④ 同上书，第32页。

词歌赋等材料,这些例子大多家喻户晓,具有较强的故事性,十分生动,使大众容易理解、接受,且印象深刻。

胡绳的学习经历也影响了《二千年间》的创作。1931年"九一八"事变爆发,对胡绳一生发展影响巨大。此后胡绳积极参与苏州中学学生会组织的罢课,并加入学校演讲宣传队走向街头进行抗日宣传活动。演讲中,胡绳常常能剖析时局,鼓舞民众,展现出较好的社会洞察力和演讲才能。1932年"一·二八"事变爆发,学校停课,学生有了更多时间自学。胡绳与吴大琨等人在苏州玄妙观旧书摊上读到了一些宣传马克思主义的书籍。胡绳意识到掌握文艺理论、哲学与政治经济学的重要性,开始自学马克思主义的社会科学理论。[①] 1933年秋,因胡绳等进步学生与学校方面多次发生冲突,军警计划来校抓捕。在苏州中学校长胡焕庸的暗中关照下,胡绳与其他几位同学迅速离校。[②] 离校后,学校正式开除了他的学籍。从北大哲学系肄业后,胡绳在上海一面自学,一面写作,同时参加中共党组织领导的文化工作,开始给《大众生活》《生活星期刊》等杂志撰写文章。胡绳于1938年1月加入中国共产党。此后几年中,胡绳主持编辑《读书月报》《大众生活》等多种报刊,并在参与党在文化方面的领导机构的工作。[③] 在最初的自学阶段,胡绳主要学习西方古典哲学和马克思主义哲学,另外还阅读了郭沫若《中国古代社会研究》、华岗《中国大革命史》、瞿秋白《社会科

[①] 吴大琨:《回忆三十年代初期的苏州革命斗争》,苏州市地方志编纂委员会办公室、苏州市政协文史委员会编:《苏州史志·资料选辑》2002年刊,第87页。另据吴大琨回忆:"记得有一次项志遴到我家里来考问我,'你现在弄懂了什么叫'第一国际'和'第三国际'没有?'我就讲了我所知道的内容,然后,我也考问了他一些其它问题,最后发现,大家所看的,都是同一种书籍,不过是不同的书名罢了,相互大笑。"

[②] 刘凤伟:《胡绳的少年时代》,《档案与建设》2012年第4期,第42页。

[③] 胡伊朗:《与老三联后人谈胡绳》,仲江、吉晓蓉主编:《爱书的前辈们:老三联后人回忆录》,生活·读书·新知三联书店2015年版,第323页。

学概论》以及郭大力、王亚南合译的《资本论》三卷等历史学、社会科学方面的著作。① 这些学习、成长经历在《二千年间》分析中国古代政治、社会问题时有明显的体现。

二、文本分析

《二千年间》全书共分九章,讨论时间跨越秦代至清末,大致二千一百余年,书名即来源于此。胡绳选取这二千一百余年的历史进行讨论,主要是因为"较近的二千年是更重要的,因为封建专制主义时代虽然也已经过去了,但是在这二千年间积累下来了许多历史遗产,对于我们现在的人的生活也还发生很大的影响"。②他认为虽然这二千余年的历史本身也包含很多变化,固然可以将其划分为很多阶段,分别讨论政治、经济、文化、思想上的特色,但因其基本的社会经济性质和政治形态都属于封建专制主义时代,具有很大的共通性,故而写作时将两千余年历史作为一个整体,从纵剖面挑出其中几个比较重要且有趣味的问题进行分析。③ 该书从分析封建社会国家统治权力及其机构入手,其次讨论统治权力倚赖的经济基础,及王朝末期频繁发生的农村叛乱,最后分析历史上的民族矛盾和少数民族入主中原的现象。值得注意的是,《二千年间》并未讨论中国古代工商业经济及思想文化发展等问题。

《二千年间》吸收了此前出版的唯物史观史著的部分观点,并提出了自己的一些看法。例如第二章《在"万人之上"的人》论述秦始皇统一六国,从"王"到"皇帝",建立君主集权的专制政治,"自从秦以后,二千多年中,朝代虽然不断更换,但专制政体是一直

---

① 郑惠:《胡绳的读书和治学生活》,《湘潮》2001年第1期,第16—17页。
② 胡绳:《二千年间》,第1页。
③ 同上书,第2—3页。

继续维持着的。不过在各个朝代,君主专制的程度有强有弱"。①
这一观点在 1939 年毛泽东《中国革命与中国共产党》中即有体现:
"自秦始皇统一中国以后,就建立了专制主义的中央集权的封建国
家。"②又如《二千年间》分析历代皇室同姓骨肉相残与外戚、宦官
干预朝政现象,提出君主专制制度下皇族站在整个统治机构的金
字塔顶点,一切统治层内部的矛盾斗争集中表现在皇族内部的观
点。这一观点在钱亦石的《中国政治史讲话》中可觅得踪迹:"萧
墙之内的祸变是什么呢? 老实说:就是中央政府的内部发生两个
'附骨疽'——一是外戚,一是宦官——这两个东西使汉代的封建
统治走向腐朽与死灭之路。"③再如第五章《一切寄托在土地上》论
述中国农业经济发展原因:

> 从木制的农具到铁制的农具是一个重大的进步。中国人知道用铁是从春秋、战国时期开始的。可以想象得到的,在初期,铁的开采量还不多,不能在到处农村里都使用铁器。直到汉代,也还有很多贫苦的农民只能用木制的耕具。但毕竟从汉代起,铁器是开始被普遍地使用了。
> 和使用铁器同时,又开始了耕畜的使用。……
> 这种在劳动工具和生产技术上的改进具有很大的意义。因为使用了铁器和耕畜以后,就使农业劳动生产力显著地提高了。但是自从这一次大的改进以后,继续两千年之久,直到现在,却再没有同样意义重大的改进。④

---

① 胡绳:《二千年间》,第 14 页。
② 毛泽东:《中国革命与中国共产党》,《共产党人》1940 年第 4 期,第 4 页。
③ 钱亦石:《中国政治史讲话》,生活书店 1939 年版,第 244 页。
④ 胡绳:《二千年间》,第 77—78 页。

胡绳的判断承继郭沫若《中国古代社会研究》中的观点："农业的这样骤然的发展又是甚么原故呢？便是铁器的发明！"①

胡绳在《二千年间》中提到其他学者对于君主专制的看法："对于君主专制政体还有一种错误了解。有人以为君主专制既不表示只有皇帝一个人是统治者，那就可见中国历代的君主专制不过是一个外表的形式，其实却包含着民主的内容。"②"固然，在君主时代，做官的人也有很多本来是贫家子弟，像《儒林外史》中的范进那样的人。有人根据这一点就说，那时是人人都有做官的机会，'政权'开放给全体人民，所以这种政治和现代的民主政治只是形式上的不同。这种看法其实完全不对。"③这里所谓"错误的了解"究竟指的是什么？胡绳讨论中国传统政体是在怎样的学术语境中？他回应的又是哪些人的观点？这些问题需要做进一步的考察。

在抗战背景下，国内政治形势日趋紧张，学界要求重视中国民族性和特殊性的呼声日渐高涨。虽然当时多数史家认为应当用"专制"来描述中国传统社会的政体，而钱穆等人则对这一观点表示反对。自钱氏于北京大学讲授中国政治制度史起，毕其一生反对"专制"之说，倡导"中国式民主"观点。1939年钱穆写作《国史大纲》，对长期以来流行的中国政治"专制黑暗""停滞"的说法进行驳斥。钱穆认为近代学人往往使用西方进化论比照中国史实，得出的结论自然是中国千年来几无长进且长期黑暗，而中国与西方不同，中国民族文化常于"和平"中得进展，"以舒齐步骤得之"。中国政体看上去在长时段中没有进步，但实则有"理性精神"的指

---

① 郭沫若：《中国古代社会研究》，上海新新书店1930年版，第13页。
② 胡绳：《二千年间》，第17页。
③ 同上书，第33页。

导。① 钱穆素来主张以"温情与敬意"的态度来看待本国史,这种情感亦影响到他对于中国传统社会政治体制的判断。"温情与敬意"观点涵括了钱氏对中国历史的认知与评估,一方面着力强调中国政治制度的优点,另一方面反对自五四运动以来对传统社会进行批判的潮流,"今人率言'革新',然革新固当知旧。不识病象,何施刀药?仅为一种凭空抽象之理想,蛮干强为,求其实现,卤莽灭裂,于现状有破坏无改进。凡对于已往历史抱一种革命的蔑视者,此皆一切真正进步之劲敌也"。②

在钱穆看来,中国自秦代以来的政权大体上只有从明太祖废止宰相制之后,才接近于君主专制。他反对将传统政治定义为"专制黑暗"的状态,并且认为,定义"专制黑暗"的"一般国人"并不真正了解历史,更谈不上爱护历史,甚至是抱有一种"看热闹"的心理,"求一变故常以为快"。③

然而钱穆对中国传统政治体制的解释并不能让当时所有学者满意。1944年胡绳发表《评钱穆著〈文化与教育〉》一文,明确批判了钱穆关于中国政体的看法。文中直指钱穆的治学方向性问题,认为其"内容和他们(另一指冯友兰《新世训》)的自负,相距是太远了,而且竟或许可说是南辕北辙,因为他们预约向我们指点出中国前进之路,但实际上我们所读到的却是向后转的方向"。④ 在胡绳看来钱氏的观点并非孤例:

> 我们首先应该指出,像这样的翻案文章,并不是钱先生一

---

① 钱穆:《国史大纲》,商务印书馆1943年版,"引论"第13页。
② 同上书,"引论"第2页。
③ 钱穆:《革命教育与国史教育》,《世界文化》1941年第3卷第4期,第63页。
④ 沈友谷(胡绳):《评钱穆著〈文化与教育〉》,《群众》第9卷第3、4期,1944年2月25日。

个人独倡的。近几年来"学者""教授"中已有很多人纷纷著论,从各个方面来企图证明中国秦汉以来的政治并非专制政治(如张其昀先生、萨孟武先生)。很显然的,这种看法倒还不只是学术研究上的一种"新"见解,而且是和现实政治中的某种要求相呼应的,但为了现实政治的反动企图歪曲了历史的真象,那却是从根本上丧失了学术的态度和精神了。①

学术观点的分歧根源在于政治主张上的差异。② 由于国共双方在战时各自占有统治区,政治上仍有对立态势,故而意识形态发展方向并不一致。同处于"抗战营垒"中的学者,虽然都希望从历史研究中论证抗战胜利的可能性和今后建国应走的道路,或是挖掘历史上民族斗争的光荣史迹来鼓舞抗战的信心,但其中也有所谓"唯物史观学者"与"唯心论历史学者"的区分。延安方面的叶蠖生在总结抗战以来学术倾向时指出:"另一部分人则从唯心论的立场,强调精神动员的作用,企图从历史教育方法来提高民族自信心,激起爱国的热诚,以增强抗战力量,这自然是对的。但因为他们轻视了实践的重要性,发展为一种读史救国理论,要青年们去埋头于六经、二十五史中去救国,便走向落后的、反动的方向去了。"在他看来,钱穆等学者"虽然重视了历史教育对精神的动员的重要,但他们的方法是脱离实践的一种空虚的一套,企图用历史陈迹的刺激以培养封建的爱乡敬祖观念,进一步去发展为爱国观念,以达到所谓精神国防者所竭力的作用。并且,从这种思想的

---

① 沈友谷(胡绳):《评钱穆著〈文化与教育〉》,《群众》第9卷第3、4期,1944年2月25日。

② 当时反对钱穆等人所主张的"中国式民主"的文章的,尚有胡绳《论历史研究和现实问题的关联:从钱穆先生〈国史大纲·引论〉中评历史研究中的复古倾向》,《大学》1944年第3卷第11—12期,第86—93页;王亚南:《中国官僚政治研究》,上海时与文出版社1948年版;萧公权:《中国君主政体的实质》,《中美周刊》1947年第253期。

发展上考察起来,它还多少保留着过去统治宣传的法西斯思想的残余"。①

胡绳亦有类似的看法,他认为"研究历史的目的仍是为了由过去而烛见现在和将来,不能谓为逃避现实。但同时,历史研究的意义也绝不只是讽喻式地以古论今。人们是在认真地从历史研究中发现规律,由这些规律而使人对于现实的某一方面得到启示"。②在他看来钱穆等人的著作是"从历史研究来粉饰现实和歪曲现实"。③为何要在抗战的历史关头肃清"封建时代的历史遗毒"?胡绳认为:

> 这些从封建时代以下的政治、经济、文化的遗毒至今虽已在性质与形式上有所更易,但仍残存着或为阻止进步的因素,要在现实中有所革新,则这些封建时代的历史遗毒正是我们所应革去的主要对象……因为要澈底革去这一切遗产还不是短时期内可以完成的;既然要使历史研究有助于当前的实践,那么我们就不得不把解剖、批判这些成为我们前进的负累的历史遗产当做此时此地历史研究的中心课题。至于到了将来,当整个民族生命已从这些有害遗产中解放出来的时候,我们自然就可以更自由地从历史中看出一切可资取用的养料,再不必惧怕那些毒素的为害了。④

---

① 叶蠖生:《抗战以来的历史学》,《中国文化》1941年第3卷第2、3期合刊,1941年8月20日,第51—52、54页。

② 胡绳:《近五年间中国历史研究的成绩》,《新文化》1946年第2卷第5期,1946年9月1日,第18页。

③ 同上。

④ 范蒲韧(胡绳):《论历史研究和现实问题的关联——从钱穆先生的〈国史大纲·引论〉中评历史研究中的复古倾向》,《大学》1944年第3卷第11、12期合刊,1944年12月,第88页。

《二千年间》延续了胡绳"真正站在革新现实的实践立场上，审慎地用科学方法去透过前人所留下的一切带有各种成见和谬见的史料以了解历史的真象，找到历史发展的规律"的思路，[①]并对钱穆"中国式民主"的议论有着更加直接的批评。

由于钱穆与胡绳所持政治主张的差异，导致他们对于中国传统社会政体有不同判断。以钱穆为代表的学者主张的"中国式民主"既蕴含着对于故国的怀思，又是出于现实政治的需要，通过宣扬中国历史上光辉的过往来激发民众的爱国之情与抗战的斗志，为"中国不亡论"寻找历史依据。而以胡绳为代表的唯物史观史家通过揭露中国传统社会政治、经济、文化等方面的黑暗与弊病来论证中国应走向何方。对于青年读者而言，黑暗面似乎比光明面更加吸引人，他们生长的年代战乱频仍、民生凋敝，若历史书中宣扬汉武帝、唐太宗之类"圣明君主"的文治武功，则与他们所接触的现实大相径庭。

随着时局变迁，胡绳对《二千年间》的内容有所修订。1946年开明书店初版《二千年间》并未收入胡绳在《中学生》杂志发表的《中国历史上的"分"与"合"》及《从地理形势上看中国历史》二文。未收入这两篇文章的原因何在？需从文章内容窥其一二。《中国历史上的"分"与"合"》一文论述中国历史上分裂与统一的问题，胡绳认为分裂动荡时期的意义远胜于和平统一时期：

> 在秦以后二千多年中，由一个统一的政权来统制着这样广大的国土的时候并不很多。严格说起来，真正统一的时候比分裂混乱的时候还少。固然在统一的政权之下，总可有一

[①] 范蒲韧（胡绳）：《论历史研究和现实问题的关联——从钱穆先生的〈国史大纲·引论〉中评历史研究中的复古倾向》，《大学》1944年第3卷第11、12期合刊，1944年12月，第88页。

个时期,社会秩序比较稳定一些,因此文化发展也有一些较高的成就,但就在这种统一之中,已经包含着崩溃的危机。在分裂和混乱的时候,社会的经济与文化生活自然不免都受到一些损害,然而就整个中国历史的发展过程来看,其中的关键常常就是在这种分裂和混乱的时期,这也正是研究中国史时最能引起人兴趣,也是最应该注意的地方。①

除了如三国、南北朝这样明显的政权分立时期外,胡绳指出中国历史上很长时期"名义上虽有着统一全国的政权,实际上却并不能做到真正的统一"。分裂动荡时期带来的是否只有消极负面的影响?胡绳认为,如秦汉嬗代之际,国家有八年时间处于战争状态,"八年在整个历史上自然只算是很短的一个时期……但实际上,这八年的争战对整个历史发展的意义并不下于秦始皇的十二年的统一"。②再如魏晋南北朝时期,国家分裂虽然带来了连绵不断的战争,"但同时我们不能不看出,这四百年又正是中国社会历史发展过程中一个极重要的转扭点,倘仅以破坏扰乱四个字来形容这个时期,那却是并不公平的事"。胡绳认为历史上出现分崩离析局面原因有三:一是统治者内部的分裂、王室纠纷、中央与地方之间的权力抗衡代不绝书;二是每朝每代当统治政权本身业已失掉其存在的可能时出现的"被压迫的农民大众的起义";三是异族的入侵。③另一篇《从地理形势上看中国历史》认为日本侵略者自沿海地区向内陆侵犯,"把我们逼到了西面,华北和东南的主要城市暂时都到了敌人的手里",只能退而以西北与西南为根据,被冷落了

---

① 蒲韧(胡绳):《中国历史上的"分"与"合"》,《中学生》1944年第72期,1944年2月,第40页。
② 同上书,第41页。
③ 同上书,第42—44页。

1 500年的西北"倏乎这回又要重新发现,再生的力量出来了"。[①]此处西北的"再生力量"应当是指延安的中共根据地。此类看法,在1946年开明书店初版时未被收入。原因在于,抗战尚未结束时,国共合作形成抗日统一战线,需要为延安政权争取话语权,故加强舆论宣传的力度。而国共内战时期,政治任务由国共合作、巩固统一战线抗日救亡转向解放、统一全中国。这种观点不与政治目标相符,故不再选入。

三、社 会 反 响

《二千年间》成书后再版达24次,[②]各解放区据开明书店初版翻印,以青年丛书或初中本国史补充教材形式发行,且每次再版印行量多在5 000本以上,发行范围包括华东、华北、东北等地区。从再版次数、发行数量以及发行范围均可以反映《二千年间》在当时的受欢迎程度,并且《二千年间》还参与到了解放战争时期青少年历史教育中。

胡绳的"本国史丛谈"系列文章刊载在《中学生》杂志上刊载时,即获编辑好评。《中学生》编辑宋云彬在日记中记述自己阅读

---

① 蒲韧(胡绳):《从地理形势上看中国历史》,《中学生》1944年第74期,1944年4月,第28页。

② 《二千年间》的再版情况大致如下:开明书店1946年6月版、1946年10月版、1947年5月版、1948年1月版、1948年7月版、1949年3月版、1949年6月版、1950年3月版,华北新华书店1949年1月版,中原新华书店1949年2月版,东北书店1949年3月版,新华书店1949年5月版,太岳新华书店1949年5月版,山东新华书店1949年6月版,西北新华书店1949年7月版,冀鲁豫新华书店1949年7月版,东北新华书店1949年7月版,大连新华书店1949年7月版、1979年7月版,上海书店1989年12月版,人民出版社1998年版,中华书局2005年9月版,北京出版社2015年9月版、2016年7月版。

胡绳文章的体会:"晚读《中学生》,胡绳之《历史丛谈》颇好。"①叶圣陶亦在日记中称赞:"看胡绳寄来文稿,论我国之官僚政治,甚好。即作一书复之。"②"看胡绳寄到之谈历代兵制之文,半日读毕,觉甚好。作书复之。"③"看东润文一篇,胡绳文半篇。胡绳文曰《当胡骑踏进中国的时候》,今日读之深有意味。"④"看胡绳文,论历代农民起义,畅达之至,甚为激赏。"⑤

《二千年间》成书后亦获得了不少杂志的推荐。例如《读书与出版》杂志在推荐通史类著作时,对此书亦有肯定:

> 关于学习中注意的地方,我们以为应当着重在这几点:(一)这些社会发展阶段在中国史上的特点,尤其是成为争论中心的奴隶制;(二)秦汉以后封建制的发展趋势和分期,各期的特点;(三)官僚制度的起源及其演变;(四)农民战争的发展规律及历史作用;(五)种族间的斗争所发生的影响;(六)中国沦为半殖民地的原因和西方资本主义入侵中国以后所起的两种作用。做学习的总结时,蒲韧的《二千年间》(开明版)很可作为参考的材料。⑥

再如《学习中国历史的几本初步读物》中提到:"采取纵剖面写法而又适合初学者的历史著作,我们有了蒲韧著的《二千年间》(开

---

① 海宁市档案局(馆)整理:《宋云彬日记》(上册),1945年4月22日,中华书局2016年版,第128页。
② 叶圣陶著,叶至善整理:《叶圣陶日记》(上册),1944年5月6日,第573页。
③ 同上书,1944年6月1日,第581页。
④ 同上书,1944年11月16日,第651页。
⑤ 同上书,1945年3月6日,第688页。
⑥ 《学习合作:学习计划》,《读书与出版》第2年第8期,1947年8月15日,第16页。

明书店出版),读过《中国史话》之后,再来读这本书是最好不过。作者告诉我们一些历史事实,更重要的是教给我们对历史的看法。当中好些精粹的见解,是值得我们经心记取。"①

《二千年间》写作体例当时广受好评。近代以来学界不断反思传统史学编写体例,有观点认为史官与皇帝的起居注官相类,其工作主要是将皇帝的一举一动记录下来,并进行增删纂集。而史书的内容选取,则较少聚焦民生经济,对于"历史演进的所以然之故与诸种纠纷的必然的发见和消灭的所以然"更是没有思考。②即使如《日知录》与《廿二史札记》等史著,也仅重在对史料进行校订以及事类汇编,而缺少思想的阐发,更少见对制度进行综合的批判。《二千年间》打破传统史学以时间为轴的记叙方式,将二千年的史实当作一个整体,从纵剖面进行观察,指出其经济、政治、思想、文化等方面的意义,"以鸟瞰的方式使读者与过去所获得的零星的知识,作一种综合的认识"。③ 纵剖的视角比传统写法好在何处?当时有书评指出,以时间为轴,无论是"一年一年写""一代一代写"还是"一个阶段一个阶段写",都像是"把一株历史的大树分别锯成了好多段,一段一段的把横切面摆在你面前"。而本书写法是"从顶端剖到树脚,让你看到这二千年间共通的东西"。④ 这种写法克服以往历史写作从横剖面切入带来的"(阅读时)片段印象不容易连贯起来"以及"不能透过现象把握核心""辨认不清历史上的重要事象,把握不住历史上的重要问题"等缺点,达到连贯历史的片段印象、探究史事发生之原因、把握事件核心的目的。⑤

---

① 路维宽:《学习中国历史的几本初步读物》,《新妇女》第1期,第81页。
② 孔杨:《二千年间》,《正言报》1946年8月12日,第6版。
③ 同上。
④ 简余:《纵剖了的中国历史——介绍蒲韧的〈二千年间〉》,(香港)《大公报》1948年5月18日,第7版。
⑤ 振甫:《二千年间》,《中学生》第179期,1946年9月1日,第63页。

《二千年间》另一优点是语言的清通简练。良石评此书"文笔简明扼要,深入而浅出,排斥了历史书一贯的啰嗦繁琐、不文不白的写法"。① 吴晗评此书"没有琐碎的考证,是采取已定的论证而综合叙述的书。正如蜜蜂酿蜜,是经过消化的,融会贯通",②不似传统史书"叙述数千年之陈迹,汗漫邈散,而无一纲领以贯之,终至读史十年、如坠言海"。③

但是,此书的写法在当时亦受到了批评。《二千年间》虽是把历史看作整体,从整体中抽出现象进行分析,但"并非全摄诸多问题,如文化、商业等都未提及",④这样的写作手法难免忽略中国历史的诸多方面,并且在论述某些问题时未免稍显简略。⑤ 而对于这一缺点,胡绳自己也是承认的:

> 从纵剖面上看,我们可以从这两千年的历史中找出很多的问题。这本小书只是讨论到几个比较重要也比较有趣味的问题。……本书作者希望,这一些并不完全的纵剖面的鸟瞰图能够帮助读者们把过去已有的比较零碎的知识作一次有系统的整理,或者能引起进一步研讨的兴趣。⑥

此外,《二千年间》内容着力暴露中国历史的缺点,有评论者针对这一点,提出中国之所以能历经多次入侵与战乱而终能复兴,拥

---

① 雪明、良石:《介绍〈二千年间〉》,《生活与时代》第 1 卷第 9 期,1948 年 11 月 21 日,第 9 页。
② 吴晗:《读〈二千年间〉》,《文汇报·史地周刊》第 13 期,1946 年 8 月 27 日。
③ 《自序》,《高等小学中国历史》,(东京)江户编译社 1906 年版。
④ 静之:《二千年间》,《夕芒月刊》1946 年第 14 期,第 7 页。
⑤ 雪明、良石:《介绍〈二千年间〉》,《生活与时代》第 1 卷第 9 期,1948 年 11 月 21 日,第 9 页。
⑥ 胡绳:《胡绳全书》第 5 卷,第 6 页。

有悠久的历史而不至于被淘汰,是因为中国特具的优点,"对于这些优点的认识,足以加强我们爱国家爱民族的热情,所以认识优点的重要,并不次于弱点的暴露"。然而《二千年间》却"只有暴露弱点,并不叙述优点,似乎读中国史只是消极地防止专制政治复活的作用,没有积极的继承先民伟大事业的作用"。① 关于这一点,吴晗认为虽然《二千年间》暴露了历史上的黑暗面,但不会使人感到悲观,例如书中叙述传统政治形态由世卿政治到官僚政治,军队组织从职业军队发展到"人民的军队"也都是进步,所以本书联系历史与现实,"从历史的研究对民族的前途具有信心"。② 历史究竟是可以被置诸高阁的故纸堆,还是指引后来人如何前进的路标? 关于这个问题,胡绳的答案是,读者应该从此书中接受历史的教训,了解历史的来路与前路,不只是要"向后看",更要"向前走"。

《二千年间》在当时对青年人历史教育影响颇大。因为此书篇幅较小,叙述深入浅出,故事性强,颇具趣味性,故在当时常被用作教材或教学参考用书。王忍之曾经用此书来进行历史教学:"1951年我高中毕业,被分配在中学教历史。我主要靠两本书,一本是范文澜的《中国通史简编》,另一本是胡绳的《二千年间》。主要依据这两本书,我讲了近两个学期,大概还不算误人子弟。"③胡世祯从吴晗处获知此书,利用此书学习历史:"他(吴晗)推荐的一些书我也找来阅读,如有关俄国一位将军苏沃洛夫的传记,尤其是蒲韧(胡绳的笔名)写的《二千年间》,这本书对我在准备高考时还发挥了一些作用。当年我约了毕业班的好几位同学,天天去文津

---

① 振甫:《二千年间》,《中学生》第179期,第64页。
② 吴晗:《读〈二千年间〉》,《文汇报·史地周刊》第13期,1946年8月27日。
③ 王忍之:《革命性和科学性结合的典范》,原为1998年12月22日主持《胡绳全书》座谈会的开幕词,后载郑惠、姚鸿主编《思慕集:怀念胡绳文辑》,社会科学文献出版社2003年版,第45页。

街的北京图书馆外的空地上席地而坐,集体准备高考科目的复习,我负责历史这一部分,就以蒲韧写的这本书的内容作为线索,认真准备了一下,然后给其他几位同学讲解。"①

除了在课堂上以教材或参考书目的形式阅读到《二千年间》外,青年们还能在日常阅读中接触此书。何大钧回忆青年时期的阅读体验时谈及此书:"余生也鲁,二十来岁尚未接触马列经典(当时也很难得到),把我领进马克思主义之门的,其实只是一本翦伯赞的《历史哲学教程》和一本蒲韧(胡绳)的《二千年间》。它们教我以历史唯物主义知识,让我初步懂得了什么是封建剥削。乍从混沌迷惘中走出来,觉得自己好像一下子长大了,成熟了,已经掌握了观察大千世界的'一套'了。"②龚育之认为此书在当时如此受欢迎与其写作特点密切相关:"在国民党统治区出版的这本杂志,讲学习,讲知识,每月谈星空,每月也谈历史和时事,政治面貌不急进,不刺激,所以能存在,能传播,又思想健康,倾向进步,所以受欢迎。"③无论从书评数量,还是再版次数来看,《二千年间》作为一本通俗性历史普及读物,广受当时青年欢迎。《二千年间》受欢迎的原因何在?其一,此书写作体例颇具新意,语言亦清通简练,分析历史的视角也比较独特;其二,此书诞生于战争年代,篇幅较短,深入浅出,满足了青年知识速成的需求。同时《二千年间》着重渲染过往历史中的黑暗面,提供他们改变现实的勇气,成为他们前进道路上披荆斩棘的一把思想利刃。

结　　论

1940年后,抗日战争进入相持阶段后,动荡的环境使得社会

---

① 胡世祯:《往事杂记》,暨南大学出版社2013年版,第25—26页。
② 何大钧:《"那一套"如是说》,《人民日报》1987年2月20日。
③ 龚育之:《党史札记·龚育之近作》,浙江人民出版社2002年版,第328页。

建设与学术研究遭遇严重阻碍。如此形势下，抗战胜利和新制度的建立都不是短时间内能够实现的事情，人们迫切需要尝试从研究中国历史中寻找解决现实问题的线索。因此，这一时期出现了研究中国历史的热潮。① 短短几年内，学者们在极端困难的条件下，完成了大量的唯物史观史作，学术研究随之出现了一种新的风气转移，"为着抗战，它更走向实践，更带着战斗的姿态"。② 这一时期除了"马克思主义史学五老"的作品外，还诞生了诸如《二千年间》一类的史著。这些史著的作者多为二三十岁的青年，他们所面对的读者又是广大的青年群体。抗战的焦灼局势影响了学术创作，使得学者对于中国的民族特性等问题格外重视。部分学者以"温情与敬意"的态度审视中国传统社会的政体问题，将其视为"中国式民主"。与之相对，以胡绳为代表的唯物史观史家对此持批判意见，认为中国古代社会应当是君主专制政体。学术观点的差异实则反映了国共两党的意识形态斗争。

《二千年间》采用纵剖的视角，选取历史上几个重要的问题进行讨论，在写作体例上与传统史学有较大差异，加上语言清通简练，能够满足年轻人历史知识速成的需求，故而在当时有较大的影响。虽然胡绳早期主要关注哲学研究及时事评论，其历史研究尚未形成较为完整的理论体系，与同时期其他唯物史观史家相比稍显稚嫩，但将《二千年间》放在胡绳个人史学研究发展脉络中，亦可借此观察其早年学术成长轨迹。

《二千年间》再版二十余次，并且成为教育部门指定的初中本国史补充读物，可以说在当时颇受大众欢迎。然而该书的热度并

---

① 胡绳：《近五年间中国历史研究的成绩》，《新文化》第 2 卷第 5 期，1946 年 9 月 1 日，第 18 页。
② 叶蠖生：《抗战以来的历史学》，《中国文化》第 3 卷第 2、3 期合刊，1941 年 8 月 20 日，第 61 页。

没有一直持续下去,而是逐渐进入被遗忘的场域。究其原因,《二千年间》等唯物史观著作多应动荡的时代环境诞生,动员性政治宣传色彩浓厚,与和平年代的现实脱节,故而难再引起青年读者的共鸣。

·史实钩沉·

同善社与无锡国专

刘　昶（复旦大学历史学系博士研究生）

　　无锡国专创办于1920年12月，原名国学专修馆，由施肇曾、陆勤之等捐款创办，聘请唐文治任馆长。1921年无锡国专正式开馆授课，后几度更名。关于无锡国专的既有研究亦是长篇累牍，研究者多聚焦无锡国专单个学校或唐文治个人的个案研究，阐述其创办过程、具体运作、办学特点、教育思想等等，皆认定唐文治即为无锡国专的发起者和创办者，将无锡的"国学专修馆"孤立地看待。本文基于《民国日报》《新无锡》《同善总社传单汇编》《无锡国专季刊》《茹经堂文集》以及国联教育考察团《中国教育之改进》报告书等史料，以同善社与无锡国专作为观察对象，对二者及双方的关联性进行一番考察。

　　1920年11月27日，国学专修馆在无锡本地报刊《新无锡》刊登招生广告，显示该校发起人为"姚济苍、施肇曾、王芝祥、李时品、陆起、叶乐民"六人。[①] 次月该报关于该校成立的报道中提到，唐

---

① 《国学专修馆招考师范生》，《新无锡》1920年11月27日，第1版。

文治致函江苏省省长齐耀琳,传达"京中同志施君肇曾、王君芝祥等发起国学专修馆"的信息。① 那么,这些发起人都是什么来历呢? 其中姚济苍,又名姚博施,官拜中将参议,负责督导各地军务,乃会道门组织同善社北京总社总理;② 王芝祥在清末曾任广西按察使、广西布政使等,中华民国成立后,原委任直隶都督,后遭袁世凯反对,改任南方军宣慰使,同时也是同善社总社引恩、京兆社及通县社副善长、直隶省社正善长。叶乐民出身军旅要职,曾任北洋政府陆海军会计审查处处长,1914 年 7 月被免职;李时品则是当时推动孔教的热心人物;③ 施肇曾乃时任交通部长施肇基的哥哥,曾任陇海铁路督办、交通银行董事长、中国银行董事等职,热心慈善,"中国济生会慈善团之领袖也,自公长会务以来……凡遇各省水旱凶荒兵灾疾疫,抚循噢咻,发粟援衣,不可偻指计";④ 陆起(字勤之)与唐文治年龄相当,曾任南洋大学庶务长。六个发起人中,四人都与同善社息息相关,均为同善社的核心成员,而且姚济苍、李时品、叶乐民三人还是同善社 1917 年正式向北京政府"京师警察厅"申请立案的发起人。⑤

同善社原名孔圣教,是在全国分布较广、影响较大的会道门组织之一。清末由四川省永川县彭泰荣(又名彭克尊、彭迥龙)创立。彭以宣扬孔孟大道、设立善堂、坐练气功为名,发展道务,并派人到各省传教。孔圣教宣扬持斋守戒诵经,无须出家便能"成仙得道",信徒日众,并于 1910 年传至北京。1917 年 11 月,姚济苍等

---

① 《国学专修馆成立续闻》,《新无锡》1920 年 12 月 2 日,第 3 版。
② 陆仲伟:《同善社》,社会问题研究丛书编辑委员会 2003 年编印,第 190 页。
③ 中国科学院近代史研究所中华民国史组编:《中华民国史资料丛稿特刊》第二辑《孔教会资料》,中华书局 1974 年版,第 79 页。
④ 唐文治:《钱塘施公省之墓志铭》,《茹经堂文集》六编卷六,沈云龙:《近代中国史料丛刊续编》(34),(台北)文海出版社 1974 年版。
⑤ 同善总社:《同善社章程》,北京天华善书馆 1924 年铅印本,第 1 页。

人正式向北京政府内务部备案,取得了公开传教的许可,并改名"同善社",在北京公开成立总社,彭任社长,姚济苍任总理。《同善社简章》规定同善社的组织机构为"先设总社于北京,随本社进行之程度,添设分社于各省会及各市镇,以资推广"。同善社成立不久,即在"湘鄂川豫苏皖鲁赣,多已次第成立分社",①该社出版物《毅一子》清楚记载:"各省同善社林立,遍于全国。其盛者,无虑六七十县,少亦二三十县。"②北洋军阀政府饬令各地方政府对同善社予以扶助,一批军政官吏、地主豪绅纷纷加入。1920年,同善社在汉口设立总事务所,协助总社督导各省道务。至1923年,全国除少数边远省份外,均有同善社的省社组织,号称有道徒300万人。

从上述发起人名单不难发现,唐文治并非无锡国专的初始创办人,他本人也承认国专系由施肇曾等创办。1946年施肇曾病逝,唐文治为其撰写墓志铭,曰施肇曾"在锡山创设国学专修馆,延余主讲,培植髦士,并商讨余藏《十三经》评点善本"。可见,国学专修馆的最初创办人系施肇曾,他是该馆的馆主,直至1925年1月,由孙鹤卿继任。而唐文治系接受施肇曾聘请,出任馆长主持馆务。

同善社除了传教,在文化方面也展示了企图心,积极发挥传统文化的影响力。该社核心人物贺静安被称为"文衡",负责推动创设"国学专修馆",他的重要辅助推手是杨觐东。③ 杨有举人功名,

---

① 同善总社:《同善总社传单汇编》(戊午年第五号),北京天华善书馆铅印本,第1页。
② 杨觐东:《毅一子》,(台北)自由出版社1979年版,第444—445页。
③ 杨觐东(1866—1931),字毅廷,一作毅庭,云南保山人。光绪二十九年(1903)举人,早年留学日本宏文学院速成师范科。历官内阁中书、政务处章京、禁烟局文案、云南迤西(腾越)道尹、广东都督府顾问、粤海道尹。著有《滇事危言》《国学镜铨》《读经范本精义》《求志轩文稿》《滇西五月报政录》《教育行政杂志》《国学专修提要》。

早年留学日本,略知新学。他以欧美当时身陷第一次世界大战为例,说明世界大势已趋唯心,因此讲求治心之学,批判"新学时髦"者盲目追求西方学说。① 1918年6月8日加入同善社,1920年发起组织云南同善分社,1921年冬地方当局拨寺院地方给同善会使用。1922年,杨觐东将相关修道文章结集出版,书名《毅一子》,由彭泰荣鉴定,贺静安作序。该书"会通二教原理,而尤以折衷孔子及发明内圣外王实学为要中之要",其理在"今三期,道在庶民。庶民儒居多。儒又四民之首"。② 同善社基于天命在儒,以及儒学影响力大多重考虑,确定了尊孔、以儒为主的方向,这相当程度反映了同善社的宗教思想与立场。杨觐东对国学有研究,为国学专修馆撰写《国学专修提要》三卷。③ 他为推广其规划,并向彭泰荣建议在南京筹设国学大学。

依托于同善社组织,"国学专修馆"于1919年春向北洋政府教育部门"呈部案立",准备在全国各地广泛建立。其实,同善社原本拟名为"同善学校",但因学务当局另有责难,故定名为"国学专修馆"。④ 无锡国专在《新无锡》报刊的招生广告中言:"爰于北京设立专修馆,并定先在江苏无锡设立分馆。"⑤唐文治在致江苏省省长齐耀琳的函中,将其在全国开设"国学专修馆"的计划向官方明示:"兹有京中同志施君肇曾、王君芝祥等发起国学专修馆,设立

---

① 杨觐东:《毅一子》,第444—446页。
② 同上书,第436—441页。
③ 云南通志馆编:《续云南通志长编》下册,云南省志编纂委员会办公室1985年编印,第644页。《国学专修提要》内容包括卷一:国学缘起第一、国学非国学衡第二、历代学制考第三、国学当师法三代、折中孔孟厘定第四;卷二:国学大学教科第五、国学大学系表第六、大学教科顺序表第七、国学小学教科第八、小学教科顺序表第九、应用书籍第十;卷三:随修、择修、补修第十一,教授管理考试第十二,学科答问第十三,国学视国力趋重为转移第十四,兴国学即兴中国第十五。
④ 同善总社:《同善总社传单汇编》(庚申年第五号),北京天华善书馆铅印本,第5—6页。
⑤ 《国学专修馆招考师范生》,《新无锡》1920年11月27日,第1版。

总馆于北京,先在无锡设立分馆。"①可见无锡国专这所小型私立学校在开办之初的设想并非局限于一隅,而是以尚在假想中的北京国学专修馆总馆的名义统摄包括无锡在内的全国招生。无锡一校之所以能有宏大的全国布局,与同善社关于国学专修馆全国开设计划及其推广努力相契合。

为开办"国学专修馆",同善社开始筹款,当时捐款的各地社员,共集资十万余元,其中同善总社的施肇承捐款1 000元,施肇曾捐款洋1 208元,其妻龚悟因捐款洋600元,②远超过其他捐款社员,亦可见吴江施肇曾家族对慈善办学的热诚。"国学专修馆"计划确定之后,物色合适的馆长人选随即提上日程。1920年11月24日的《民国日报》显示:"近有王芝祥、施省之等提议创办一国学专修馆。初聘汪伯棠为馆长,汪以事不就。"③汪伯棠即为汪大燮(1859—1929),浙江钱塘人,光绪举人出身,以捐班任内阁中书,历官户部郎中、总理衙门章京及外务部员外郎、右丞等职,后充任留日学生总督、驻日公使。民国后汪大燮出任北洋政府参政院参政兼副院长,短暂担任教育、交通、外交等部总长,1919年曾两度出任国务总理。从经历和影响力来看,汪伯棠是较为合适的人选,但是他于1920年创办私立平民大学,自任董事长和校长,拒绝了同善社的邀请。巧合的是,此时"适南洋公学校长唐蔚芝辞职,即以馆长一席,属之唐氏",经过"一再函恳",唐文治"思讲学家居,平生之志,爰订定学规章程",应承接下馆长之事。④

国学专修馆的创办地点最初并非在无锡,只因唐文治已在无

---

① 《国学专修馆成立续闻》,《新无锡》1920年12月2日,第3版。
② 同善总社:《同善总社传单汇编》(庚申年第五号),第12页。
③ 《唐蔚芝办国学专修馆》,《民国日报》1920年11月24日,第8版。
④ 同上。

锡购地定居,"以亲老不能离家为词。王等遂决定将馆移至无锡开办"。① 这也基本印证了唐文治在自订年谱《茹经先生自订年谱》的记载,1920年12月,"钱唐施君省之名肇曾,托友人陆君勤之介绍,属余在无锡开办国学专修馆,定开办费八千元,常年经费每年一万元",②唐文治也借此契机实现由实学向国学的转型。可见,国学专修馆物色唐文治出任馆长人选,地点退而求其次设在无锡,均属偶然。

同善社国学专修馆在馆长人选和办学城市确定之后,无锡的国学专修馆随即率先启动筹备,在校址尚未确定的情况之下,即开始招生宣传,"拟先假无锡中学招生考试。定额24名,程度以师范生为合格。至开课期,大约须在来年正二月间云"。③ 唐文治加入后,以自身办学影响力和人脉资源助推了国学专修馆的开办。唐文治与徐世昌"同属满清官僚,在商部时,徐世昌任左侍郎,唐文治任右侍郎,两人私交很好,意气投合,是谱兄谱弟"。④ 唐文治将这种独特的良好私交作为政治资源,谋求徐世昌的襄助。徐世昌亦允诺解决国学专修馆学生的毕业出路问题,"答应毕业生可以到部里任职,或到外省当一名候补知事,也可以到大中学校教书"。⑤ 据无锡国专的毕业生、后来在国专从教的钱仲联印证,无锡国专"办学起因是北洋军阀政府大总统、前清翰林徐世昌打算通过该校招收一批旧学根柢较好的学生,为政府培养秘书人才"。⑥ 国学馆

---

① 《唐蔚芝办国学专修馆》,《民国日报》1920年11月24日,第8版。
② 唐文治:《茹经先生自订年谱》,无锡民生印书馆1935年版,"庚申五十六岁"。
③ 《唐蔚芝办国学专修馆》,《民国日报》1920年11月24日,第8版。
④ 李尧春:《唐文治和无锡国学专修馆》,《无锡国专史料选辑》,苏州大学出版社2012年版。
⑤ 王蘧常:《唐老夫子对我的感染》,《唐文治先生学术思想讨论会论文集》,苏州大学1985年编印。
⑥ 钱仲联著,周秦整理:《钱仲联学述》,浙江人民出版社1993年版,第9页。

馆舍落成时，徐世昌颜其额曰尊经阁。1920年冬，无锡国专在无锡、上海、南京等地报纸上大力宣传招生，并在北京、上海、武汉、广州四地设立考场。国专一时让众多投靠者对未来出路充满美好憧憬，报考人数乃以千计，甚至头发斑白的老先生也去应考。然而好景不长，政治情势发生突变，1922年6月爆发第一次直奉战争，段祺瑞出任执政，顾维钧为内阁总理，身为中华民国大总统的徐世昌被赶下台，国专毕业生的出路随之充满变数，唐文治为此斡旋争取，无奈"电申徐世昌前议，顾维钧特提阁议，终被否决，当时国内各大报皆载之"，①预设的国专毕业生出路化为泡影，一时同学皆丧气太息。徐世昌的倒台对国专"在各省设立分馆"的全国计划无疑是一大掣肘，加之"后因唐文治已在无锡安家，双目失明，行动不便，不想去北京，于是先在无锡设馆"，②而后来北京总馆内贮藏的不少宋明版书籍，部分也运到无锡，原先定位为"分馆"的无锡国学专修馆，不得已成了"总馆"。

无锡国专学规强调"正人心，救民命"，注重修身的做法，与同善社如出一辙。1920年唐文治对照张载《东西铭》、朱熹《白鹿洞学规》、高攀龙《东林会约》、汤斌《志学会约》，亲自拟定《无锡国学专修馆学规》，共设躬行、孝弟（悌）、辨义、经学、理学、文学、政治学、主静、维持人道和挽救世风十条，学规开宗明义"吾馆为振起国学，修道立教而设"，以"正人心，救民命"为唯一主旨，注重"检束身心，砥砺品行"，"研究本国历代文化，明体达用，发扬光大，期于世界文化有所贡献"。③ 其实，无锡国专学规的部分内容在《同善

---

① 王运天编著：《王蘧常教授学谱》，上海公牛广告有限公司2000年编印。
② 李尧春：《唐文治和无锡国学专修馆》，《无锡国专史料选辑》，苏州大学出版社2012年版。
③ 唐文治：《无锡国学专修馆学规》，《茹经堂文集》初编卷二，沈云龙：《近代中国史料丛刊续编》（31），（台北）文海出版社1974年版。

社章程》可以找到相同表述。《同善社章程》呈文显示:"济苍等念切同胞,不忍坐视,用是集合同人,共同议决,在京师创立同善社,正心修身,互相劝勉,行有余力,则推己及人,同出讲演,冀以救治人心,挽回天意。"且本社"以劝善规过,正心修身为宗旨"。①

唐文治、施肇曾与同善社在读经和尊孔方面是契合的。同善社"国学专修馆"规定:"每月初一、十五两日,午前排班,恭谒至圣位前行礼","孔圣诞辰放假一日"。②"国学专修馆"专门讲授四书五经、五伦八德,在各地设立学校"义学"是其重点。这些学校以旧学为根本,五伦八德为依归,其以儒为主,并非只是儒家四书五经,而放宽到五伦八德为核心价值。无锡国专方面,唐文治称施肇曾"髫龄嗜学,读四子五经外,旁逮佉卢文字,罔不覃思精研,探厥奥窔"。施肇曾在1924年1月的无锡国专第一届毕业礼上讲话时重申:"本馆之设,其宗旨专以发明我国数千年以来固有之学粹。"③唐文治本人也始终坚持"尊孔读经",强调"吾国十三经如日月之丽天,江河之行地,万古不磨,所谓国宝是也","吾馆所讲经学不尚考据琐碎之末,惟在揽其宏纲,抉其大义,以为修己治人之务"。④ 1931年,唐文治撰文《废孔为亡国之兆论》,再度反对废孔,通篇三次强调"废孔则国必亡,尊孔则国可以不亡",强调尊孔以言人道、人伦、人格与人心救国,并极言孔子之道能历久不衰,更有大用于当今世衰道微之际。

至于同善社推动的"国学专修馆",在1919年春陆续在山东、福建、重庆、云南、浙江、江苏盐城等地成立,尤其是无锡"国学专修

---

① 同善总社:《同善社章程》,北京天华善书馆1924年铅印本。
② 同善总社:《同善总社传单汇编》(壬戌年第四号),北京天华善书馆铅印本,第5页。
③ 《国学专修馆演毕业志盛》,《新无锡》1924年1月2日,第2版。
④ 唐文治:《无锡国学专修馆学规》,《茹经堂文集》初编卷二,沈云龙:《近代中国史料丛刊续编》(31)。

馆"在唐文治主持下设立,提高了国学专修馆在全国的影响力,此后全国出现一大批国学专修馆。

同善社还办过国学专修馆预备班,盐城"有学生六十多人,敬以四书五经,历时五年,主任唐光先,教师顾敬斋、王仲郊、李迎国、陈连璋等人。他们要求各道友的子弟不进洋学堂,认为将来还要复辟封建,开科取士,故专学四书五经"。① 同善社开办的国学专修馆在北洋政府时期,曾得到了各地教育部门的支持。如在黑龙江呼兰县,1927年5月黑龙江教育厅发出指令:"窃查北京同善总社执事人等,前为保存国体提倡起见,曾于民国九年(1920)三月呈准:……除所需经费已由广开等自行筹集外,理合将援案在呼兰县同善社内设立国学专修馆。"②

同善社对上攀附北京政府与各地军阀,对下依靠地主乡绅的支持,严格控制百姓群众,宣传封建迷信,反对民主革命,且在全国各地组织庞大,影响较大。因此,1927年武汉国民政府以勾结军阀、妨碍革命为由,宣布同善社为非法组织,下令查封取缔同善社,部分国学专修馆也在取缔之列,同善社遭受极大打击。北京道首姚博施将同善社改名为"先觉祠"继续活动,同善社在各地的国学专修馆部分继续开办。

1927年3月21日,国民革命军第十四军进驻无锡,无锡县行政委员会随即成立,徐梦影担任该委员会的教育委员。他上任后着手进行教育改革,而解散无锡国专成为了改革的重要内容。校长唐文治于3月29日提出辞职,无锡国专因此关闭,停课两个多月。

---

① 赵天水:《盐城的同善社》,《盐城文史资料选辑》第2辑,盐城市政协文史资料研究委员会1984年编印,第169页。
② 《本厅指令 第七三〇号》(十六年五月),《黑龙江教育公报》第34期,1927年,第13—14页。

南京国民政府成立后,无锡地方社会秩序渐趋平静,无锡国专同学会代表前往江苏省教育厅具文呈请恢复,旋由江苏省教育厅饬令无锡县政府出示保护。1927年6月1日,唐文治复职,无锡国专师生回校复课,本届毕业生延迟半年毕业。

1927年是一个转折之年,无锡国专一年内经历两次改名。第一次由无锡国学专修馆改名为无锡国文大学,并修改章程,重订课程。第二次改为无锡国学专门学院,同时成立学校董事会,并以校董会的名义,呈请江苏省教育厅备案。无锡国专的更名与同善会的取缔不无关系。

· 会议综述 ·

"制度、实践与表象：近代中国的政治文化及其形塑"学术讨论会综述

石希峤（复旦大学历史学系博士研究生）

2020年9月3—5日，复旦大学历史学系主办的"制度、实践与表象：近代中国的政治文化及其形塑"学术讨论会在线上召开。来自全国二十余所高校和研究机构的近50位专家学者参加了本次云端会议。讨论会以中国近现代政治史为主题，涉及晚清政治史、晚清制度史、近代政治思想与政治文化、民国政治史、近代人物研究、近代社会组织与社会运动、近现代外交史、中外交流史等研究领域。

一、大会主题报告

9月3日，五位资深学者分别作了大会主题报告，介绍了最新的研究成果。

华东师范大学茅海建教授的报告是《贤良寺中一"冷官"——戊戌变法时期李鸿章的事功、生活与内心世界》。通过解读近年来整理和公布的李鸿章史料，报告人指出，从甲午战争结束到戊戌变

法,李鸿章处于其一生的低潮期,事功全部失败,同时身体衰老,生活也甚低迷,内心世界相当冷漠。签订《马关条约》后,李鸿章深知若此时告病归乡,则一生功名尽弃,一世污名不洗。因此他奏请以散员留京,以备顾问,获准后寓居北京贤良寺。1896 年,李鸿章出使欧美列国,主要任务是"密结外援",最终与俄国政府签订了《中俄密约》。回国以后,李鸿章奉旨在总理衙门行走,但他并未入值军机,因此办事颇受掣肘,只能做一"冷官"。1897 年,德国、俄国相继提出强租胶州湾和旅大的要求,清廷对此毫无准备,李鸿章又受命主持交涉,最终山东和东北地区分别被纳入德国和俄国的势力范围。这反映出包括李鸿章在内的清廷高层,对于世界格局和列强意图毫无了解与警惕,导致了严重的后果。在内政方面,李鸿章基本上认可维新变法,但并不满意窃取"东西洋皮毛"的康有为等人。尽管如此,戊戌政变以后,李鸿章仍然尽力帮助党人脱险。而在维新氛围影响之下倡办学堂,则是他在做"冷官"期间留下的唯一惠政。

中山大学关晓红教授的报告是《拓展晚清史研究的时间与空间》。晚清史在中国历史上的独特性,确实具有古代与近代之分水岭性质:它既是两千多年帝制的终结,又是共和制的入口。前者呈现出与中国悠久历史的联系,后者则表明其与现实的无法分割。因此,有必要重新评估晚清史的意义和价值。同时,国内学界的晚清史研究仍存在着若干不足:其一,晚清史的研究成果和研究队伍的数量与其地位极不匹配,且有日渐削弱之势;其二,分科治学,将清史割裂为古代与近代,政权本身的延续性和完整性受到破坏;其三,近代史的宏大叙事框架,掩盖了晚清史面相的复杂性;其四,晚清史研究对于中国历史、现实国情的重要意义与特殊价值,尤其是维护统一国家的文化传统方面一直被低估。对此,报告人提出了五点建议:第一,要拓展晚清史研究的时间维度,上溯明末及清中期,下延民国北京政府时期;第二,要拓展研究的空间维度,打破学科畛域,重视中国与世界的互动;第三,重视晚清不同地域和行业、不同人群与层级中观念与制度的实际变化及影响;第四,加强晚清史研究队伍的培养与建设;第五,扩大晚清史资料利用和研究成果等信息交流。

华东师范大学邬国义教授的报告是《〈民约通义〉:上海大同译书局初刊本的新发现及其意义》。关于卢梭《民约论》(即《社会契约论》)在清末民初中国的传播及其影响,海内外学界已有过不少研究。有关《民约论》最初传入中国的版本及其流传,上海图书馆藏本《民约通义》通常被视为最早版本,但该版本实还存在诸多疑窦和谜团。新发现的上海大同译书局本《民约通义》,不仅提供了早于上图藏本的《民约论》最初刊本的实物,证明1898年大同译书局确实刊印过此书,而且对于重新认识该书在近代中国早期的出版、传播状况,具有十分重要的价值与意义。它可以纠正以往研究中诸如作者和译者名称等一些错误认知,有利于澄清《民约通义》早期版本著录的混淆及其相互间的关系问题。报告论证了上图本来源于大同译书局本,对其两次修改情况与文本的异同作了具体的比较分析,并进而揭示了康、梁维新派在戊戌变法时期试图引入、利用卢梭《民约论》等西学资源,为自己鼓吹的"民权"来张本。

南京大学孙江教授的报告是《德谟克拉西的黄昏——五四时期中日知识界的往还》。1919年5月4日爆发的"五四事件"在日本引起了反对浪潮。时任东京帝国大学教授、"大正德谟克拉西"即民主主义的著名代表吉野作造与众不同,对中国学生抗议"侵略的日本"表示理解,进而提出了"和平的日本"与中国国民"提携"的诉求,并为此写信给曾经的学生、时任北京大学教授的李大钊,邀请北大师生访日。对于吉野作造的提议,李大钊予以了积极的回应,但如何实现此目标,双方意见不一。为消除中国师生的疑惑，吉野不仅在报刊上发表谈话，而且派遣其学生访问上海学生联合会和李大钊，最后还亲自秘密访问北京大学。"五四事件"一年后，北京大学学生访日得以实现，但访问结果与吉野作造的中日两国相互"提携"的初衷——打倒各自国家的军阀和官僚政府、防止"过激思想"的蔓延，相去甚远。究其原因，无论是负责接待的日本学生组织，还是中国访问团一行，两国学生更热衷的是苏俄革命带来的"过激思想"。这次失败的中日知识界的互动预示了德谟克拉西的黄昏时代即将到来。

南开大学王先明教授的报告是《地主：阶级概念的建构与现代中国历史的展开》。报告指出，作为阶级的地主概念，是伴随着现代历史进程而形成的事实。马克思主义阶级理论传入中国并被接纳之前，社会生活中并没有形成地主阶级的话语。在对中国社会现状调研的基础上，毛泽东等中共领导人从纷繁复杂的阶级、阶层结构中，将中共革命的敌人定位于地主及其阶级。在阶级革命语境中，地主这一概念获得了时代性诠释，以地主为对象的现代革命历史进程由此展开。革命语境下的地主及其阶级释义的有效性，当然地被限定在革命的逻辑体系之内。尽管如此，"地主"与生俱来的土地权属特性却无法被湮灭。

二、晚清制度史和政治文化

9月4日的议程，主要包括了四场论文研讨会和晚清史研究沙龙。

开幕式由复旦大学历史学系近现代史教研室主任高晞教授主持。高晞教授表示，本次研讨会是95周年系庆的系列会议之一，本系同仁共同致力于这场高规格的研讨会。尽管不能面对面交流，但云端会议的形式也打破了时空的限制，能够让更多的师生参与进来。复旦大学历史学系主任黄洋教授在致辞中表示,由于疫情的影响,原定在复旦大学召开的会议不得不改为线上举办。尽管如此,与会学者仍然以十分严谨、认真的态度准备论文,整理后的论文集达到了700页即足以说明这一点。诚挚感谢各位同仁参会,相信会议将取得圆满成功,大家也能够通过学术切磋有所获益和提高。

第一场讨论会的六篇文章,主要围绕晚清制度史和政治文化展开。马忠文和张求会主持了本场讨论。

广东行政学院张求会的参会论文是《陈宝箴致谭钟麟札释读——兼及晚清赈捐制度研究》。光绪二十一年(1895),湖南遭遇大旱。在外任职的谭钟麟等湘籍督抚,应湖南巡抚陈宝箴之请,率先拨款助赈。第二年,在写给谭钟麟的一封信中,陈宝箴对谭钟麟等人支拄危局之功深表感激和赞赏,又重申自己反对"赈捐减成"的主张。这封信在还原湖南救灾历史场景的同时,也展现了陈宝箴的吏治思想,以及晚清赈捐的弊病。

湖南大学张晓川的参会论文是《蔡钧与清流》。文章考察了蔡钧早年的生平、蔡氏卷入神机营"购枪舞弊案"的情况以及案发后清流的观感,最后探讨了蔡钧与张之洞的关系。"小浊流"蔡钧的案例表明,浊流内部也存在不同的层次,既有地位甚高的大吏,也有从事具体"洋务"的实务者。对于后者,清流的态度非常复杂,如张之洞虽然鄙夷蔡钧的为人,但在蔡钧有意结纳并表示愿意在对外交涉方面效劳时,他也会展现出比较友善的态度。

上海社科院李志茗的参会论文是《清代幕府制度:生成及其表达》。晚清幕府脱胎于明清幕府制度,是从地方大员幕府中应运而生的一种制度创新。晚清时期特殊的历史环境,使得幕府的职能、规模不断拓展,汇聚人才,条综众务,幕府事权蓬勃扩张。这弥补了督抚衙署之不足,不仅使督抚能够依托其幕府有更多作为,而且完善了省级政权建置。幕府制度虽为非正式制度,但历经改朝换代却未被淘汰,至晚清仍存在的必要和合理性。

中国社科院马忠文的参会论文是《从张荫桓早期书信看同光之际地方政治生态及官员生活》。张荫桓从同治初年开始,先后在山东、湖北、安徽各地的官宦生活长达20多年,最终以杂佐出身而担任二品大员。其奔波之艰辛、经历之坎坷,与正途出身的士大夫有着天渊之别。近期即将出版的张荫桓书札,就揭示了他早年的这些经历。清季的地方基层官员数量众多,有限的官缺和庞大的候补官员群体形成了需求层面内在的紧张和矛盾,这是地方政治生态最基本的特征之一。

复旦大学张仲民的参会论文是《晚清科考士子的花费》。科举考试不仅关乎部分时人的晋身之阶,它也是一个重要的消费支出和利益再分配途径,攸关一系列人的经济利益。特别是对于地方学官、考官而言,科举是攫取暴利的途径。除了支付读私塾或雇请塾师等各种费用外,士子为了参加各级考试就必须预备大量金钱,以支付各种花销,这让一般贫穷士子很难应付。因此,一般贫寒子弟读书多是为识字谋生计,真正以科考为出路者不多。

上海社科院蒋宝麟的参会论文是《清末废科举后科举经费体系的转型》。在清代,官方存有一套直接服务于各级科举考试与官学生员的"科举经费体系"。科举制度废除后,科举经费体系并未随废科举而消亡,各种科举经费转用于新式教育。在实际的转型过程中,学部及各省、府厅州县乃至城乡士绅关于各种科举经费的提留划分多有争议与竞合,最终重新厘定了中央与地方的教育经费的界限,新的教育财政体系得以确立。

三、晚清政治史的实证研究

第二场讨论会的六篇文章聚焦于晚清政治史。孙宏云和戚学民主持了本场讨论。

中山大学(珠海)吉辰的论文题目是《晚清"帝党"、"后党"概念起源小考》。"帝党"与"后党"是晚清政治史研究中长期以来常被使用的一对概念,但已有研究比较欠缺对其本身的界定。这一对概念系康有为、梁启超维新派在戊戌政变后的政治斗争中提出,并被分别赋予革新与守旧的脸谱化形象,从而与"新党(康党)""旧党"等含义混同,以适应宣传需要。这样的概念和形象广为流传,并被后来的历史学者赋予了更广泛的含义,深刻影响了对晚清政治史的书写。

华中师范大学彭剑的论文题目是《"宁赠友邦,不与家奴"一语流传史》。清末影响颇大的《戊戌政变记》中宣称刚毅说过:"我家之产业,宁可以赠之于朋友,而必不畀诸家奴。"该书是梁启超在满腔悲愤之际所写,多有不实。实际上,刚毅和其他满清权贵都没有说过这句话。此后,革命派将其凝练成"宁赠友邦,勿与家奴",作为反满的宣传口号,大肆渲染,清廷的媚外形象由此成型。民国以降,这一口号被广泛应用于时政评论和历史回顾,进一步固化了清廷的形象。

复旦大学戴海斌的论文题目是《戊戌—庚子之际的"湖南"与晚清政治——基于三种日本人湘游行记的观察》。戊戌变法期间,湖南新政以及由此引发的"新旧之争"引人瞩目。戊戌政变后,湖南省的局势异常复杂。不甘失败的维新人士以湖南为基地,联合会党,发动"义兵",意图再举,并且有日本人卷入其中。这一时期,日本势力急欲深入号称"铁门之城"的湖南省,以攫取航运、矿产等经济权益。以田野橘次、白岩龙平、宗方小太郎为代表的三类在华日本人均计划进入湖南,然而目的各异,对于援助维新党人的看法也远非一致。

北京大学韩策的论文题目是《疆吏与军机是如何互动的?从

胡林翼的京城情报网看湘军之崛起》。文章以考证军机章京钱宝青致湖北巡抚胡林翼的密札为切入点，探讨了胡林翼构筑其在京师的情报网络的情况。胡林翼借助以军机处成员为核心的情报网络，得以了解朝廷机密，并为自身的政治诉求争取最高层的支持。这一举措，对于湘军的崛起产生了明显作用。军机处人员也藉此获取经济报酬，从而与疆吏结成了稳固的利益同盟。

华东师范大学李文杰的论文题目是《御前会议与筹备立宪》。"御前会议"一词来源于日本，在1905年之后开始出现在中文语境之中，实则分为两种：一是清代君主召见众多王公大臣议事的"大起"，只有在遇到战和问题及涉及朝廷体制的大事时才会召集；另一种是日本式的御前会议，与君主立宪政体及责任内阁相关，先由内阁议定大事，再在御前做出形式上的裁决。在晚清，前者只是约定俗成的说法，并未获得官方文献的认可；后者在宣统时期曾筹备召开，却因君主与内阁权力的问题而未能付诸实施。

中国社科院张建斌的论文题目是《进退维谷：丁未政潮之际的郑孝胥》。清末名士郑孝胥以干济之才著称，曾入张之洞、岑春煊、端方等督抚之幕，深得倚重。丁未政潮之际，端方与袁世凯结盟打压岑春煊，郑孝胥作为岑、端双重幕府，成为双方争夺的对象，深陷时局，左右为难。端方档案的有关函电揭示了郑氏的两难处境，岑春煊曾电召郑孝胥进京，而端方联合袁世凯阻挠郑孝胥赴京。郑氏在丁未的际遇反映了清末中下层官员的曲折仕途与官场政治生态。

四、晚清政治思想与体制变革

第三场研讨会的六篇文章，主要涉及晚清政治思想与体制变革等议题。朱浒和吴仰湘主持了本场讨论。

北京大学孙明的论文题目是《秩序之维：晚清经世论说中的"团练"》。文章通过分析《皇朝经世文续编》有关团练的论述，指出团练策中反映出来的时人政治主张，着眼于各种社会群类各就各位，维持良好秩序，恢复天下太平。如何借团练平乱而不是以为乱，就成为团练之策的基本逻辑。团练是一个兵策，更是一个富含儒家秩序理想与现实秩序问题应对的政策，是包涵政治、教化在内的民政。换言之，"团练"就是在秩序织就的网格中界定的，而这种秩序格局难以通过国家与社会的二元结构等理论来总结。

华东师范大学周健的论文题目是《招商局在三河：光绪年间江广三省的漕粮采办》。光绪时期的漕务，延续了太平天国时期以折征折解、采买海运为核心的体制。不过，随着近代轮船航运业的兴起，新式企业的出现，海内外市场的进一步开拓，以及海运的迅速发展，漕运完全突破了此前的制度框架，走向更新、更彻底的市场化运作。漕运依然存在，但市场逻辑已成为其中的主导逻辑。在晚清国家政治重心转向寻求富强，且财政万分支绌的背景下，不计成本地以本色贡赋支应京仓的王朝定制，经历了变革与解体。

湖南大学吴仰湘的论文题目是《张之洞的新经学教育及影响》。在晚清经学若存若亡之际，张之洞因应世变而提出的新经学教育方案，一方面直接进入清廷的文教体制，另一方面制约了一批门生弟子的经学著述与经学教育，从而深刻影响了传统经学在晚清民国的转型。张之洞虽然没有专门的经学著述，也未形成系统的经学思想，但他开创性地简化经学教学的内容，并积极筹谋在新学制下保留经学的独立性、规划经学教育的连贯性，在近代经学史中的地位不可忽略。

中国人民大学朱浒的论文题目是《康有为的投名状：〈书余莲珊〈尊小学斋集〉后〉的话语与实践》。康有为于光绪二十年冬间所作《书余莲珊〈尊小学斋集〉后》一文，向来很少为学界所注意。

这份看似平淡无奇的文献,包含着十分微妙的话语逻辑与实践逻辑。因为在该文赞赏江南慈善风气和福报观念的背后,实际上隐藏着康有为力图结交江南绅商阶层的动机。因此,该文对于理解从甲午战争到戊戌变法时期社会结构的变动,认识新型知识群体与新兴绅商群体形成联合的具体历史进程,具有重要意义。

南京大学李恭忠的论文题目是《"共和国尚德"——20世纪初梁启超的积极共和观念》。结合政治理论研读和在美国的游历考察,梁启超在1903年秋冬之际大致形成了一种"积极共和"观念。它强调德性要素与共和政体之间的正向关系,重心在于国民德性要素的积极伸张,而不在于君主要素的去除。这种理念与西方的共和传统有着渊源关系,但主要是近代中国复杂的政治和文化变迁的产物。它虽然被急剧的政治变革潮流甩入了历史的角落,却不无启发思想微光的意义。

中国社科院贾小叶的论文题目是《从"效秦廷之哭"到"中国者中国人之中国"——由〈清议报〉看"康党"的国家独立思想》。戊戌变法失败后,康党的对内、对外主张发生了极大的变化,他们的眼光由上层转向下层,由外部转向内部,呼吁依靠国民而非列强,通过对内独立来实现对外独立,从而强调了国家独立的重要性。但康党成员此期的对内独立又是不彻底的,保皇思想在康党中仍占有主导地位。尽管如此,国家独立仍然是康党从事近代民族国家思想启蒙的逻辑起点与最终归宿。

五、南京国民政府时期的政治史

第四场讨论会五篇论文的主题均为南京国民政府时期的政治史。华中师范大学的付海晏和兰州大学的张景平主持了本场讨论。

中国社科院刘文楠的论文题目是《谁杀了杨永泰？》。文章根据台北"国史馆"档案、报纸、回忆录等多种史料还原了刺杀杨永泰一案调查和审理的过程。该案由失业的黄埔毕业生杨尔谦等人策划组织实施，目的是要除掉主张对日妥协的"亲日派"。同时，暗杀背后确实也有反蒋派系的因素。杨尔谦等人不仅接受了胡汉民派的资助，还与第三党以及王亚樵、陈铭枢等反蒋人士都有联系。刺杨案反映了这一时期暴力政治的不良风气，也反映了"亲日派"不得人心、"反蒋"与"抗日"合流的大趋势。

南开大学贺江枫的论文题目是《1935年华北自治运动与国民政府的因应——以何应钦北上为中心》。1935年的华北自治运动是内政外交交互影响的产物。蒋介石无视《何梅协定》达成后中央在华北实力的缺失，执意主导华北政局的重塑，但又对华北权力机构设置缺乏清晰的应对策略。随着宋哲元与蒋介石围绕华北权力分配的矛盾日趋激化，行政院驻平办事长官在日、宋的联合抵制之下被迫取消，作为地方自治机关的冀察政务委员会成为冀察的最高统治机构。华北危机日趋严重，陷入了从在地解决转为中央主导，再由中央主导被迫走向在地解决的恶性循环。

北京社科院王建伟的论文题目是《1930年代中期的北平：整顿风化、繁荣故都与新生活运动》。1930年代中期，北平市政府发动了一场"整顿风化"运动，对教育、社会领域的"风化"问题展开了全面整治。这场运动是在日本军事威胁加剧的背景之下兴起的，既是新生活运动在北平的具体展开，折射出当时北平与南京中央政府之间微妙关系，还与当时的整体经济形势密切相关，被赋予了"繁荣故都"的重要使命。不过，鉴于"风化"问题的特殊性，在"整顿"的过程中出现了诸多难题，令执行者无所适从，舆论界也多有批评，运动无疾而终。

清华大学戚学民的论文题目是《来源、学历、能力、关系：抗战时期国民党省市路党务干部群像》。国民党各省执委监委,是国民党承上启下的实力层,对于各省的党务有相当程度的影响。文章利用朱家骅档案的统计资料考察了国民党省级干部的总体情况。省级干部的年龄在30—50岁之间,整体上比较年轻化。省籍分布方面,本省人管理本省党务是一个基本特征。从教育背景看,党务干部普遍受过高等教育,显示国民党在吸纳社会精英和专业人士方面进展明显。在人际关系上,国民党的大佬文化、实权人物、地方派系对党务干部有重要影响。

湖州师范学院鲁卫东的论文题目是《组织易长与派系纠葛:抗战时期朱家骅与二陈在国民党内的权力竞逐(1939—1945)》。1938年,当选国民党总裁的蒋介石着手革新国民党,任命学者出身的朱家骅担任中央秘书长和组织部部长等党内要职,以革除派系弊端,统一党务。然而,朱家骅派恰在这样的背景下有意或无意间自成一系。国民党向为CC系禁脔,朱氏与二陈的治党理念亦不相同,故颇为二陈猜忌,双方因此在职务轮替中冲突迭起,相互抢夺政治资源,与蒋介石整顿党务的初衷背道而驰。

六、晚清史研究沙龙

晚间的晚清史研究沙龙由马忠文和朱浒主持。关晓红、韩策、安东强、刘文楠、戚学民、张仲民、吴仰湘、尤淑君、戴海斌、周健、八百谷晃义等近代史、晚清史学者参加了讨论。与会学者认为,近年来晚清史料发掘、整理等方面成绩突出,晚清史研究仍然存在着很大的发展潜力,众多"老题目"特别是人物、制度研究存在着"深挖"的空间。但与此同时,资料的大量更新增加了选题的难度,并且容易限制住研究者的视野,对于研究者的史料运用能力也提出了更高的要求。目前国内的晚清史研究,存在着队伍相对薄弱、叙事框架陈旧和研究方法粗放等问题。为了推进晚清史研究，国内高校与研究机构有必要加强交流，举办研习营，集合老中青学者和有志于从事晚清史研究的学生，共同探讨提高。并且应认识到晚清史既是中国近代史研究的一部分，也是清代历史和19世纪以来全球史的一部分，研究者需要关注某些跨越时段、空间的真正具有普遍意义的问题。此外，晚清史研究最基本的"功夫"，例如稿本的辨识、行文的理解和制度史知识的积累等等，都有必要更多地予以强调。只有加强相关方面的训练，才能够更加有效地利用日益增加的历史资料。最后，与会学者还就旁听师生提出的史学理论、晚清史料运用等方面的问题进行了在线解答。

七、近代政治人物、社会组织与社会运动

9月5日的议程，主要包括了三场论文研讨会、综合讨论与民国史研究沙龙。

第五场讨论会六篇文章的主题涉及近代政治人物、社会组织与社会运动等方面。李恭忠和王建伟主持了本场讨论。

中山大学安东强的论文题目是《不在场的革命领袖：辛亥革命时孙中山在国内的政治形态》。辛亥革命时期孙中山对于国内的影响相当复杂。从1911年10月10日武昌起义到12月底返抵上海期间，他因身在国外并未亲身参与国内革命，当时即引起某些政敌和同道的非议，后来也成为坊间诟病他重理论、轻实际的口实。尽管如此，孙中山的言论和主张仍然深刻影响了国内革命思想、革命政权的建立及革命领导人选，体现了一位"不在场的革命领袖"对于革命进程的具体作用。

华中师范大学周月峰的论文题目是《错位的"战场"：孙中山

与五四新文化运动》。论文指出,通过孙中山对于新文化运动既有支持又有反对的矛盾态度,可以看到他更多是在造势与借势。"五四"学生运动后,孙中山以自己的方式将部分新文化运动的内容与形式纳入其革命方略。他在1920年所使用的"新文化运动"一词也有其特定含义,强调通过宣传动员民众,以取得暴力革命的成功,实现推翻北京政府的目的。相对的,其并不看重反传统、欧化或白话文等,因此与胡适等人的侧重不同,双方处于错位的"战场"。这也影响到日后相关叙事对于孙中山形象的建构。

中国社科院李在全的论文题目是《"九一八"事变后国民政府争取逊帝溥仪考实》。"九一八"事变后,南京国民政府开展过争取逊帝溥仪的工作,主要渠道是蒋介石委派与逊清皇室有关联的监察委员高友唐面见溥仪。双方谈论的核心问题是:溥仪移出天津日租界,不出任社会传闻中的"满蒙"皇帝;作为回报,国民政府恢复清室优待条件。张学良、宋子文等也利用多种渠道争取溥仪。囿于各种原因,南京政府对溥仪的争取工作在认识和执行力度上均有不足,溥仪与南京政府也缺乏合作之基础,争取工作最终失败。

中山大学孙宏云的论文题目是《张之洞与清末立宪补论——以〈张总督松平顾问立宪问答〉为中心》。张之洞通过日本驻上海领事小田切万寿之助,聘请松平康国作为法律顾问参加其幕府。清廷宣布预备立宪后,张之洞和松平康国就立宪问题进行过讨论,谈话内容被记录为《立宪问答》。从问答可以看出,张之洞希望对于立宪的理论和历史以及当下中国应该如何进行立宪与政治改革等问题有一个系统的把握,这反映出张氏对于预备立宪的关注和重视,在低调观望的同时也务实从事具体的准备工作。

上海社科院徐佳贵的论文题目是《组织演变与文教革新——晚清与"五四"之间的江苏省教育会》。晚清与"五四"之间江苏省教育会的权力更迭，反映了以"教育"为自身主要业界标签的"中等人"崛起。与之相应，会中知识人对本会旨趣的理解，从凸显政治目标及政学关系，渐转向学术理论的研求与更新。同时，教育会紧追其认定的"世界新潮"，进一步突破区域组织的定位限制，参与带动全国思想文教之革新。但在另一面，该会的组织活动仍未与早期的政学关系的传统完全决裂。这一过程从组织机构史视角揭示了近代文教是如何从晚清向"五四""过渡"的。

南京师范大学齐春风的论文题目是《反抗有理还是稳定第一——中国近代民众运动史研究中的视角、立场与政治纠葛》。中国近代民众运动史研究中，宣传工作与学术研究长期纠缠不清。20世纪90年代以来，学界逐渐突破了脸谱化、模式化的研究模式。尽管如此，民运史在政治史中仍属于被遮蔽得最厉害的一块，研究者难以认清它的真实状态及其演变规律。今后的民运史研究，不能仅仅将民众群体置于等待"被发动""被觉醒"的地位，也应该注意到群体、阶级主动援引政治力量介入集体行动。

八、近现代外交史、工程政治与图像证史

第六场上半场三篇论文的主题为近现代外交史，下半场的两篇论文则分别关注近代工程、会场布置中的政治要素。李在全和安东强主持了本场讨论。

浙江大学尤淑君的论文题目是《1897年李熙称帝运动与朝鲜民族主义的形塑》。甲午战争后，日本迅速控制朝鲜，引发朝鲜内部的变乱，王室权威一落千丈。朝鲜独立协会因此推动"称帝运动"。在朝鲜君臣的努力下，高宗李熙被抬高到大韩帝国皇帝的地位，继承"中华"正当性基础的大韩帝国得以成立，并依据《国际

法》争取国际社会的承认，试图遏止日本侵略的野心。但高宗李熙集中皇权的企图，与独立协会争取民权的宗旨相冲突，李熙最终下令解散独立协会，由此削弱了改革力量，中兴的希望亦随之破灭。

复旦大学马建标的论文题目是《反帝运动的"上海模式"：华盛顿体系与国民革命的酝酿》。1922—1925年，美国已经意识到华盛顿体系如果不能及时履行对中国的修约承诺，势必招致中国民族主义者的愤怒。由于法国这块"短板"，列强的"大国协调"原则遭遇阻碍，由此引发中国朝野的普遍不满。苏联政府利用这一时机，成功与北京政府建交，并促成国共合作，为反帝运动做好组织上的准备。在"五卅惨案"基础上形成的上海反帝运动模式具有巨大的政治动员潜力，依靠"情感力量"成功在全国激起反响。

中山大学侯中军的论文题目是《顾维钧与1945年中苏谈判的几个问题》。顾维钧很早就探听到了雅尔塔密约的相关情报，成为国民政府了解密约的重要渠道。基于对国际局势与密约内容的研判，顾维钧认为苏联未必敢直接向中方提出东北利益的要求，因此建议对中苏谈判采取拖延的态度。顾维钧成为宋子文首选的赴苏谈判人员，但美苏两国出于各自利益考虑，不愿顾维钧参与其中，因此顾氏最终未能加入中国代表团。

兰州大学张景平的论文题目是《民国水利事业中的工程政治——以鸳鸯池水库为中心的研究》。1947年建成的鸳鸯池水库，是中国技术人员运用现代水利工程学原理，完全自主设计施工的第一座大中型土坝水库。水库工程的决策不但与宏观局势密切相关，更有着具体而复杂的人事背景。在修建过程中，技术人员在金融资本的加持下试图"楔入"到尚属传统的县政结构中，总揽规划设计与施工组织一切权力。这种体制尽管能够比较好地贯彻施工思路，但也依赖本地乡绅的支持来推进。这些都反映了传统治理结构与近代技术体制的艰难整合。

北京历史学者徐家宁的论文题目是《从图像文献看中共会场主席台背景布置制度的形成与演变》。会议是体现民主的重要制度，也是深入中国骨髓的政治生态。会场的布置是政治制度的体现，影响着会议的讨论气氛以及结果。纵观中国共产党全国代表大会主席台的布置演变，有几个核心要素，即旗帜、领袖像或徽标，这种风格的流变值得探索。考察苏共的会场装饰风格，二者相似之处甚少。实际上，中共会场主席台的主要元素沿袭自中华民国时期国民党的会场，并在风格上有自己的创新。

九、西方知识、观念与近代中国

第七场五篇论文涉及中外交流史，以及近代西方知识与观念在中国的传播等议题。齐春风和侯中军主持了本场讨论。

中国人民大学曹新宇的论文题目是《"野蛮中国"的诞生：十九世纪跨大西洋汉学的两种进路》。1801年出版于伦敦的《中国刑罚》画册，是广州外销画家原作的翻刻。与一般的中国博物志绘画不同，该画册向西方读者展示的是野蛮可怕的中国肉刑。此类画作的出现与欧洲反肉刑运动有关，也反映了欧美对华认知与汉学研究的分流。一方面，以黑格尔为代表，这一时期为欧美知识界系统矮化中国形象的转折点；另一方面，更加专业化的汉学研究也逐渐出现，并转向更深层次的制度思考。

苏州科技大学顾少华的论文题目是《法国大革命叙事与清末中国革命合法性之争》。大约自1900年开始，清末知识分子逐渐意识到法国大革命不同于中国传统革命类型，在他们笔下，"自由""平等"等启蒙理念的传播与革命的发生构成前后相继的环节，作为"求权之争"的法国大革命被书写与呈现。但1905年康有为撰写的《法国大革命记》，以汤武革命的"诛暴之义"为叙事基础,重新塑造法国大革命,并将之纳入中国传统革命类型。清末中国革命合法性伦理的更迭与转换现象,展现了革命发生的内在逻辑。

华中师范大学付海晏的论文是《布教中国:1908 年日本在华领事馆"本邦布教者及布教状态"调查研究》。1908 年,日本外务省向驻华各使领馆发布机密训令,要求调查辖区内在华布教日人及布教状态。具体内容包括姓氏、年龄、履历、宗教派别、所在地区、品行、布教方法、布教开支、布教场所、经营事业、信徒数量、入教手续、地方官民态度等。论文对这些调查结果进行了详细的统计分析。训令反映了日本政府对于在华布教的重视,以及利用调查结果争取布教权的企图。调查工作对此后日本利用宗教作为侵华工具产生了长期性的影响。

山东大学杨瑞的论文题目是《近代"中国法系"知识的东学背景及其流传》。"法系"一词中国古来无有,是 20 世纪初中日文化交流中从日本引入的和制汉语新词汇。"法系"词汇脱胎于"法族",两者均由日本法学家穗积陈重创制;其后"法系"一词被章宗祥等留日学生传入中国,梁启超继之推广使用,并渐次定型成为中国人法政知识与话语体系的重要概念和表述工具。清季以至民国,围绕"中国法系"知识论和价值观均有不同程度演变,反映了朝野对于本土文化价值的否定与重建。

宁波大学雷家琼的论文题目是《清末民初遗产税的引介、传播与筹设》。"遗产税"这一海外税制新知识,在清末民初被引介入华,并通过两个渠道传播开来:一是附属在印花税项下,由走出国门的驻外使节引介给清政府;二是通过报刊等大众传媒平台广为传播。遗产税知识的引介和传播重点是该税财政收入丰厚,这激起时人对中国开征遗产税的美好想象。民初筹设者意图以遗产税解决财政困难,开征的消息一再频传。不过,中国缺乏实行遗产税的社会经济条件,倡议最终不了了之。

十、综合讨论与民国史研究沙龙

分场讨论结束后,全体与会学者参加了最后的综合讨论。引言人、复旦大学历史系教授唐启华表示,本次研讨会是大规模的线上会议,也是新的会议模式的很好的尝试。尽管不能够面对面讨论,但也突破了地理上的限制,便利了更多的师生旁听学习。线上会议或许会和线上数据库一样,成为学术研究的常态。参会论文涉及中国近代史研究的各个时段和领域,大量的中青年学者参与其中,令人深受教益。与会学者认为,本次会议将晚清与民国史研究相融合,关注中国与世界的互动,主题涵盖体制结构(制度)、人的活动(实践)与对事件的阐释(表象)三大方面,收到了很好的效果。近代政治史研究,既需要立足于实实在在的人物与事件,也要关注转型时代的制度变迁,以及隐藏在制度背后的思想观念、知识流动和组织利益。

在闭幕致辞中,高晞教授感谢所有与会学者的云端参与。云端会议节奏紧凑、内容充实,是一次高质量的学术讨论。全程旁听之后,最大的感触是老的主题有新的阐释空间,旧的题目有新的解读方法。复旦大学近现代史教研室将努力推动学术交流,希望以后能够举办系列会议。

晚上的民国史研究沙龙由李在全和周月峰主持,齐春风、安东强、贺江枫、雷家琼、戚学民、刘文楠、戴海斌、张仲民等学者参加了讨论。与会学者认为,民国史是一个充满机遇和挑战的研究领域。与晚清史相似,民国时期史料的发掘与整理工作成绩显著,特别是近年来以"抗战文献数据平台"为代表的线上资料库的建设,使得历史资料的检索和利用越来越便利。时至今日,资料已经不是制约民国史研究的主要因素。史料的丰富催生了大量的实证性研究,深化了学界对于民国史的认识。在这些具体的、个案的研究基础上,有必要进一步去思考更加宏观的研究架构等方面的问题。在时段上,民国时期极为短暂,但制度的持续转变和人员的传承流动并未因政权的更替而中断,因此研究者至少需要兼顾到晚清时期和共和国初期,内部的北京政府和国民政府时期也需要打通。在空间上,民国时期的对外交往更加密切,政治与社会变迁也具有跨国与国际化的因素,因此民国史研究需要具备国际视野,也有必要加强多国史料的运用。民国时期,国家政权形态发生了深刻变化。较之帝制时期,国家政权规训民众、整合地域和人群的意愿、能力与技术均有显著提升,因此微观和地域视角对于理解民国政治史也具有重要意义。最后,与会学者解答了旁听师生关于民国史料运用、学术研究规范等方面的问题。

结　　语

政治史、制度史在历史学科各分支研究中所居地位之重要不言而喻,然而学术界近些年对这类问题的关注和研究稍有不足,在方法论方面也存有值得反思之处,在选题方面亦有进一步拓展的空间。有鉴于此,复旦大学历史学系召集了本次学术研讨会,以期共同探讨提高,推进中国近现代政治史研究。与会学者围绕近现代中国的政治文化和制度建构,特别是具体的实践情形和与之相关的表述与再现情况展开了深入探讨,收到了很好的效果。同时,大型线上会议的组织形式,也是国内学界对于新的会议模式的良好尝试。

"第一届复旦大学近现代史研究生论坛"综述

吴世平(复旦大学历史学系博士研究生)

2020年8月29日,复旦大学历史学系中国近现代史教研室主办的"第一届复旦大学近现代史研究生论坛"在"腾讯会议"线上平台召开。来自复旦大学历史学系、文史研究院的18位博士生、硕士生提交了论文,参与了论坛讨论。

在论坛开幕式上,中国近现代史教研室主任高晞教授介绍了举办研究生论坛的初衷。高教授指出,在疫情防控期间,为鼓励同学们多读史料和论著,营造良好的学术交流氛围,进而提升学术能力,经本系张仲民教授提议,决定举办每月一到两次的讲评会,以及每年一届的研究生论坛。其中,讲评会由学生报告论文,并由两位校外老师对论文提出批评意见。研究生论坛由参会同学报告论文、互评论文,并在综合讨论环节切磋交流。最后,高教授通过哥伦比亚大学物理系讨论会和周振鹤老师的课程问答两个小故事,鼓励同学们在论坛的评议与讨论中秉持"发现问题"和"批评"的精神,争取通过讨论,实现增广闻见、砥砺学术之效果。

随后即进入论坛的报告与讨论环节。本次论坛围绕"晚清的政局与外交""近代的社会与文化""近代的思想与学术""民国的经济与社会"四大主题展开。与会同学准备充分,在会上认真地报告了研究成果;点评同学细心研读论文,有针对性地提出建议。旁听会议的老师和同学也积极参与讨论,互相切磋,气氛活跃,同学们深感获益良多。在此,笔者仅就论坛报告及讨论情况略加介绍如下。

一、查察清末世相

近年来,晚清史领域存在研究时段后移之趋势,研究者更为关注清末"预备立宪"时期的政局与外交,重视探究清末民初的史事。其中,清末的制度变革、人际关系、社会舆论等问题颇受学界重视。本次论坛有四位同学分别就清末书商、上海道台、预备立宪时期的舆论控制、采访游学专门人员赏给出身等问题展开研究,以期查察清末世相之一隅。

戊戌维新以降,中国曾出现过多次办报热潮,报纸在中国近现代社会中发挥着愈显重要的作用。对于历史研究者而言,搜括检讨报刊对于进入历史现场、瞭望时代风向颇有助益。然而,人们研究报刊,多着眼于革命、保皇、立宪派之论战,关注清政府"压制舆论"之行径,倾向于将"官方"与"报界"置于对立位置。博士生石希峤的研究《清末预备立宪时期的舆论控制和反制》通过考察瞿鸿禨"暗通报馆"案、蔡乃煌被劾案、清末"藉报勒索"的现象,揭示了"高层政争"和"报界舆论"之间关系的复杂性。石同学认为,所谓"报界"并非同质性的社会集团,各方势力皆尝试背后运动报馆以营谋自身利益,而另一方面,报人亦善于利用舆论来敲诈勒索官员。故而分析报刊文章的同时,还需要看到其背后的政治运作情况。

通过石同学的研究可以管窥清末报界舆论与政界之复杂关系。这提醒人们,面对同一事件,舆论给出的解释,多出于其自身的利益考量,于是往往建构出与本相迥异的人物或事件表象。博士生宫陈的《革命记忆与舆论建构：清末书商徐敬吾考论》一文探究了清末书商徐敬吾被捕案及随后的舆论回响，展现了围绕徐敬吾被捕案所展开的报界与官方的角力状态。关于徐敬吾其人，当下知晓者罕，但倘若深入清末的历史语境便可知晓此人之于时人的重要意义。宫同学提醒，该案中徐氏是否确系革命党早已不再重要，此人业已被建构为各方舆论中因应所需的多元形象，报界舆论争相消费徐氏，真实的人物退居幕后，逐渐趋于"失语"状态，取而代之的是作为符号的徐氏。个中情状与近代上海特有的城市文化和清末革命文化颇有关联。

值得关注的是，上海不仅是近代文化之汇集地，亦与清末中外交涉、高层政局更迭关系密切。庚子事变中，东南诸省督抚联合发起"东南互保"，深刻影响了清末政局的走向。然而，"东南互保"虽使南方免于兵燹，但华洋辐辏的上海难免成为各方势力博弈的战场。博士生郑泽民以《日本外交文书·北清事变》和盛宣怀档案为主干史料，在其论文《"内政外交实相表里"：从上海道更易事件看庚子年政局》中讨论了庚子年上海道台余联沅为江苏候补道程仪洛所取代的更易事件，重构了刘坤一、盛宣怀、李鸿章、荣禄、鹿传霖等重要人物的紧张关系，与各国领事参与其中的中外博弈情形，揭示了刘坤一和鹿传霖的不睦情况、温和派与守旧派的拉锯以及外国势力对守旧派重掌政权的恐慌心理。最终袁树勋出任上海道台，实为符合各方利益的"共赢"之举。

清末科举改制以庚子事变后重开经济特科为嚆矢，迄乎张之洞、袁世凯、端方等重臣上奏请废科举，终至停废之结局。学界对科举停废社会影响的研究所在多有，常着眼于该事件对传统士人的影响，而博士生王艺纯的《清末采访游学专门人员赏给出身史事考》一文关注趋新人士何以看待传统功名这一问题。该文首先考察采访游学专门人员赏给出身的前因后果。该举措由袁世凯提出,继而清廷要求各省督抚保送符合人员至学部考核,并出台了考核章程,最终选定十九人赏给出身。王同学还通过严复与郑孝胥的诗歌唱和以展现其对该事件的复杂心态,进而指出一向被视为"趋新人士"的游学专门人员对传统功名亦有留恋之想。王同学的研究展现了游学专门人员群体在"自视"和"他指"两个维度上的复杂性。

与会同学围绕提交的论文召开讨论,其中不乏犀利的批评和建设性的意见。评论同学认为博士生宫陈的研究对书商徐敬吾的事迹及其被捕前后的舆论反响作了很好的钩沉,所用史料丰富,考证扎实,尤为出彩的是其行文叙述及关联史料的能力。但是,论文尚存有一些有待商榷之处。宫同学花了一定的笔墨描写各地民变、革命党人起义等事件作为徐敬吾被捕前后的背景,但以上事件与徐敬吾活动的空间关系较远,评论同学认为应当着力刻画当时上海一地的社会氛围,在此基础上说明彼时上海官厅如何对待潜藏于租界内外的革命党人。此外,早在苏报案前夕,徐敬吾就曾被两江总督魏光焘逮捕过,彼时舆论将之传为笑谈,可见徐的舆论形象不佳,该细节值得关注。另外,论文较少呈现舆论与端方的直接互动,所展示者更多为舆论对此事之评价。端方以何种手段应对舆论,在何种程度上受到舆论影响,以上问题尚待进一步探究。博士生郑泽民的选题关注庚子政局,该议题成果辈出,具有一定的挑战性。评论同学高度肯定了郑同学在挖掘新史料、翻译外文史料方面的努力,认为论文在梳理刘坤一、盛宣怀、李鸿章、程仪洛、余联沅等人的关系时颇显细致,对厘清庚子年间沪上政局甚有裨益。同时评论同学也提出了一些建议:论文中对鹿传霖的梳理略显薄弱,读者对其活动之细节无从悉知,建议在日本人观察沪上政局的内容之后集中阐述鹿传霖之作为,则能更清晰地展现文章的线索。评论同学还提醒中国社科院近代史研究所图书馆藏有鹿传霖的家书、日记，值得翻阅引用。

对于博士生石希峤的论文，评论同学认为该论文重点关注晚清政界与报界的互动关系，是非常重要的选题，作者通过三个个案很好地展现了报人与大员之间互相利用的实态。该文作为学位论文的一部分，在叙事、考证等方面值得学习。但文章也存在一些缺陷，比如论文内容与标题"舆论控制与反制"有所偏离，片面强调"控制"的一面，而对于"反制"的一面却疏于论述。作为一个群体，报人如何应对舆论控制，其独立性如何值得深入探讨。文中仅简略提及报人主动索贿这一细节，其内容可略加增广。所谓清末"舆论控制与反制"应当涉及朝廷、权臣和报人的三方互动，但文章只涉及了权臣和报人的维度，朝廷的最高层扮演何种角色亦值得注意，清政府从查禁整顿报纸到收买利用报馆的转变亦应当有所论述。

博士生王艺纯的论文关注趋新人士的科举态度。评论同学指出，王同学的论文问题意识敏锐，制度史回溯完整，对反映人物心态的史料考辨细致，但该论文在行文和逻辑上存在一些问题。比如第三部分的论证过程略显突兀，作者没有明确说明自己为何选择严复作为探讨对象。评论同学建议在章节开端处说明写作目的，即意欲借严复以阐释"老留学生"对于科举废除之态度。除此之外，文章中还存在一个悖论：凡是被赏给功名的游学人员在此之前业已受到重用，这与作者想要表达的清廷在授予功名之前并不重视游学人员的主旨背道而驰，如何解释该现象，作者还需再作努力。在史料层面，评论同学认为若补充朱批奏折史料，深挖袁世凯的相关史料，并关注地方大员档案中的相关记载或有益于探讨的深入。

二、关怀彼时之人

世界潮流，浩浩荡荡，在中国近现代史的激荡历程中，不乏"睁眼看世界"的先贤、"我以我血荐轩辕"的烈士、"敢叫日月换新天"的革命者,亦不乏拥抱新潮、高举启蒙大旗的文化人,正是他们构成了这段可歌可泣历史的主轴。然而,我们同样需要关注历史中的"失语者",关注社会与文化的点滴变迁。蒋梦麟曾在回忆录中感慨:"在急遽递嬗的历史中,我自觉只是时代巨轮上一颗小轮齿而已。"如是感言恰揭示了西窗推开、瞥见浪潮拍岸之际的那种真切的惊惶感。诚然,每一个人都是激变时代的见证者,每个人的思想、每个人的生活亦是历史的一部分。本次论坛的参会同学关注传教士笔下的中国医学、梁发的思想转变、女子理发业、民国女学生等问题,着眼于个人和日常生活,关注与时代脉搏共振的社会风貌。

中西文化交流的主体多元,其中传教士扮演了重要的角色。自唐贞观年间聂斯托利派传教士进入长安传教以降,来华传教士便面临着以何种形式在汉语语境中诠释自身、以何种视角关照中国事物、以何种方式发展信徒等问题。而中国的信徒入教前后之思想转变、所处之两难境遇、自何种视点出发认识西方事物等问题亦是自显殊相。对于上述面向的详细探讨,可以深化我们对于中西文化交流细节之认识。

硕士生沈园园的论文《梁发的皈依与传道:以〈劝世良言〉和〈日记言行〉为中心的讨论》回归历史语境,对梁发的皈依与传道的诸多细节进行考辩,重点关注梁发的信仰转变及其于新教在华传播过程中所处的位置。沈同学通过考察梁发在佛教和基督教之间的信仰抉择、入教前后的心路历程、道德规劝式的传教手段及其在《劝世良言》中所描绘之信仰蓝图,展现了梁氏作为一个坚定的中国"传道人"深入观察社会以实施传教策略,试图藉基督信仰以达到"劝世救世"之目的,丰富了我们对梁发其人及近代早期在华布道实践的认识。硕士生肖馥莲的论文《华西医学传教士和他们笔下的中国传统医学》着力于探究华西医学传教士的中医认识,考察以华西协和大学首任医学院院长莫尔思为代表的华西传教士对中国传统医学产生兴趣的原因,勾画他们观察、理解中的中国传统医学,进而分析医学传教士对"中医"的看法发生转变的原因。肖同学认为身处西南腹地,直面中国近代民族主义浪潮的传教士逐渐成为中国社会中的边缘群体,西方医学的强势话语日益褪色,重审中医是其因应世变的合理选择。

在传统的历史书写中,精英男性无疑处于时代的聚光灯下,而女性群体通常被置于边缘位置。实际上,中国的近代化是一个全方位的事业,制度设计、教育转变、性别观念之变迁皆涵括其中。倘返诸历史的本来场景,则近代女性的求学经历、就业选择等问题皆有值得探讨之处。硕士生倪浩然的研究《校园恋与姐妹情:日常生活视角下的民国女学生》以民国时期女校学生为对象,关注彼时男女合校状态下的性别危机、女校学生的情感状况以及女校师生的"独身示范"和"姐妹"情谊,由此反映出民国时期女校学生在校方的管理下,在两性方面仅可获得有限度的自由,校内保持着相对纯粹的性别关系,女校长和女教师的独身实践一定程度上改变了女学生的婚恋观。硕士生郭恬薇汇报了她的研究《近代上海女子理发业初探》,对近代上海女子理发业的发展、民国理发业中"重男轻女"的表象以及女理发师的出现和梳头婆的没落进行了考察,认为五四运动后女子理发业的兴起打破了该行业由男性垄断的状况,高级理发店为获取更高利润,打造了理发业"重女轻男"的消费文化,知识分子逆用"男女授受不亲"的传统说辞,反而为女理发师的职业树立了正当性,对传统梳头婆行业造成冲击。

本场会议的参会同学关注议题相近,点评与综合讨论针对性强、气氛热烈,旁听的老师、同学亦参与其中。关于硕士生肖馥莲的论文,评论同学认为该论文利用中外文档案,很好地描述了华西医学传教士眼中的中国传统医学,展现了这一群体对于"中医"相关认知的转变历程,并且较为深刻地分析了认识转变的原因。同时,评论同学亦提供了若干建议:首先,有关莫尔斯文化历史主义的思想来源,可以结合档案、报刊、书信进行考察;其次,还需要关注莫尔斯对于中医的认同在医学传教士中是否具有普遍性。莫尔斯是在长期的行医中逐渐转变对传统医学的看法的,他在日常的医疗实践中加深了对中医的理解,同时也受到中国西医的影响。评议同学建议肖同学可以继续探究西医和中国西医二者的互动关系,这或许有助于了解传教士的心态转变。

硕士生倪浩然同学的研究聚焦于女校,当下有关女校研究众多,但往往呈现出千篇一律的书写模式,常常落入"现代化和保守并存"的立论窠臼。评论同学认为,倪同学的研究关注女校学生的日常生活和情感体验,令人耳目一新,并进而提出几点建议:其一,"公开情书"是否可以理解为女学生参与了清白形象的自我建构,以获得话语主动权?建议对她们自我申辩的内容进行话语分析,明确"自我建构"的论点能否成立。其二,师生恋和校园恋爱一方面处于被抑制的状态,另一方面却始终存续,甚至流行于世。该情形出于人性使然而外,社会大环境是否起到了推波助澜的作用?挣脱束缚、背离传统的现代现象是否赋予该行为以现代合理性?这一问题有待继续探讨。其三,女校"姐妹"并不一定是同质群体,地域等其他因素可能会成为区隔的标准,这些因素均不可忽略。

对于硕士生郭恬薇的研究,评论同学认为该论文资料细致、涵盖时段广泛,能将女性理发业的长期发展情况梳理清楚,实属不易。略显欠缺之处在于文章的格局存在双线并行的情况,其中既有新女性理发师的叙述,又有女性理发业的研究,建议郭同学修改行文结构,以防止论文叙述在"新女性"和"摩登行业"两个框架中来回切换。同时,评论同学指出,30年代新生活运动中时尚和摩登被污名化,过去被年轻女性所青睐、代表着时尚的理发业也被污名化,这一转变也值得关注,需要作为影响因素纳入论文讨论中。

硕士生沈园园的论文利用新材料重新诠释了有关梁发信仰转变的故事,其中对梁发思想转变历程钩沉细致,对新材料剖析准确,全文思路清晰,然而也存在一些问题。评论同学指出,作者沉潜于米怜和梁发的材料,虽考察详细,但却忽视了华南地区的文献,对梁发在传教过程中之遭遇勾勒较少。在叙事策略上,该研究的背景铺垫有所欠缺,建议在文章开头部分增加有关梁发个人生平和早期行迹的叙述,同时亦需对《劝世良言》和《日记言行》两个核心材料的状况加以说明。

三、中西新旧之间

考察近代的思想与学术风貌,学者或主张以"传统内变""传统外变"划分畛域,或建议从中国自身出发,探究思想发展的"内在理路"。我们在追寻近代中国思想渊源流变之时,不难发现其中众声喧嚣的情况:既有"新"与"旧"之争执、又有"中""西"学术之分野,还有"激进"与"保守"之颉颃、"制"与"学"之乖离。当下学界研究思想史、文化史,并不囿限于一人一书之观点:考察思想之"在地化",观察经典文本"降一格"后的接受情况,分析东亚转型时代的"思想资源"和"知识仓库",这些观点业已成为研究者开展研究的基本视点。本次论坛的参会同学分别对徐坊、胡绳、刘熙载、傅斯年、罗家伦、杨树达、黄侃等人的思想、学术、社交情况进行考察,重点关注近代学人的学术传承、学人与政局的关系、咸同士人的经世观以及马克思主义史学家早期作品等问题。

学术思想如浪潮,后浪之于前浪或因循、或追随、或推陈出新,研究者惟有研析其前后源流关系,方可准确把握主脉。硕士生岳潇翰在文章《黄侃的阴影:小学史中的杨树达与黄侃》中对黄侃和杨树达的学术承接关系进行了考察,先是阐述杨树达的性情与学术根柢,而后分析杨氏对黄侃学术的质疑和辩驳,指出黄侃学术长期以来都是杨树达较量、评骘的对象。正是黄侃的存在激起了杨树达的好胜心,促使他谋求突破,终成一代大家,可以说黄侃是杨树达学术的底色。硕士生卞楷文《刘熙载与〈持志塾言〉:兼论咸同士人的经世观》一文就刘熙载的《持志塾言》展开讨论,分析了刘熙载上接晚明泰州学派、折中于程朱的学术渊源,继而阐述刘氏于上海龙门书院任山长时编纂《持志塾言》,制定为学方案,以求实现挽救世风之初心,最后勾画他在理学旨趣下的经世实功。卞同学的研究对咸同之际读书人在"传统中变"的一面作了很好的关照。硕士生王思雨搜集整理清代遗老的相关资料,撰写了《徐坊晚年事迹考释:以诗作唱和与身后书写为中心》,该文重点研究清末帝师徐坊的晚年事迹及其身后书写,着重对比了柯绍忞所撰写的墓志铭与《清史稿》中传略之关系,并以徐坊和徐世昌为例,分析清末民初之际清室旧人的交游情况及对于清廷的复杂心态。王同学的研究有助于我们深化对清室旧人在民国时期之交游及其身后书写、评价的认识。

马克思主义史学在中国现当代史学史上具有重要地位,兼具学术与现实的双重意义。1930年代以来,郭沫若、范文澜、吕振羽、翦伯赞、侯外庐等马克思主义史家的勤奋耕耘奠定了唯物史观解释中国史的基础,学界对此已多有探讨。硕士生唐益丹的论文《胡绳早期史学创作:以〈二千年间〉为例》围绕胡绳的早期著作《二千年间》展开研究。《二千年间》成书于抗日战争相持阶段,彼时史学家们试图通过研究历史以求索解决中国问题的途径,多持"中和"态度,将传统中国政体视为"中国式民主"。而《二千年间》

从唯物史观出发，批评中国古代政体为君主专制政体，该书因其采用纵剖视角，且选取问题犀利重要，旋即在青年中产生影响。通过考察此书，既能了解抗战时期的学术文化氛围，亦可追寻胡绳早年学术成长的轨迹。

民国时期诸多重要学人或直接参与政治，或与政局保持着藕断丝连的关系，时人对学人"入世"选择亦持有相当的期待。职是之故，考察学人与政局之间的相互关系亦为研究者关照所及。博士生赵帅《傅斯年、罗家伦被安福系收买一说的生成与衍化》一文通过梳理"五四"时期的报刊、书信等史料，着力考察了罗家伦、傅斯年二人收受安福系贿赂之传言，指出该传言出自北大学生朱一鄂。该生与罗、傅二人素有不睦，便藉《北京日报》披露的安福系宴请学生之事大做文章，鼓吹罗、傅二人实为安福系所收买。被北大所开除的学生张厚载利用《神州日报》随后煽动此事，遂使该传言喧腾于外，广为人知。对此，各方态度不一，但罗、傅二人终因此事而决计不入政界，发誓以"文化运动"为职志。

在互评及综合讨论环节，参会同学为他人提出诸多建议。评论同学指出，徐坊这一人物史料分散，事件跨度长，研究难度大，王思雨同学能全面搜集材料，并试图将徐坊的行迹和身后书写勾勒出来，确实难能可贵。同时，评论同学也提醒作者注意研究的延续性问题。徐坊与张之洞、袁世凯两个派系皆有联系，而清末张、袁二人围绕内外官制改革分歧颇多，这些分歧或出于利益纷争，或出于观念不同，流风所及，势必影响到与他们相关的中层人物，如张之洞的亲信梁鼎芬等。故而，探讨徐坊与清遗民的关系时倘能关照到清末的人际纠葛将会更好。硕士生唐益丹的论文选题新颖，能够关注到马克思主义史学家胡绳早年的学术创作及其时代氛围，对于《二千年间》的文本内容及其对话性质分析细致。评论同学也从学术史方法论的角度给出了一些修改建议。《二千年间》

作为抗战时期形成的一部马克思主义史学著作,其形成的学术背景和时代氛围还需详加阐释。在行文结构上,建议以胡绳的个人经历为主线,探究其他社会思潮如何对他产生影响。文章的第二部分着重于文本分析,主要集中于分析胡绳与钱穆的对话,但与此同时,胡绳与范文澜治学路数也存在差异,那么他在马克思主义史学发展脉络中究竟处于何种位置,还有待进一步探究。在讨论硕士生卞楷文的论文时,点评同学指出,卞同学的论文结构清晰,研究时段选取较好,有明确的学术史关切,重点关注"从传统中变"这一维度。评论同学还提出两点建议:刘熙载其人除了受到理学思想的影响外,是否还受到其他影响,尚有待于进一步探究。此外,论文突出了刘在报刊上登载《龙门书院章程》一事,该行为出于何种目的,采用报刊这一新式传媒的行为是否可以反映出刘"在传统之外变"的思想,对此还需详加说明。

关于博士生赵帅的论文,评议同学认为作者广泛搜集材料、细致考察谣言的生成过程和参与其中的主要人员,重构了"傅斯年、罗家伦二人被安福系收买"这一传言形成的来龙去脉。评议同学亦提出若干建议:首先,在论文所做考证之外,尚需关注京沪等地学生团体之间的内部矛盾和派系之分,进而探寻学生群体和报刊之间的关系。其次,朱一鄂的人际关系需要更为深入的探讨,尤其是他与其他北大学生的关系,何以与傅斯年、罗家伦产生如此深刻的矛盾?再次,论文中引用诸多回忆录史料,由此展现出亲历者对谣言的不同看法,对于这些后世形成的"五四"回忆需要更为详细的检讨。硕士生岳潇翰的研究关注黄侃和杨树达在小学研究中的对话关系,评论同学指出该论文系统地梳理了黄侃和杨树达的史料,完整地建构了黄、杨二人的对话过程,小学这一研究领域对于历史系学生来说有一定难度,但岳同学能深入黄、杨探讨的具体问题进行分析,实在难能可贵。评论同学还探讨了学术思想史的研究方法问题：其一，研究学术思想史需要注意一个核心问题，即什么样的材料可以作为学术史研究的史料；其二，学术思想史的研究除了研读学术著述外，还需要兼顾一些现实的因素，例如学人之间的关系如何影响到彼此学术观点的分歧，学术观点的差异又如何反过来影响学人关系；其三，还需要注意学术观念差异之表露究竟是在公开发布的刊物上，还是体现在私下的言谈中。评论同学指出，岳同学论文中引用了马叙伦的回忆，使用该文献需要非常谨慎，因为马叙伦和黄侃关系不佳，他记下有关黄侃的负面信息目的为何，有待进一步分析。杨树达对黄侃的批判亦需注意，如1928年杨树达批评黄侃无所创建，实际上指的是黄侃在古韵部分无所创建，并不能断言杨树达完全否定了黄侃其他部分的学术。最后，论文以"黄侃的阴影"为题，但当下所见之论证并不能断定黄侃对杨树达实现了完全压制，抑或带给了杨树达压力，并真正地"构成了学术底色"，相关立论需要谨慎。

四、经济社会之变

民国时期的经济与社会变迁历来为学界所重视，其中金融、外债、工商、城市文化等皆为民国时期经济社会史研究的重要议题。参会论文的主题涉及上海银钱业、上海总商会、沙市纱厂、广梅铁路等经济主体，关注战后民众对时局之看法及"吉普女郎"的形象建构，从多方面还原了民国时代的经济形势和社会风貌。

民国三十余载，军阀相搏，国共角力，抗日救亡，"军事"俨然成为民国史研究中一主要名词。民国史研究者关注战争多着眼于战争的过程、战争的社会影响及各社会团体、各产业与战争的关系。值得注意的是，战争的方方面面皆与经济问题相关，故而战时产业布局、战争善后、战时外债等问题颇受学者重视。博士生祝越关注江浙战争后的善后问题,其论文《江浙战争善后经费垫款:上海银钱业与上海总商会关系的个案研究》利用上海银行公会、上海钱业公会、上海总商会等机构的档案探讨了江浙战争善后经费垫款的提出、成立和清偿过程。祝同学指出,上海银钱业与上海总商会的关系具有阶段性特征:在经费筹措阶段,由总商会出面代军政当局向银钱业筹措垫款;当垫款未克清偿时,总商会因其债务人身份而受银行公会问责。因是,讨论上海银钱业和总商会的关系当"见之于行事"而不可流于标签性的固定认识。博士生李辉的研究《商人网络与工业布局:以沙市纱厂为例(1931—1939)》围绕1931—1939年的沙市纱厂展开分析,注重从商人网络这一新视角来探讨中国近代棉纱工业的区位转移问题。李同学认为该厂在初创之际即于资金构成和人事组织方面出现了江浙与荆沙两地多重的商人网络,纱厂内部亦因是矛盾重重,亏损严重。1934年改组后由江浙商人掌控该厂,并使纱厂走出经营困局,并在全面抗战爆发、全国工厂内迁之际成为后方的最大纱厂。博士生王钊利用国民政府外交档案、英美外交档案、张嘉璈档案等史料撰写《全面抗战爆发前后中英广梅铁路借款交涉》一文,围绕1936—1937年广州—梅州铁路(广梅铁路)借款交涉展开研究,重构了铁路借款的交涉历程。面对广梅铁路借款,英方出于开拓中国铁路市场、加强其在中国货币体系中影响进而打破四国新银行团对华借款束缚之目的,欣然应允借债。而中国方面却因广东省与铁道部关于铁路融资主导权的争夺,以及张嘉璈和曾养甫之间的派系矛盾而迟迟未能作出决定。随后,借款谈判又因孔祥熙反对以盐税作担保而搁浅。最终,张嘉璈以英方态度强硬、抗战大后方交通亟需完善为由,说服蒋介石赞同借款。王同学的研究呈现了铁路外债交涉期间国民政府的内部矛盾,并说明了所谓"第一次借债高潮"实出于国民政府备战需要,并非国民政府整理旧债、恢复债信的结果。

1945年日本投降,中国赢得了14年抗战的胜利。然而,国共之间的紧张态势旋即出现,中国民众亦与驻华美军之间产生诸多摩擦,最终引发了大规模的反美风潮。因此,把握1945年后中国民众对驻华美军之态度,有利于了解彼时的社会心态。博士生陈宇晗的研究《民意的制造:1946年上海〈文汇报〉时局问题测验探析》以1946年上海《文汇报》副刊"读者的话"所发起的问卷为研究对象,该问卷旨在征求民众对内战和美军驻华问题的看法,调查结果呈现出"一边倒"的状态,明显体现了人民的反美立场。王同学指出,该调查从测试题目到答案设计皆具有明显的目的性和导向性,目的在于引导舆论,开展反美反战动员。调查结果凝聚起了反美反战的力量,及至沈崇事件发生,全国人民难以抑制的反美情绪便即刻喷涌而出了。硕士生高飞在其论文《战后上海的"吉普女郎"及其文化》中对战后上海的"吉普女郎"形象进行了细致的分析,分别从以下角度展开:"吉普女郎"的定义及其社会来源、"吉普女郎"的日常生活及其群体特点、沪上媒体极力塑造"吉普女郎"八卦的现象、民众对"吉普女郎"的反感态度及其背后反美反高压的象征意义,以及"失语者吉普女郎"的微弱回应等等。高同学的研究深化了我们对上海"方型周刊"的文化建构作用、战后民众对驻华美军复杂态度等问题的认识。

在互评与综合讨论阶段,同学们围绕报告的论文展开热烈的讨论,给出了许多中肯的建议。博士生陈宇晗的研究涉及战后的民意调查,评论同学认为研究《文汇报》的民意调查对于了解战后的社会氛围具有重要意义,从论文中亦可看出作者对民国时期的民意测验有着非常细致的了解,而且借助社会学和心理学的理论来辅助论证,是一篇论述充分的论文。但是尚存在一些有待深入的问题。评论同学认为中共在幕后所发挥的作用有待充分彰显,以周恩来为首的中共人士在南方统战了一批报人,这些报人的观点很明显地受到中共的影响,他们对《文汇报》民意调查的影响值得关注。尤其需要注意的是《文汇报》主编柯灵、徐铸成与中共的关系,有材料表明,《文汇报》"读者的话"版面即由柯灵负责。此外,作者认为"臧大二子案"成为了"美军退出中国周"最鲜明、最有说服力的依据,该表述失之武断。最后,岳虎这个人物的身份有待澄清,以便深入了解彼时局势。针对博士生李辉的文章,评论同学认为该论文对前人研究作了很细致的梳理和归纳,数据搜集丰富,归纳整理完善,惜其在表述和概念运用上存在一些问题。如文章的标题为"商人网络与工业布局",其中涉及"商人网络""工业布局"和"沙市纱厂"三个概念,但文章主要讨论了"商人网络"的影响,对"工业布局"涉及较少,该个案能上升至何种高度尚有待进一步考量。另外,作者希望通过商人网络来解释利润导向的区位转移的影响,但其中商人网络的影响究竟如何,尚有待进一步细化。在史料方面,论文描写沙市纱厂时主要引用的是厂志、文史资料等二手史料,建议对重庆市档案馆藏的沙市纱厂史料进行深入挖掘。最后,评论同学还对文章行文和表述提出一些建议。

博士生祝越的论文长于梳理史料、发掘细节。评论同学认为该论文对上海银行公会实际运行的细节做了很好的还原,档案资料运用充分、准确,论证逻辑清楚,很好地展现出同一行业商人内部的矛盾与分歧。但是论文尚存一些论证不充分的地方。论文题目为"上海银钱业与上海总商会关系",但文章开头缺少对总商会的介绍。此外,"银钱业"中银行和钱业之间如何互动,仍然需要深入挖掘。值得注意的是,作为论文背景的江浙战争有其特殊性所在,该战争是太平天国以来对上海的再一次威胁,评论同学建议在论文中叙述江浙战争对上海社会经济、社会心态的影响,以及该影响对善后问题所产生的作用力,同时还需阐释江浙战争善后相对于其他战争善后的特殊性。对于博士生王钊的研究，评论同学指出该论文行文成熟，很好地阐述了中英广梅铁路交涉的过程，作者充分利用英、美和台湾地区的档案，以广梅铁路交涉的个案为切入点较好地反映了中英关系、国民政府内部派系斗争两个维度的问题。同时，评论同学亦提出几点疑问。如在文章背景叙述中，英国在华铁路投资中受到了德、法的牵制，但是从文章呈现来看，却很少表现英国方面对此的看法以及所采取的行动。另外，1937年全面抗战爆发前，日本是否对中英交涉产生影响亦值得探究。在结语部分，王同学试图回应学界对南京国民政府借债信用问题的讨论，但国民政府借债信用问题到底如何，以及借债信用与国民政府备战到底有何关系，需要作更为清晰的阐释。针对硕士生高飞的论文，评论同学认为该论文选题新颖，行文流畅，所用材料扎实，对史料"方型周刊"挖掘充分。评论同学亦提出以下建议：其一，"方型周刊"有时被称为"方型周报"，以"方型周报"来搜索相关研究，数量不少，故而不能说"方型周刊"不受研究者重视；其二，有关"吉普女郎"的定义值得商榷，该群体的重点不一定是落在"吉普"上，更重要的是她们与驻华美军的关系，且"吉普女郎"这个词的来源亦值得继续追溯；其三，"吉普车"自二战期间问世以来，很快传入中国，当其出现在中国社会时，似已获致了超越于交通工具的含义，对此需要进一步说明；最后，对于"吉普女郎"的考察如果作一上溯，可能涉及20世纪上半叶对上海摩登女性的想象与构建，相关研究有"抗战夫人""上海小姐"等，这些研究是否可以与"吉普女郎"的研究进行对话亦需关注。

结　　语

本次论坛是复旦大学历史学系首次举办的大型线上学生论

坛,总体而言,本次论坛的参会论文选题多样、视野开阔、考证详细,均达一定水准。在分会场讨论时,报告人叙述清晰,点评人意见中肯;综合讨论阶段,与会同学热烈参与,踊跃发言,气氛活跃。从论文的字里行间及论坛上的表现不难看出与会同学的学术潜力与治学热忱,我们希望这份专注、严谨、热忱的学术态度能成为复旦大学历史学系学生的为学特质。

然而,同学们在本次论坛所提交的论文仍存在一些有待提升的地方:其一,与会同学虽然能充分利用史料完成对课题的探究,但是在写作过程中缺乏"读者意识",对论题所涉及的时代背景、人物生平、概念含义、制度规定等内容表述模糊,给读者造成了一定的阅读障碍;其二,史学论文重叙述,但亦强调论证逻辑,一些论文虽然能够反映出作者出色的学术修养、严谨的考证能力和广阔的学术视野,但其在开端所揭之鹄的、文末总结之意义并不能与其所论证的内容相互呼应,以致造成对话对象与研究对象脱节的现象;其三,后现代史学表明任何历史书写皆带有其作者之主观性,但部分同学在对人物、事件的研究中个人情感过于强烈,以致于在搜集史料、撰写论文时带有较为强烈的导向某个结论的目的论色彩,抑或对人物的行为及其意义有所夸大,难免出现与历史本相疏离的情况。这些问题表明,同学们在论文表述、论证逻辑等方面依然有很大的进步空间。

归而言之,如何在史料的浩瀚之海中锚住选题,进而解决问题,端赖于研究者对一代制度、人物和史实之把握,以及黾勉爬梳档案、认真研析文本之毅力。因此,基本的史料积累、史学素养对于"数据爆炸"时代的中国近现代史方向研究生而言至关重要。我们相信,本次论坛能使与会同学在彼此的提问、评议、应答和纠错的过程中取人所长,补己所短,砥砺共进,切实提高学术水平。我们亦希望,未来"复旦大学近现代史研究生论坛"能成为本校历史学系研究生乃至全国各大高校历史系学生互相交流切磋的平台,激励更多同学迈入中国近现代史这块学术园地,共同促进中国近现代史研究的发展。

图书在版编目(CIP)数据

近代中国的阅读史／复旦大学历史学系，复旦大学中外现代化进程研究中心编． —上海：上海古籍出版社，2022.9

（近代中国研究集刊；第11辑）

ISBN 978-7-5732-0426-4

Ⅰ.①近… Ⅱ.①复…②复… Ⅲ.①出版事业—文化史—研究—中国—近代 Ⅳ.①G239.295

中国版本图书馆CIP数据核字(2022)第160087号

近代中国研究集刊(11)
近代中国的阅读史
复 旦 大 学 历 史 学 系
复旦大学中外现代化进程研究中心 编

上海古籍出版社出版发行

（上海市闵行区号景路159弄1-5号A座5F 邮政编码201101）

(1) 网址：www.guji.com.cn
(2) E-mail: guji1@guji.com.cn
(3) 易文网网址：www.ewen.co

常熟市文化印刷有限公司印刷

开本635×965 1/16 印张22.25 插页5 字数270,000

2022年9月第1版 2022年9月第1次印刷

ISBN 978-7-5732-0426-4

K·3247 定价：98.00元

如有质量问题，请与承印公司联系